"十四五"职业教育国家规划教材　　高等职业教育土建类新形态一体化教材

建筑工程制图

U0771542

主　编　胡　敏

副主编　刘　宇　吴　瑞

　　　　凌　茹　胡梦龙

主　审　程晓明

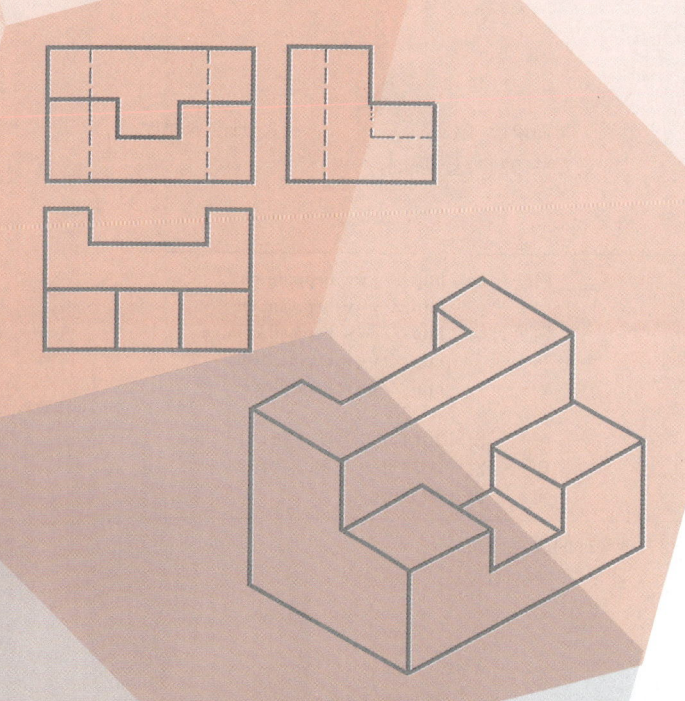

中国教育出版传媒集团

高等教育出版社·北京

内容提要

本书是"十四五"职业教育国家规划教材。本书根据国家高职高专人才培养目标,为满足建筑企业对卓越技能型人才的需求,依据国家现行的规范及建筑标准设计图集编写而成。本书充分展示"情境教学""任务驱动"的特点,合理整合知识点、技能点,突出对学生实际操作能力和解决问题能力的培养,体现内容新颖、图文并茂、微课辅学的特点。

全书共设 5 个学习情境,包括 14 个学习任务,主要内容包括制图的基本知识与技能,投影的基本知识与技能,投影图,建筑施工图,市政施工图。为帮助学生更好地掌握建筑工程制图的投影作图及识读工程施工图,对应本书各学习任务,编写了《建筑工程制图习题集》,习题集与教材配套使用。全书各学习情境还配备了技能点微课,供教材使用人员用手机扫描书中二维码直接学习。

本书适合作为高职高专院校、成人教育院校的建筑工程类专业教材和教学参考书,也可作为从事建筑行业工作的相关人员的参考用书。

授课教师如需本书配套的教学课件资源,可发送邮件到邮箱 gztj@pub.hep.cn 获取。

图书在版编目(CIP)数据

建筑工程制图/胡敏主编 . --北京:高等教育出版社,2018.8(2023.9重印)

ISBN 978 - 7 - 04 - 049830 - 1

Ⅰ. ①建… Ⅱ. ①胡… Ⅲ. ①建筑制图-高等职业教育-教材 Ⅳ. ①TU204

中国版本图书馆 CIP 数据核字(2018)第 106451 号

建筑工程制图

JIANZHU GONGCHENG ZHITU

策划编辑	温鹏飞	责任编辑 温鹏飞	封面设计 赵 阳	版式设计 徐艳妮
插图绘制	于 博	责任校对 窦丽娜	责任印制 赵 振	

出版发行	高等教育出版社	网 址	http://www.hep.edu.cn
社 址	北京市西城区德外大街 4 号		http://www.hep.com.cn
邮政编码	100120	网上订购	http://www.hepmall.com.cn
印 刷	唐山嘉德印刷有限公司		http://www.hepmall.com
开 本	850mm×1168mm 1/16		http://www.hepmall.cn
印 张	11.5		
字 数	280 千字	版 次	2018 年 8 月第 1 版
购书热线	010 - 58581118	印 次	2023 年 9 月第 3 次印刷
咨询电话	400 - 810 - 0598	定 价	29.00 元

本书如有缺页、倒页、脱页等质量问题,请到所购图书销售部门联系调换

版权所有 侵权必究

物 料 号 49830-B0

配套微课资源索引

前　言

党的二十大提出,要坚持教育优先发展、科技自立自强、人才引领驱动,加快建设教育强国、科技强国、人才强国,坚持为党育人、为国育才,全面提高人才自主培养质量,着力造就拔尖创新人才,聚天下英才而用之。本书通过课程思政微课融入党的二十大精神,使思政元素与课程内容有机融合,将爱国情怀、工匠精神、创新精神融入学习任务中,注重培育德技并修的新时代复合型技术技能人才。

本书根据高等职业院校专业教学标准,为满足建筑企业对卓越技能型人才的需求,依据国家现行的规范及建筑标准设计图集编写而成。本书充分展示"情境教学""任务驱动"的特点,体现内容新颖、图文并茂、微课辅学的特点。

本书在编写过程中力求体现"理论够用、重在实践"的原则,注重学生技能的培养,精心整合理论内容,合理安排知识点、技能点,注重实训教学,突出对学生实际操作能力和解决问题能力的培养。教材的编写突出教、学、做一体化的思想,充分体现以学生为主体,发挥教师引导、指导的作用。

本书从优化课程设置的角度出发,以建筑工程施工工作过程构建学习情境,结合建筑施工企业职业岗位要求及工作任务整合课程教学内容,把构建课程体系与教学内容、教材建设、教学方法与手段等各项改革有机结合,努力做到以学生为中心、以工作过程为导向,合理选择教学项目载体,以能力型学习任务引领教学,融"教、学、做"为一体,强化学生职业能力的培养。

本书在编写过程中,注重工程实例与知识点的链接,为便于学生实训操作,配套编写了《建筑工程制图习题集》,并配套开发了立体化教学资源,包括技能点微课、教学课件、电子教案等,实现教学效果的最大化,激发学生的学习兴趣。

本书由六安职业技术学院胡敏任主编,六安职业技术学院刘宇,安徽水利水电职业技术学院吴瑞、凌茹和安徽华电工程咨询设计有限公司胡梦龙任副主编,六安市城乡建筑设计院程晓明高级工程师担任主审。具体编写分工为:胡敏编写情境2中任务1、2、3;吴瑞编写情境2中任务4;刘宇编写情境1、情境5;凌茹编写情境3;胡梦龙编写情境4。本书课程思政内容由六安职业技术学院胡劲德编写。

本书在编写过程中,参考和引用了书后所列参考文献中的部分内容,在此深表感谢!

由于编者水平有限,加上时间仓促,书中疏漏和不妥之处在所难免,恳请读者批评指正,以便日后再版时修改。

编　者
2022 年 11 月

目　录

学习情境 1

制图的基本知识与技能

1.1 学习情境描述

电子教案
制图的基本知识与技能

1.1.1 学习目标

完成本学习情境后,你应当能:

1. 掌握国家制图标准中的基本要求,如图纸幅面、标题栏、字体、图线、比例、尺寸注法、建筑材料图例等。
2. 掌握制图工具和仪器的使用方法。
3. 掌握几何图形画法,如直线与圆弧连接、圆弧与圆弧连接、椭圆画法。
4. 掌握制图的一般步骤和方法。
5. 掌握长仿宋体字的书写、平面图形的绘制和尺寸标注等。

1.1.2 学习任务

序号	学习任务	任务驱动
1	制图基本知识和基本技能	1. 正确运用绘图工具进行几何作图和尺寸标注。 2. 通过绘制简单平面图形,掌握建筑制图标准应用。 3. 能够在规定的图幅上均匀布图与绘图

1.2　任务：制图基本知识和基本技能

教学课件
制图基本
知识和基
本技能

1.2.1　任务资讯

一、建筑制图标准

工程图样是工程界的语言,是施工过程中重要的技术资料和主要依据。为使工程图样图形准确、图面清晰,符合设计、施工、存档和工程建设的需要,必须在各方面制定建筑制图统一的国家标准。现行建筑制图国家标准有《房屋建筑制图统一标准》(GB/T 50001—2010)、《总图制图标准》(GB/T 50103—2010)、《建筑制图标准》(GB/T 50104—2010)、《建筑结构制图标准》(GB/T 50105—2010)、《建筑给水排水制图标准》(GB/T 50106—2010)和《道路工程制图标准》(GB 50162—1992)。所有工程技术人员在设计、施工、管理中必须严格执行这些标准。

（一）图纸幅面、标题栏和会签栏

（1）图纸幅面

微课扫一扫
图纸幅面、
标题栏和
会签栏

图纸的幅面是指图纸尺寸规格的大小,图框是指在图纸上绘图范围的界线。图纸幅面及图框尺寸,应符合表 1-1 的规定及图 1-1 的格式。一般 A0~A3 图纸宜横式使用,必要时也可立式使用。如果图纸幅面不够,可将图纸长边加长,短边不得加长。图纸长边加长后的尺寸可查阅《房屋建筑制图统一标准》(GB/T 50001—2010)。

表 1-1　幅面及图框尺寸(mm)

尺寸代号	幅面代号				
	A0	A1	A2	A3	A4
$b×l$	841×1 189	594×841	420×594	297×420	210×297
c	10			5	
a	25				

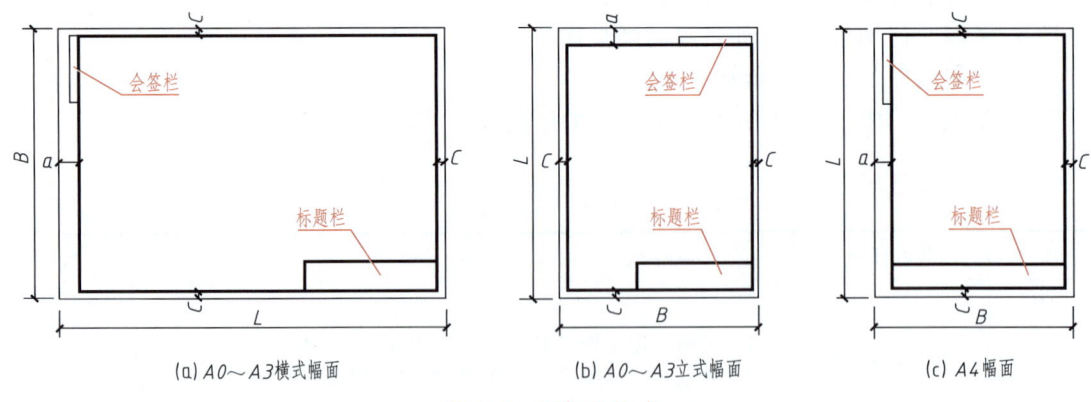

（a）A0~A3 横式幅面　　　（b）A0~A3 立式幅面　　　（c）A4 幅面

图 1-1　图框的格式

（2）标题栏和会签栏

图纸右下角的表格称为标题栏,用来填写工程名称、图名、图号以及设计单位、设计人、制图人、审批人的签名和日期等，如图 1-2 所示。标题栏外框采用粗实线绘制，其右边和底边与图框重合，内部分格线为细实线，标题栏应根据工程需要选择合适的格式。在本课程的学习中标题栏可采用简化格式，如图 1-3 所示。

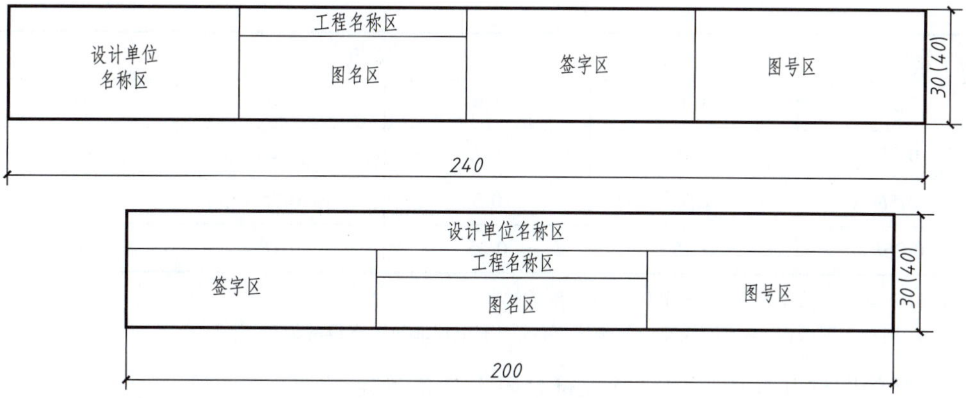

图 1-2　标题栏

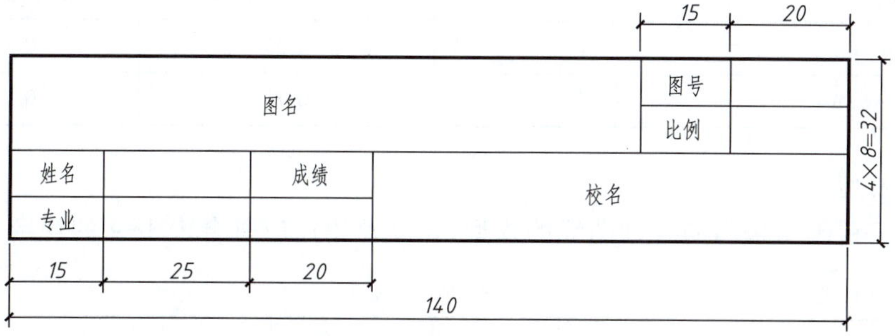

图 1-3　制图作业的标题栏

会签栏位于图纸左上角，需要会签的图纸应绘制会签栏，其格式如图 1-4 所示。栏内应填写会签人员所代表的专业、姓名和日期。一个会签栏不够时可增加一个，两个会签栏应并列，不需要会签的图纸可不设会签栏。

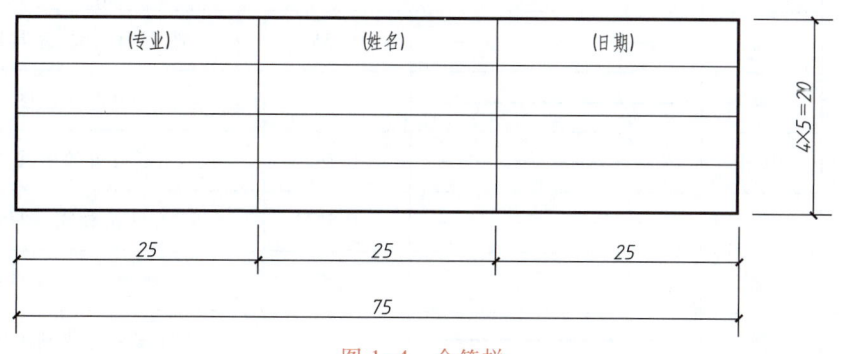

图 1-4　会签栏

（二）图线

在图纸中绘制的线条为图线。工程中的内容是采用不同的线型和线宽来表示的。

（1）线宽

每个图样应根据其复杂程度与比例大小，选定基本线宽 b，再选用表 1-2 中相应的线宽组。

表 1-2 线 宽 组

线宽比	线宽组			
b	1.4	1.0	0.7	0.5
$0.7b$	1.0	0.7	0.5	0.35
$0.5b$	0.7	0.5	0.35	0.25
$0.25b$	0.35	0.25	0.18	0.13

注：1. 需要缩微的图纸，不宜采用 0.18 及更细的线宽。

2. 同一张图纸内，各不同线宽中的细线，可统一采用较细的线宽组的细线。

图纸的图框和标题栏的线宽应符合表 1-3 的规定。

表 1-3 图框线、标题栏线的宽度

幅面代号	图框线	标题栏外框线	标题栏分格线
A0、A1	b	$0.5b$	$0.25b$
A2、A3、A4	b	$0.7b$	$0.35b$

（2）线型

建筑工程制图采用的各种图线的线型、宽度及用途应符合表 1-4 的规定。

表 1-4 图 线

名称		线型	线宽	一般用途
实线	粗	———————	b	主要可见轮廓线
	中粗	———————	$0.7b$	可见轮廓线
	中	———————	$0.5b$	可见轮廓线、尺寸线、变更云线
	细	———————	$0.25b$	图例填充线、家具线
虚线	粗	— — — — —	b	见各有关专业制图标准
	中粗	— — — — —	$0.7b$	不可见轮廓线
	中	— — — — —	$0.5b$	不可见轮廓线、图例线
	细	— — — — —	$0.25b$	图例填充线、家具线
单点长画线	粗	—— · —— · ——	b	见各有关专业制图标准
	中	—— · —— · ——	$0.5b$	见各有关专业制图标准
	细	—— · —— · ——	$0.25b$	中心线、对称线、轴线等

续表

名称		线型	线宽	一般用途
双点长画线	粗	— · · — · · — · · — · · —	b	见各有关专业制图标准
	中	— · · — · · — · · — · · —	$0.5b$	见各有关专业制图标准
	细	— · · — · · — · · — · · —	$0.25b$	假想轮廓线、成型前原始轮廓线
折断线	细	～	$0.25b$	断开界线
波浪线	细	～～	$0.25b$	断开界线

（3）图线的画法

① 在同一张图纸内，相同比例的图样应采用相同的线宽组。

② 互相平行的图线，其间隙不宜小于其中的粗线宽度且不得小于 0.7 mm。

③ 虚线、单点画线、双点画线的线段长度和间隔宜各自相等。

④ 点画线的线段长，通常画 15~20 mm，间隙与点共 2~3 mm。点画线的起始处应是线段而不是点。两点画线相交，应在线段处相交，点画线与其他图线相交，也在线段处相交。

⑤ 虚线的线段长，通常画 4~6 mm，间隙约 1 mm。两虚线或虚线与实线相交，应线段相交，不要留间隙。当虚线是实线的延长线时，不得与实线连接，应留有间隙。

⑥ 图线不得与文字、数字和符号重叠，不可避免时，应首先保证文字、数字等清晰。

（三）字体

建筑图样上所书写的汉字、数字、字母等必须做到：笔画清晰，字体端正，排列整齐，间隔均匀。字体的号数即为字体的高度 h，应从下列系列中选用：2.5 mm、3.5 mm、5 mm、7 mm、10 mm、14 mm、20 mm。字体的高宽比为 $\sqrt{2}$：1，字距为字高的 1/4。汉字的字高，应不小于 3.5 mm。

（1）汉字

图样中的汉字采用国家公布的简化汉字，并用长仿宋字体。在图纸上书写汉字时，应画好字格，然后，从左向右，从上向下横行水平书写。长仿宋字的书写要领是：横平竖直，注意起落，填满字格，结构匀称。长仿宋字的基本笔画与结构特点见表 1-5 和表 1-6。

表 1-5　长仿宋字的基本笔画

笔画	点	横	竖	撇	捺	挑	折	钩
形状		—						
运笔		—						

表 1-6　长仿宋字的结构特点

字体	梁	板	门	窗
结构	 （上下等分）	 （左小右大）	 （缩格书写）	 （上小下大）
说明	上下等分	左小右大	缩格书写	上小下大

（2）字母和数字

拉丁字母、阿拉伯数字、罗马数字可写成斜体或直体，如图 1-5 所示。一般写成斜体，其斜度为 75°，小写字母应为大写字母高的 7/10。

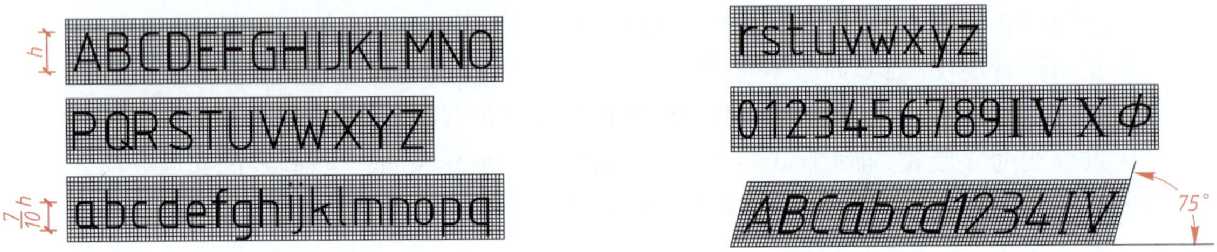

ABCDEFGHIJKLMNO
PQRSTUVWXYZ
abcdefghijklmnopq

rstuvwxyz
0123456789IVXϕ
ABCabcd1234IV　75°

图 1-5　字体示例

（四）比例

建筑工程制图中，建筑物往往用缩得很小的比例绘制在图纸上，而对某些细部构造又要用较大的比例或足尺（1∶1）绘制在图纸上。图样的比例是指图形与实物相对应的线性尺寸之比。比例宜注写在图名的右侧，字的基准线应取平齐，比例的字高，应比图名字高小一号或两号，如图 1-6 所示。特殊情况下也可自选比例，这时除应注出绘图比例外，还必须在适当位置绘制出相应的比例尺。

平面图　1∶100　　1∶20

图 1-6　比例的注写

建筑工程图中所用的比例，应根据图样的用途与被绘对象的复杂程度从表 1-7 中选用，并应优先选用表中的常用比例。

表 1-7　绘图所用比例

常用比例	1∶1、1∶2、1∶5、1∶10、1∶20、1∶30、1∶50、1∶100、1∶150、1∶200、1∶500、1∶1 000、1∶2 000
可用比例	1∶3、1∶4、1∶6、1∶15、1∶25、1∶40、1∶60、1∶80、1∶250、1∶300、1∶400、1∶600、1∶5 000、1∶10 000、1∶20 000、1∶50 000、1∶100 000、1∶200 000

微课扫一扫
尺寸标注
组成及基
本规定

（五）尺寸标注

在图样中，建筑物的实际大小由尺寸来确定，所以尺寸标注在图样上占有重要的地位，必须保证标注尺寸的准确、完整、清楚和无遗漏，否则会给施工带来困难和损失。

图样上标注的尺寸是由尺寸线、尺寸界线、起止符号和数字组成的，如图 1-7（a）所示。

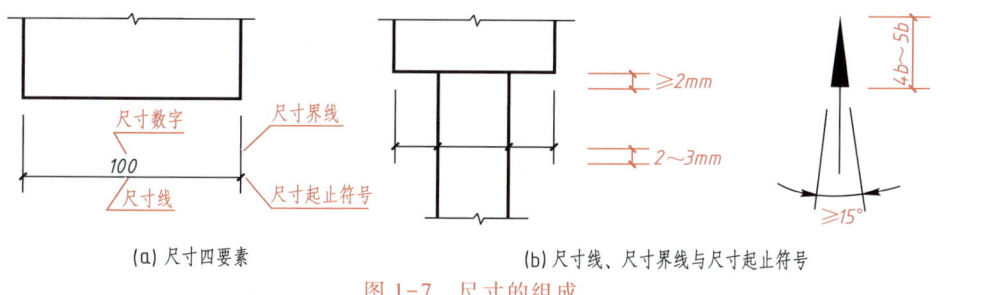

(a) 尺寸四要素　　　　　　　　　　(b) 尺寸线、尺寸界线与尺寸起止符号

图 1-7　尺寸的组成

　　尺寸界线用来限定所标注尺寸的范围,应用细实线绘制,一般应与被标注长度垂直,其一端应离开图样轮廓线不小于 2 mm,另一端宜超出尺寸线 2~3 mm。必要时可用图样轮廓线、中心线和轴线作为尺寸界线,如图 1-7(b)所示。

　　尺寸线用来表示尺寸的方向,用细实线绘制,并与被标注长度平行,与尺寸界线垂直相交,但不能超过尺寸界线。互相平行的尺寸线应从被标注的图样轮廓线由近及远地整齐排列,细部尺寸应离轮廓线较近,总尺寸应离轮廓线较远。平行排列的尺寸线的间距为 7~10 mm。图样上的任何图线均不得用作尺寸线。

　　尺寸起止符号用来表示尺寸的起止,用中粗斜短线画在尺寸界线和尺寸线的相交处,其倾斜方向应与尺寸界线呈顺时针 45°角,长度宜为 2~3 m。半径、直径、角度和弧长的尺寸起止符号宜用箭头表示,如图 1-7(b)所示。若相邻尺寸界线间隔太小,尺寸起止符号可用小圆点表示。

　　图样上的尺寸数字是建筑物的实际尺寸,与绘图所用的比例无关,因此不得从图上直接量取。图样上的尺寸单位除了标高和总平面图以米(m)为单位外,其余均必须以毫米(mm)为单位,图样上的尺寸数字不用书写单位。尺寸数字要书写在尺寸线的中央位置。水平方向的尺寸,尺寸数字应标注在尺寸线的上方;垂直方向的尺寸,尺寸数字应标注在尺寸线的左边;倾斜方向的尺寸,尺寸数字宜按图 1-8 所示的形式注写。

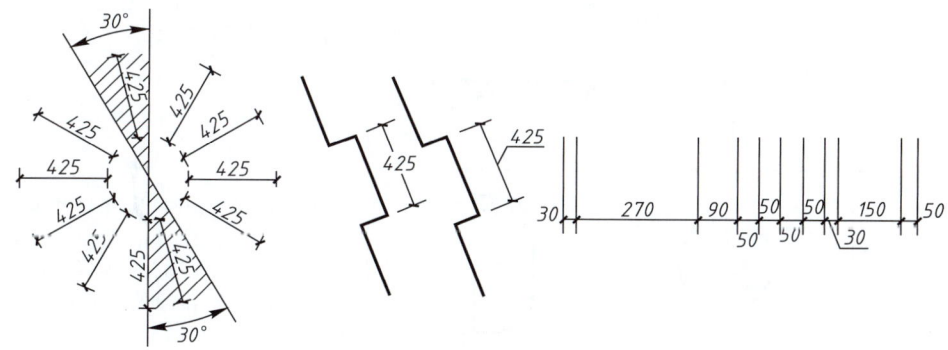

图 1-8　尺寸数字注写位置和方向

　　如果没有足够的注写位置,最外边的尺寸数字可注写在尺寸界线的外侧,中间相邻的尺寸数字可上下错开注写或者用引出线引出进行标注,如图 1-8 所示。

　　尺寸应标注在图样轮廓线的外侧,不应与图线、文字和符号等相交,不可避免时可将数字写在尺寸线外侧,以保证尺寸数字的清晰,如图 1-9 所示。尺寸标注其他规定,可参阅表 1-8 所示的例图。

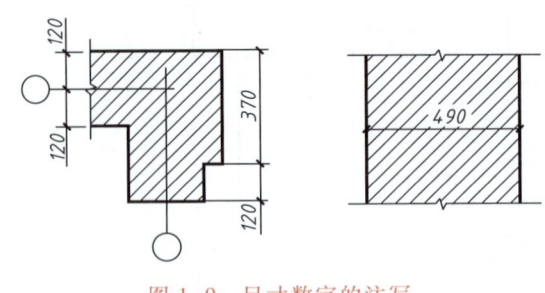

图 1-9　尺寸数字的注写

微课扫一扫
无规矩不
成方圆

表 1-8　常见尺寸标注示例

标注内容	图例	说明
圆和圆弧		圆及大于半圆的圆弧,应标注直径。半圆及小于半圆的圆弧,应标注半径。标注半径的尺寸线,应一端从圆心开始,另一端画箭头指向圆弧。半径数字前应加注符号"R"。标注直径时,直径数字前加注符号"φ"。在圆内标注的直径尺寸线应通过圆心,两端画箭头指至圆弧
大圆弧		较大圆弧的半径可按左图形式进行标注
小尺寸圆和圆弧		较小圆的直径和圆弧半径尺寸,可标注在圆外,按左图形式进行标注
球面		标注球的半径时,应在尺寸前加注符号"SR"。标注球的直径时应在尺寸前加注符号"Sφ"。注写方法与标注圆弧的半径和圆的直径标注方法相同
角度		角度的尺寸线应以圆弧表示。圆弧的圆心应该是该角的顶点,角的两条边为尺寸界线,起止符号用箭头表示,如没有足够的位置画箭头,可用圆点代替,角度数字应水平方向注写

续表

标注内容	图例	说明
弧度和弦长	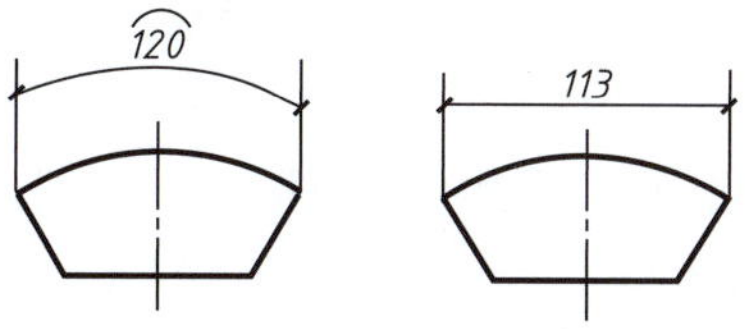	标注圆弧的弧长时，尺寸线为同心圆弧，尺寸界线垂直于该圆弧的弦，起止符号用箭头表示，弧长数字上方加注圆弧符号"⌒"。标注圆弧的弦长时，尺寸线应用平行于弦的直线表示，尺寸线垂直于弦，起止符号用中粗斜短线表示
薄板厚度	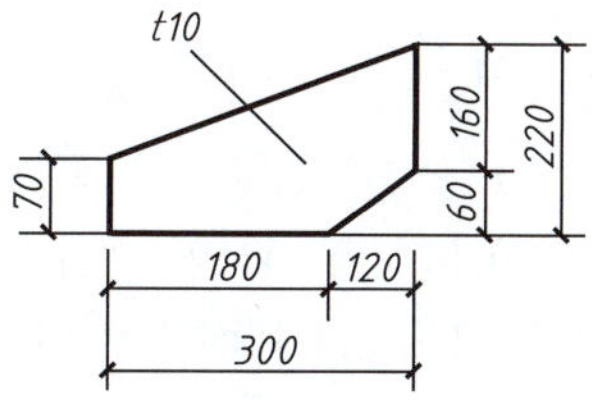	在薄板板面标注板厚尺寸时，应在厚度数字前加厚度符号"t"
正方形	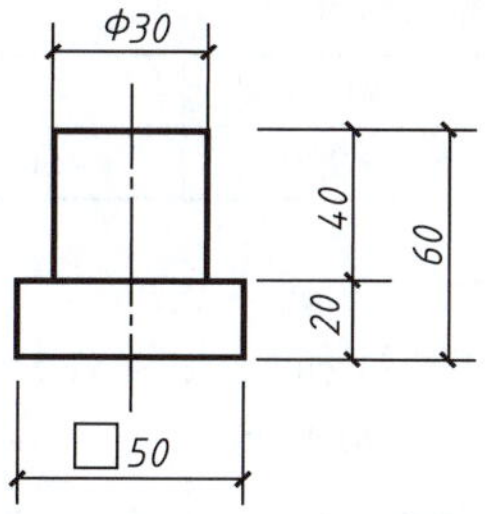	标注正方形的尺寸，可用"边长×边长"的形式，也可在边长数字前加正方形符号"□"
坡度	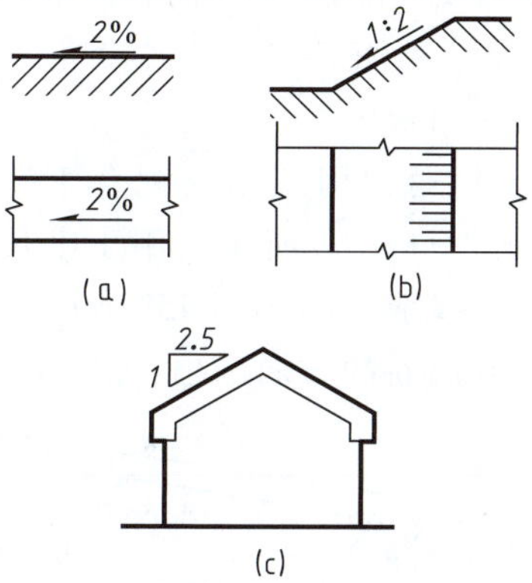	标注坡度时，在坡度数字下方应加注坡度符号，如图（a）、（b）所示，箭头应指向下坡方向。坡度也可用直角三角形的对边与底边之比的形式标注，如图（c）所示
非圆曲线	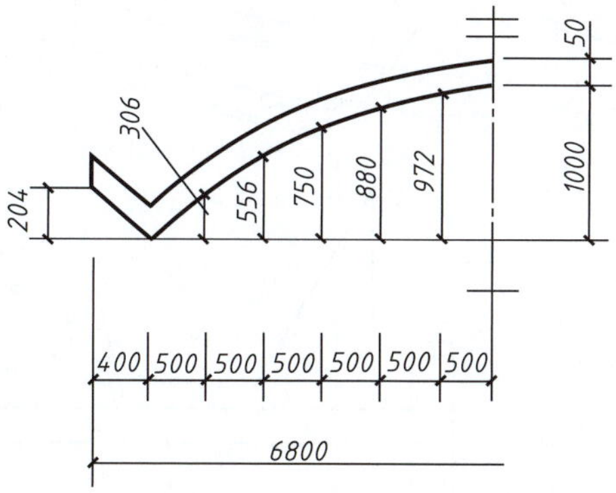	外形为非圆曲线的构件，可用坐标形式标注尺寸

💬 **想一想**

1. 图纸的图幅代号有哪几种，我们平常所用的打印纸是几号图纸？
2. 对称线使用什么线型绘制？

二、常用的制图工具

在绘制工程图样时，应熟悉常用的绘图工具和仪器，并掌握其正确的使用方法，这是提高绘图水平、保证绘图质量的前提。

（一）图板、丁字尺、三角板

（1）图板

图板是用来固定图纸，作为绘图的垫板，要求板面平整，板边平直。图板四周一般都镶有硬木边框，图板的左边是丁字尺的导边，一定要保持平直光滑。图板的大小选择应与绘图纸张的尺寸相适应。常用的图板规格见表 1-9。绘图前，用胶带纸将图纸四角固定在图板上，粘贴胶带纸的顺序是从左向右，自上而下，如图 1-10 所示。

表 1-9　常用的图板规格

图板规格代号	A0	A1	A2	A3
图板尺寸（宽×高/mm×mm）	920×1 220	610×920	460×610	305×460

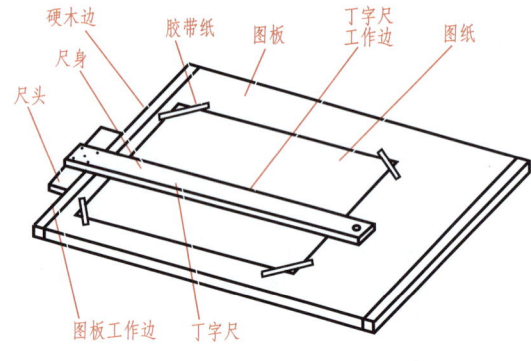

图 1-10　图板与丁字尺的配合

（2）丁字尺

丁字尺由尺身和尺头两部分组成，主要用于绘制水平线。绘图时，要使尺头紧靠图板左边缘，上下移动丁字尺到需要画线的位置，自左向右画水平线，如图 1-11（a）所示。丁字尺不用时应悬挂起来，以免尺身变形。

（3）三角板

绘图时，通常用三角板配合丁字尺自下而上画铅垂线，如图 1-11（b）所示。用丁字尺和三角板配合还可画与水平线成 15°、30°、45°、60°、75°的斜线，这些斜线均按自左向右的方向画出，如图 1-11（c）、（d）所示。

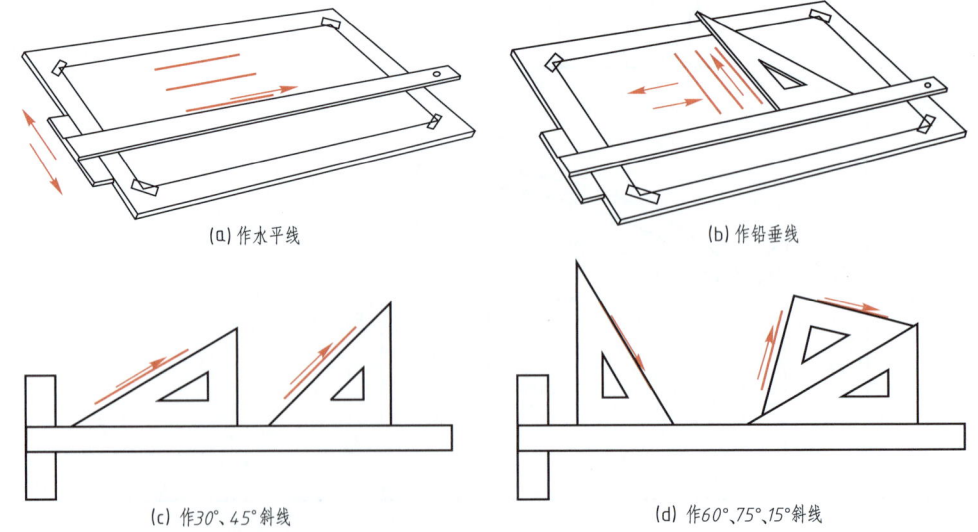

(a) 作水平线　　　　　　　　　　　(b) 作铅垂线

(c) 作30°、45°斜线　　　　　　　(d) 作60°、75°、15°斜线

图 1-11　丁字尺、三角板的用法

（二）圆规、分规

（1）圆规

圆规是用来绘制圆和圆弧的工具。一般圆规由钢针插脚、铅芯插脚、鸭嘴笔插脚和延长杆组成,如图 1-12(a)所示。在绘图时使针尖固定在圆心位置上,使铅芯插脚与针尖等长。画圆和圆弧时应使用圆规按顺时针方向转动,并稍向画线方向倾斜,如图 1-12(b)所示。

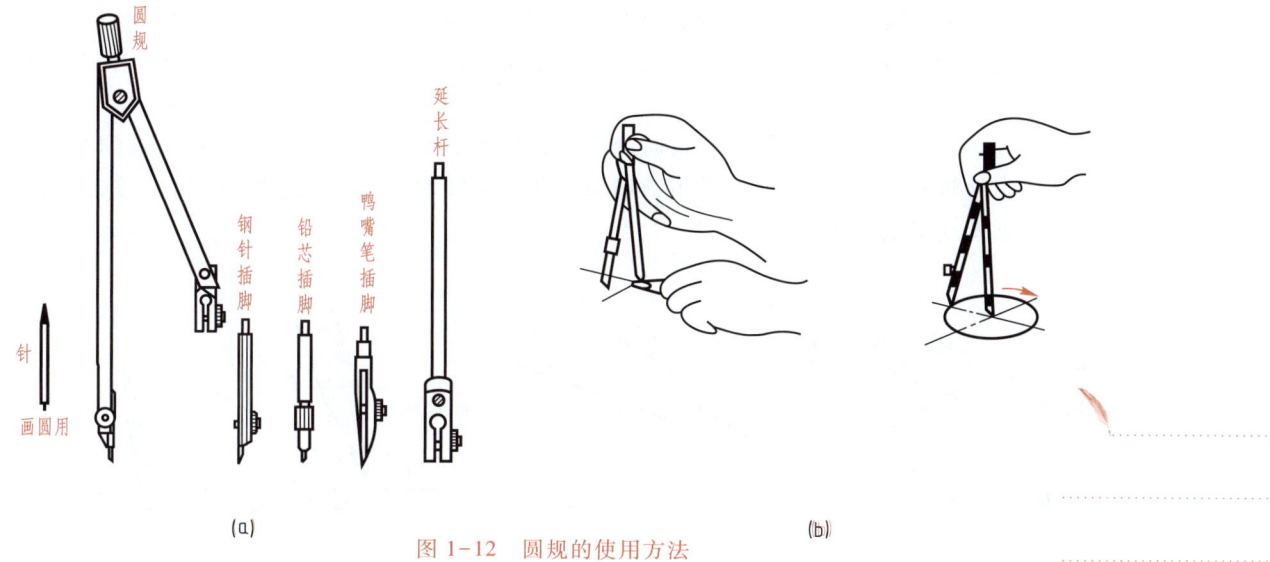

图 1-12　圆规的使用方法

（2）分规

分规是用来截取长度和等分线段的工具,如图 1-13(a)所示。分规的形状与圆规相似,只是两脚都装有钢针,为了能准确地量取尺寸,分规的两针尖应保持尖锐,使用时两针尖应调整到平齐,即当分规两脚合拢后,两针一尖必聚于一点。等分线段时,经试分使分规两针尖调到所需距离,然后在图纸上使两针尖沿要等分的线段依次摆动前进,如图 1-13(b)所示。

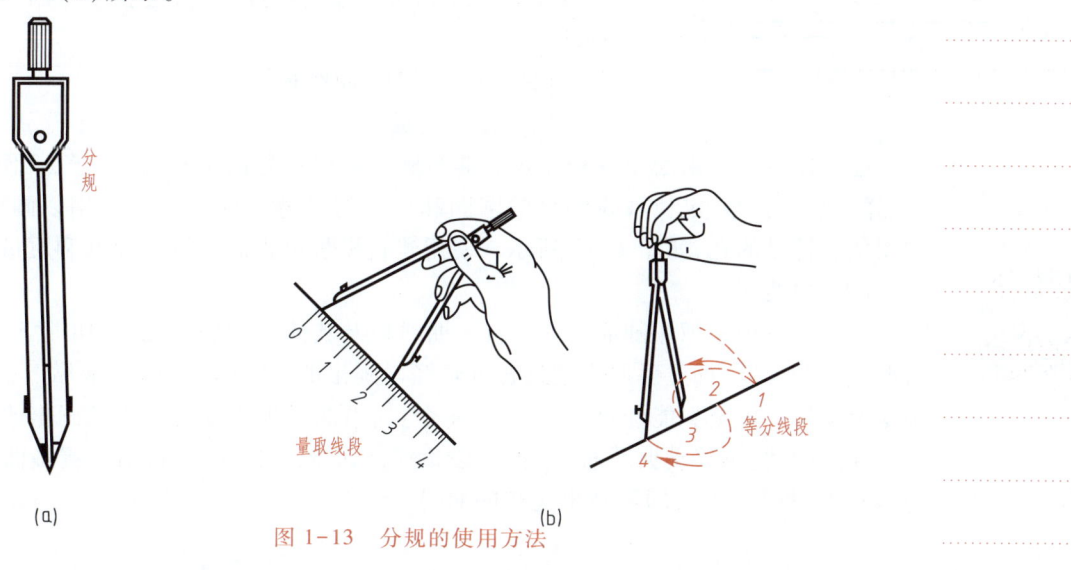

图 1-13　分规的使用方法

（三）铅笔、擦图片

（1）铅笔

绘图铅笔的铅芯有软硬之分，"B"表示软，"H"表示硬，"HB"表示介于软硬之间。铅笔上标注的 H 和 B 之前的数字越大表示铅笔越硬或越软。绘制工程图时，一般均用 2H 的铅笔打底稿和画细线，用 HB 的铅笔画中粗线和书写文字，用 B 或 2B 的铅笔加深图线。

削铅笔时应将标有铅笔标号的一侧保留，以免混淆铅笔。铅芯削的长度及形状，如图 1-14 所示。书写或打底稿应削成锥形[图 1-14（a）]，加深图线应削成楔形[图 1-14（b）]。

画线时应使铅笔垂直纸面，向运动的方向倾斜 75°，如图 1-15 所示。画细线时应适当地转动笔杆，以使整条线粗细均匀。加深粗线时，笔芯应削成与线宽一致，以保证所画图线粗细一致。

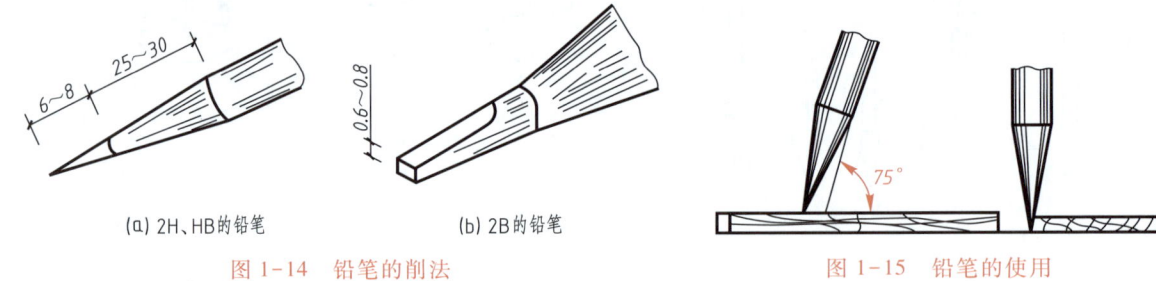

图 1-14　铅笔的削法　　　　　　图 1-15　铅笔的使用

（2）擦图片

擦图片是用来修改图线的，如图 1-16 所示。擦去错误图线时，为避免将邻近的图线擦掉一部分，用擦图片可以保护相邻的图线。擦图片是用薄塑料片或者金属片制成的，上面有各种形状的镂孔。使用时，可选择适宜的镂孔，盖在需要修改的图线上，需要擦去的部分从镂孔中露出，再用橡皮擦拭。

图 1-16　擦图片

微课扫一扫
工欲善其事，必先利其器

（四）建筑模板、曲线板

（1）建筑模板

建筑模板是用来绘制各种建筑标准图例和常用符号的工具，如柱子、大便器、污水盆、详图索引符号、定位轴线编号的圆圈和标高符号等。模板上刻有用以画出各种不同图例和符号的孔，如图 1-17 所示。使用建筑模板可提高绘制的速度和质量。

（2）曲线板

曲线板是用来画非圆曲线的工具。曲线板及其使用方法如图 1-18 所示。首先求得曲线上若干点，再徒手用铅笔过各点轻轻勾画出曲线，然后将曲线板靠上，在曲线板边缘上选择一段至少能经过曲线上 3~4 个点，沿曲线板边缘自点 1 起画出曲线至点 3 与点 4 的中间，再移动曲线板，选择一段边缘能过 3、4、5、6 点，自前段接画曲线至点 5 与点 6，如此延续下去即可画出完整的曲线。

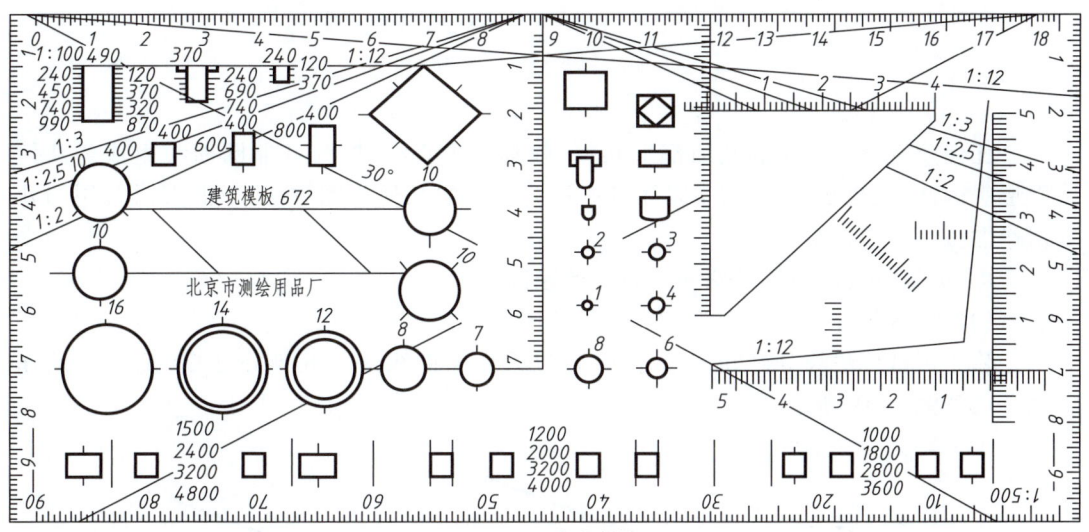

图 1-17　建筑模板

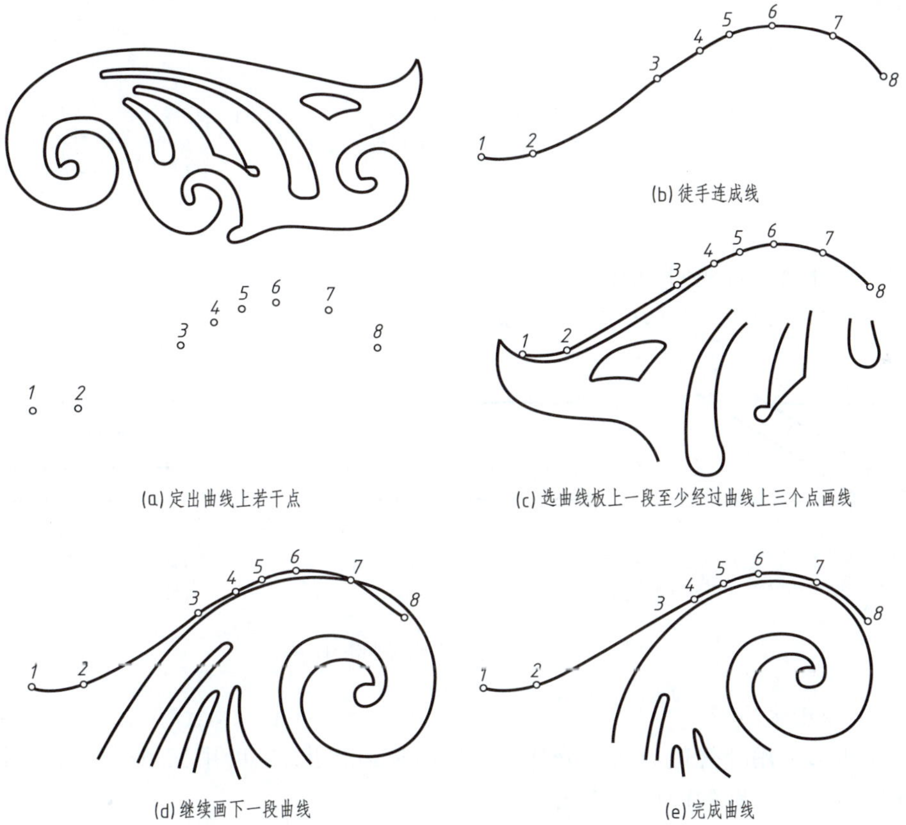

(a) 定出曲线上若干点

(b) 徒手连成线

(c) 选曲线板上一段至少经过曲线上三个点画线

(d) 继续画下一段曲线

(e) 完成曲线

图 1-18　曲线板及其使用方法

✏️ **练一练**

1. 使用图板和丁字尺绘制水平线、铅垂线、斜线。

2. 使用分规等分线段。

1.2.2　任务实施

一、几何作图

任何建筑形体的轮廓及细部形状，一般都是由直线、圆弧和非圆曲线组成的几何图形。因此，在绘制图样时，常常用到平面几何中的几何作图方法，下面仅对常用的几何作图做简要的介绍。

（一）等分线段与等分两平行线间的距离

（1）任意等分已知线段

除了用试分法等分已知线段外，还可以采用辅助线法。五等分已知线段 AB 的作图方法如图 1-19 所示。

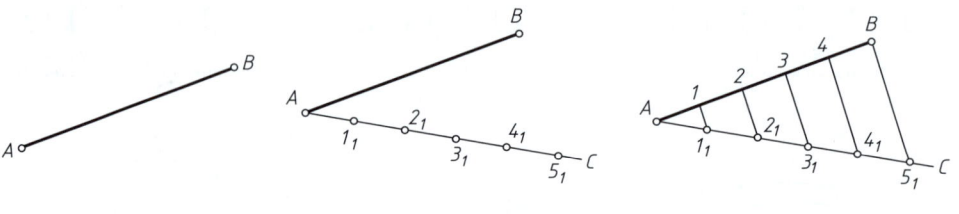

（a）已知条件　　　（b）过点 A 作任一直线 AC，使　　　（c）连接 5_1 与 B，分别过点 4_1、3_1、
$A1_1 = 1_12_1 = 2_13_1 = 3_14_1 = 4_15_1$　　　2_1、1_1 作 5_1B 的平行线，与 AB
　　　　　　　　　　　　　　　　　　相交得等分点 1、2、3、4

图 1-19　等分线段

（2）等分两平行线间的距离

三等分两平行线 AB、CD 之间的距离的作图方法如图 1-20 所示。

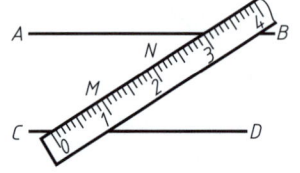 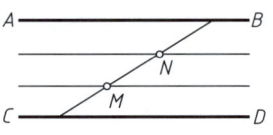 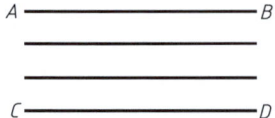

（a）使直尺刻度线上的 0 点落在 CD 线上，转动　（b）过 M、N 点分别作已知直线段　（c）清理图面，加深图线，即得所求
直尺，使直尺上的 3 点落在 AB 线上，取等　　AB、CD 的平行线　　　　　　的三等分 AB 与 CD 之间的距离的
分点 M、N　　　　　　　　　　　　　　　　　　　　　　　　　　　平行线

图 1-20　等分两平行线间的距离

📱 建筑故事
古代建筑
大师—李
春（隋）

（二）作正多边形

正多边形可用分规试分法等分外接圆的圆周后作出，也可用三角板配合丁字尺按几何作图等分外接圆的圆周后作出。

（1）正方形

图 1-21 是已知外接圆作正方形的作图过程。

（2）正六边形

图 1-22 是已知外接圆作正六边形的作图过程。

此外，正六边形也可用它的外接圆半径等分外接圆圆周后，连接各等分点而作出。

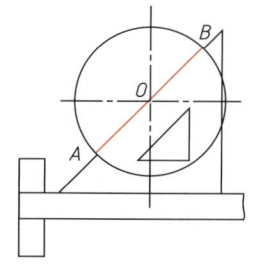
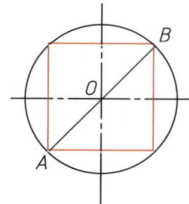
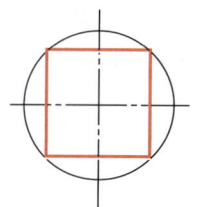

(a) 以45°三角板紧靠丁字尺,过圆
心O作45°线,交圆周于A、B

(b) 过点A、B分别作水平线、
竖直线,与圆周相交

(c) 清理图面,加深
图线,即为所求

图1-21 作正方形

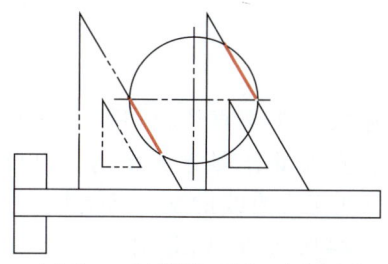
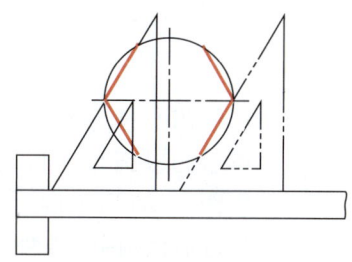
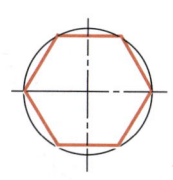

(a) 以60°三角板紧靠丁字尺,分别过水平
中心线与圆周的两个交点作60°斜线

(b) 翻转三角板,同样作出
另两条60°斜线

(c) 过60°斜线与圆周的交点,
分别作上、下两条水平线。
清理图面,加深图线,即
为所求

图1-22 作正六边形

（3）作任意边数的正多边形

已知正 n 边形的外接圆,可用试分法,从圆周上的任一点开始, n 等分外接圆圆周。试分完成后,顺次连接各等分点,即得所求的正 n 边形。

（三）圆弧连接

使直线与圆弧相切或圆弧与圆弧相切来光滑连接图线,称为圆弧连接,用来连接已知直线或已知圆弧的圆弧称为连接弧,切点称为连接点。为了使线段能准确连接,作图时必须先求出连接弧的圆心和切点的位置。下面列举了作圆的切线和几种圆弧连接的画法及其作图过程。

（1）过点作圆的切线

图1-23所示为过已知点 A 作圆的切线的作图方法。

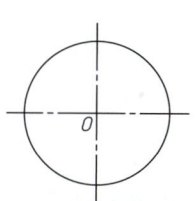
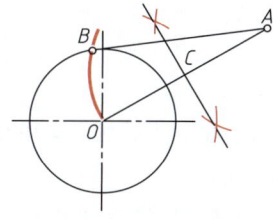
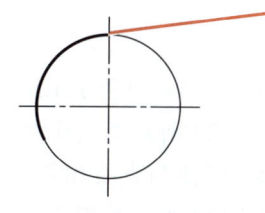

(a) 已知条件和作图要求:过点A作已知
圆O的切线

(b) 作图过程:连接OA,取OA的中点
C。以C为圆心,CO为半径画弧,交
圆周于点B。连接A和B,即为
所求

(c) 作图结果:清理图面,加深图线,作图
结果如上图所示。这里有两个答案,另
一答案以OA为对称轴与AB对称,作图
过程与求作AB相同,未画出

图1-23 过已知点作圆的切线

（2）用圆弧连接两相交直线

图 1-24 所示为用圆弧连接两斜交直线的作图方法。

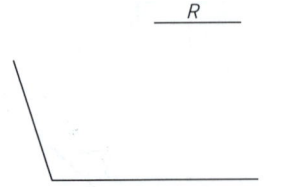

(a)已知条件和作图要求：用半径为R
的圆弧连接两斜交直线

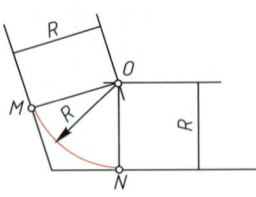

(b)作图过程：分别作距两已知直线为
R 的平行线，交得连接弧的圆心O。
过O作两直线的垂线，交得切点
M、N。以O为圆心，自N到M画
弧，即为所求

(c)作图结果：清理图面，加深图线，作
图结果如上图所示

图 1-24　用圆弧连接两斜交直线

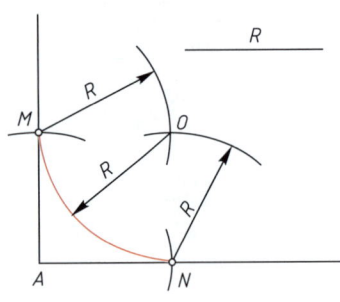

图 1-25　用圆弧连接两正交
直线的作图过程

用半径为 R 的圆弧连接两正交直线，可用图 1-24
所示的以圆弧连接两斜交直线的作图方法作出。也可
用图 1-25 所示的方法，以两正交直线的交点 A 为圆心，
R 为半径画弧，与两直线交得切点 M、N，分别以 M、N 为
圆心，R 为半径画弧交得连接弧的圆心 O。以 O 为圆
心，R 为半径，自 N 向 M 画弧，即为所求。

（3）圆弧与两圆弧外切

图 1-26 所示为半径为 R 的圆弧与两圆弧外切的作
图方法。

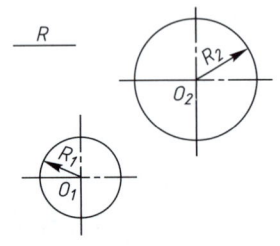

(a)已知条件和作图要求：用半径为R
的圆弧连接两已知圆弧，使它们同
时外切

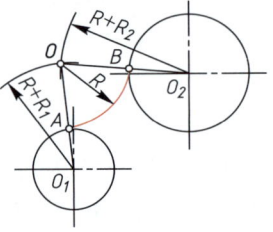

(b)作图过程：分别以O_1、O_2为圆心，R_1
$+R$、R_2+R为半径画弧，交得连接
弧的圆心O。连接O与O_1、O与O_2，
分别与两圆周交得切点A、B，以O为
圆心，自B到A画弧，即为所求

图 1-26　圆弧与两圆弧外切

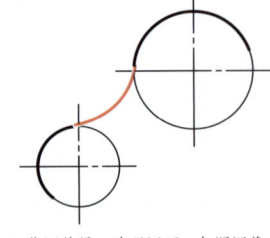

(c)作图结果：清理图面，加深图线，作
图结果如上图所示。这里有两个答案，
另一答案以O_1O_2为对称轴与$\overset{\frown}{AB}$对称，
作图过程与求$\overset{\frown}{AB}$相同，未画出

（4）圆弧与两圆弧内切

图 1-27 所示为用半径为 R 的圆弧与两圆弧内切的作图方法。

（5）圆弧与直线相切、与圆弧外切

图 1-28 所示为用半径为 R 的圆弧，既与直线相切又与圆弧外切的作图方法。

（四）椭圆

表 1-10 介绍用同心圆法、四心法、八点法绘制椭圆。同心圆法用于求作比较准确
的图形，四心法是一种工程图常用的近似作法，八点法用于要求不很精准的图形。

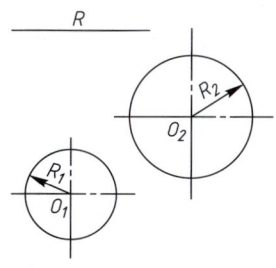

(a) 已知条件和作图要求：用半径为R的圆弧连接两已知圆弧，使它们同时内切

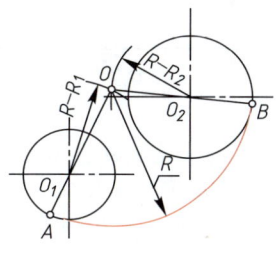

(b) 作图过程：分别以 O_1、O_2 为圆心，$|R-R_1|$、$|R-R_2|$ 为半径画弧，交得连接弧的圆心 O。连接 O 与 O_1、O 与 O_2，分别与两圆周交得切点 A、B，以 O 为圆心，自 B 到 A 画弧，即为所求

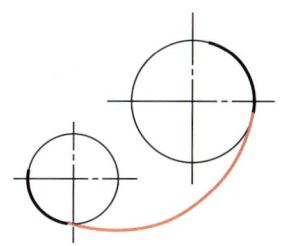

(c) 作图结果：清理图面，加深图线，作图结果如上图所示。这里有两个答案，另一答案以 O_1O_2 为对称轴与 $\overset{\frown}{AB}$ 对称，作图过程与求 $\overset{\frown}{AB}$ 相同，未画出

图 1-27　圆弧与两圆弧内切

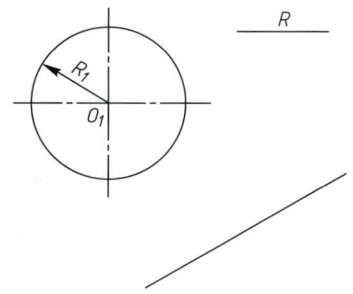

(a) 已知条件和作图要求：用半径为R的圆弧与一已知直线相切，与一已知圆弧外切

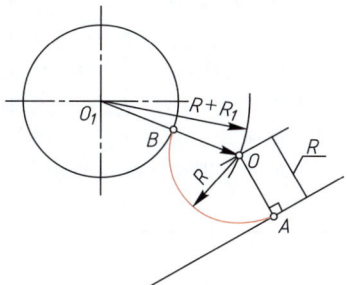

(b) 作图过程：作距已知直线为R的平行线，以 O_1 为圆心，$R+R_1$ 为半径画弧，与上述平行线交得连接弧的圆心 O。过 O 向已知直线作垂线，与它交得切点 A；连接 O 与 O_1，与已知弧交得切点 B。以 O 为圆心，自 A 向 B 画弧，即为所求

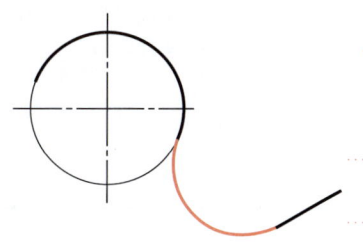

(c) 作图结果：清理图面，加深图线，作图结果如上图所示。这里有两个答案，另一答案以过 O_1 到已知直线的垂线为对称轴与 $\overset{\frown}{AB}$ 对称，作图过程与求 $\overset{\frown}{AB}$ 相同，未画出

图 1-28　圆弧与直线相切、与圆弧外切

表 1-10　已知长短轴画椭圆

方法	同心圆法	四心法	八点法
图例			

续表

方法	同心圆法	四心法	八点法
作图过程	1. 以 O 为圆心，分别以 AB、CD 为直径，作两个同心圆。过点 O 作若干条射线，与小圆和大圆顺次交于 E_1 和 E_2 点。 2. 过点 E_1 作长轴的平行线，过点 E_2 作短轴的平行线，则交点 E 就是椭圆上的点。椭圆上其他各点的作法相同。 3. 用曲线板光滑连接各点，即为所求的椭圆	1. 延长 CD，在延长线上量取 $OK=OA$，得点 K。 2. 连接 A 与 C，并在 AC 上取 $CM=CK$。 3. 作 AM 的中垂线，交 OA 于 O_1，交 OD 于 O_2，再取对称点 O_3、O_4。 4. 连接 O_1 与 O_2、O_2 与 O_3、O_3 与 O_4、O_4 与 O_1，并延长这四条连线。 5. 分别以 O_1、O_3 为圆心，O_1A、O_3B 为半径画弧，以 O_4、O_2 为圆心，O_4D、O_2C 为半径画弧，两弧分别交于 O_1O_2、O_2O_3、O_3O_4、O_4O_1 的延长线上的点 P、Q、R、S，即得所求的近似椭圆。P、Q、R、S 分别是两圆弧的切点	1. 过长短轴的端点 A、B、C、D 作椭圆外切矩形 1234，连接对角线。 2. 以 $1C$ 为斜边，作 45° 等腰直角三角形 $1KC$。 3. 以 C 为圆心，CK 为半径作弧，交 14 于 M、N；再自 M、N 引短轴的平行线，与对角线交得 5、6、7、8 四点。 4. 用曲线板顺序连接点 A、5、C、7、B、8、D、6、A，即得所求的椭圆

二、绘图的方法与步骤

为保证绘图的质量，提高绘图速度，应正确使用绘图工具，严格遵守建筑制图的有关标准，还应根据下面的方法和步骤进行绘制。

（一）准备工作

（1）收集阅读有关的文件资料，对所绘图样的内容和要求进行了解，在学习过程中，对所绘图样的内容和要求了解清楚，在绘图之前做到心中有数。

（2）制图时手应保持干净，对手腕和胳膊碰到的图形，应用白纸将其盖住，以免弄脏图面。

微课扫一扫
工匠精神

（3）准备好所需的绘图工具和其他用品，并将绘图工具擦洗干净放在桌子的旁边。

（4）将图纸用胶带纸固定在图板上，位置要适中，可用丁字尺确定位置。

（5）准备软毛刷清扫橡皮屑，避免弄脏图面。

（二）打底稿

画底稿应用 H～3H 铅笔，线型要轻且细，保证自己能够看清楚。画底稿的顺序如下。

（1）按图形的大小和复杂程度，确定绘图比例，选定图幅。

（2）按照制图标准的要求，绘制图框线和标题栏。

（3）根据图样的数量、大小和选择的比例，绘制图形的定位轴线或者中心线，布置图样的位置时要适中、匀称，保证图面的美观。

（4）用 2H 铅笔绘制图样的主要轮廓线,由大到小、由整体到局部,画出所有轮廓线。再逐步画出细部。绘制时要轻画,以便修改,并在图纸上不留痕迹。

（5）画尺寸线、尺寸界线、尺寸起止符号和其他符号。

（6）对照图样,仔细校对,补全遗漏,修改错误,擦去多余的底稿线。

（三）图样加深

加深粗线的铅笔要用 2B,写文字和数字的铅笔用 HB。加深粗线时,要以底稿线为中心线,以保证图样的准确性。图样加深的顺序如下。

（1）先上后下,用丁字尺一次平移而下。

（2）先左后右,用三角板一次平移而右。

（3）当直线与曲线相连时,先画曲线,后画直线。

（4）图线加深时,应先画粗线,后画细线。

（5）加深图框线、标题栏并标注尺寸数字。

（6）图样画好后,进行一次全面的检查,看看是否有遗漏的地方。

（四）复核签字

加深完毕后,必须认真复核,如发现错误应立即改正。最后,制图者签字。

1.2.3 任务拓展

平面图形是由若干线段所围成的,而线段的形状与大小是根据给定的尺寸确定的。构成平面图形的各种线段中,有些线段的尺寸是已知的,可以直接画出,有些线段的尺寸是未知的,需要用几何作图的方法画出。绘制平面图形时,通常取平面图形的长度方向和高度方向的起点线为基准线。平面图形的连接处的线段,根据尺寸是否完整可分为已知线段、中间线段、连接线段。

［实训］ 图 1-29 是花池金属栏杆的图案,试绘制平面图形。

分析:该花池金属栏杆图案是左右对称的图形,由直线段、圆和圆弧组成。可用左右对称线和底边分别作为长度和高度方向的尺寸基准。底边和两个 φ200 的圆周是已知线段,底部左右两条铅垂线也可直接画出,但它们的上端点是与 R200 的圆弧的切点,要在作这两个圆弧时才能确定,也可以看作是已知线段。R450 的圆弧是两个 φ200 圆周的连接线段。两侧的 φ200 的圆周、R500 的圆弧、R200 的圆弧和下部的铅垂线是连续相切的。其中,R500 的圆弧是中间线段,它的两端应分别与 φ200 的圆周和 R200 的圆弧相切,R200 的圆弧是连接线段,它的两端应分别与 R500 的圆弧和铅垂线相切。

作图:根据分析可知,作图顺序如图 1-29（a）、（b）、（c）、（d）所示。

（1）画作图基线和已知线段［图 1-29（a）］。先画作图基线,即左右对称线和底边,分别是长度和高度方向的尺寸基准。由尺寸 200 画出底边和底部的左右两条铅垂线。由尺寸 400 和 800 画出顶部两个圆周的中心线,用尺寸 φ200 作出顶部的两个圆周。

（2）画中间线段［图 1-29（b）］。用尺寸 150、R500 按与 φ200 的圆周内切的圆弧连接作图方法画出中间线段 R500 的圆弧,同时也准确定出切点。

（3）画连接线段［图 1-29（c）］。用尺寸 R200 按与 R500 的圆弧外切和与铅垂线相切的圆弧连接的作图方法画出连接线段 R200 的圆弧。用尺寸 R450 按与两个 ϕ200 的圆周相内切的圆弧连接的作图方法画出连接线段 R450 的圆弧。在上述作图过程中，也都同时准确定出各切点。

（4）标注尺寸，清理图面，经仔细校核无误后，加深或上墨［图 1-29（d）］。最后，抄绘全部尺寸，擦去多余的图线和符号及其他内容，校核，修正图稿上的缺点和错误，按规定的线型加深或上墨。

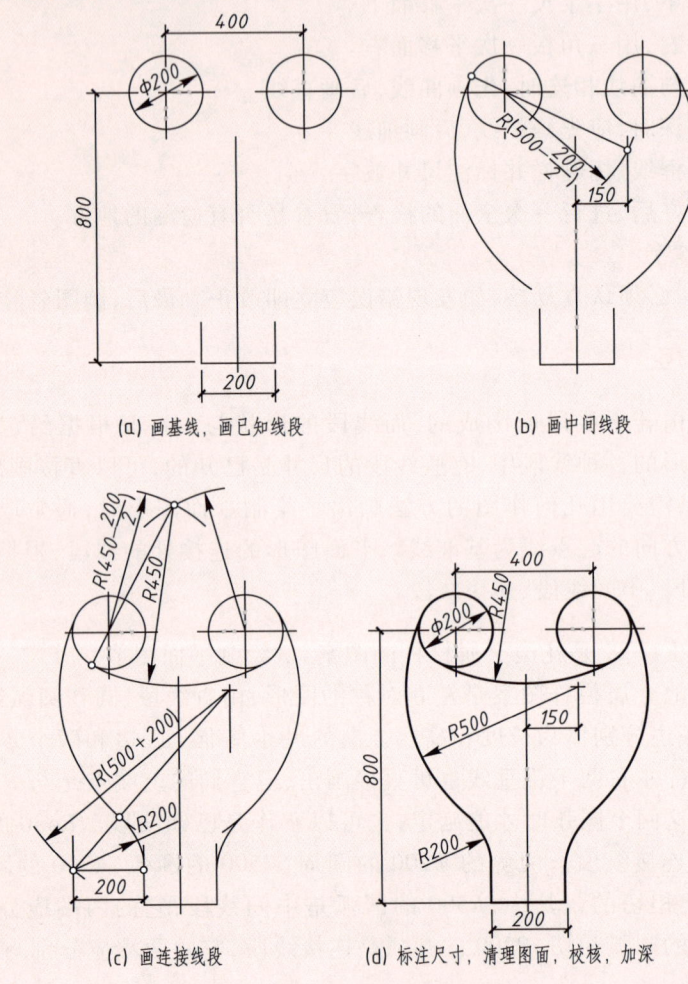

图 1-29　花池金属栏杆图案

学习情境 2

投影的基本知识与技能

2.1 学习情境描述

2.1.1 学习目标

完成本学习情境后,你应当能:

1. 掌握根据点的投影规律,判断点的空间位置。

2. 熟练掌握各种位置直线的投影特性,掌握直线上点的投影特性、点在直线上的几何条件、直角三角形法的应用和两直线位置关系的判断。

3. 熟练掌握各种位置平面的投影特性,掌握平面上取点、线的方法,掌握利用平面内的最大斜度线,求作一般位置平面的倾角。

4. 判断直线与平面、平面与平面的位置关系,掌握直线与平面相交求交点的方法。

5. 熟悉曲线及曲面的形成和分类,曲面的投影特性。

6. 掌握基本平面体、曲面体投影图的绘制,熟悉截交线、相贯线的作图方法。

2.1.2 学习任务

序号	学习任务	任务驱动
1	点的投影	1. 根据已知点的两投影,求作第三投影。 2. 根据点的投影规律,判断点的空间位置
2	线的投影	1. 利用直角三角形法,求作一般位置直线的实长和倾角。 2. 根据各种位置直线的投影特性,求作直线上的点。 3. 判断两直线的位置关系

续表

序号	学习任务	任务驱动
3	面的投影	1. 利用平面内的最大斜度线，求作一般位置平面的倾角。 2. 根据各种位置平面的投影特性，求作平面上的点、直线。 3. 判断直线与平面、平面与平面的位置关系。 4. 根据直线与平面相交的投影特性，求作交点
4	体的投影	1. 绘制常见平面体、曲面体的三面投影图。 2. 当截平面为特殊位置时，求作截交线。 3. 求作两平面立体相贯线。 4. 求作同坡屋面的相贯线

2.2　任务 1：点的投影

教学课件
点的投影

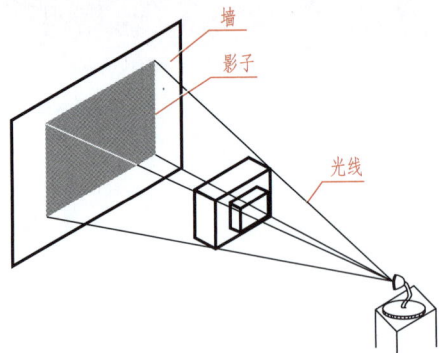

图 2-1　投影的现象

2.2.1　任务资讯

一、投影的概念

在日常生活中，物体在阳光或灯光的照射下，就会在地面或墙面上产生影子，这种现象叫做**投影**（图 2-1）。例：教室里的课桌、人体在灯光的照射下，在墙面或地面上得到投影。人们从物体与其影子的关系中，经过科学的总结，创造了投影原理和投影作图的基本规则和方法。

想一想

日常生活中还有哪些投影现象？

通常我们把光源称为投影中心，影子所在的墙面或地面称为投影面，发射出的光线称为投射线，并设想投影线能够穿透物体，使物体各个部分的棱线都能在影子中体现出来[图 2-2(a)]。过投影中心 S 和空间点 A，作投射 SA 并延长之，与投影面 P 相交于点 a，则 a 称作空间点 A 在投影面 P 上的投影[图 2-2(b)]。同样，直线 cd 可以称作空间点 CD 在投影面 P 上的投影。

二、投影的分类

经过人们的科学总结，找出了影子和物体之间的关系，形成了投影方法。**投影法**是人们根据投影现象，总结其几何规律，提出形成物体图形的方法。

投影法有多种。投射线都从投影中心一点发出在投影面上作出形体投影的方法，称为**中心投影法**。如图 2-3 所示，中心投影法只能反映物体的形状，不能反映物体原来真实的大小。例如，在日常生活中，照相、美术中画静物的方法。在建筑工程图样中，常用于绘制建筑物的透视图、效果图。其特性主要有直观性强、作图复杂、不能反映物体的真实大小。

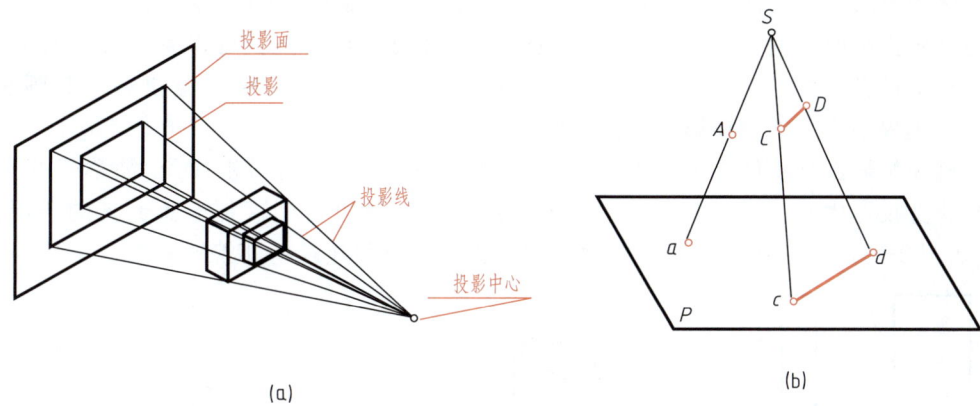

图 2-2 投影的形成

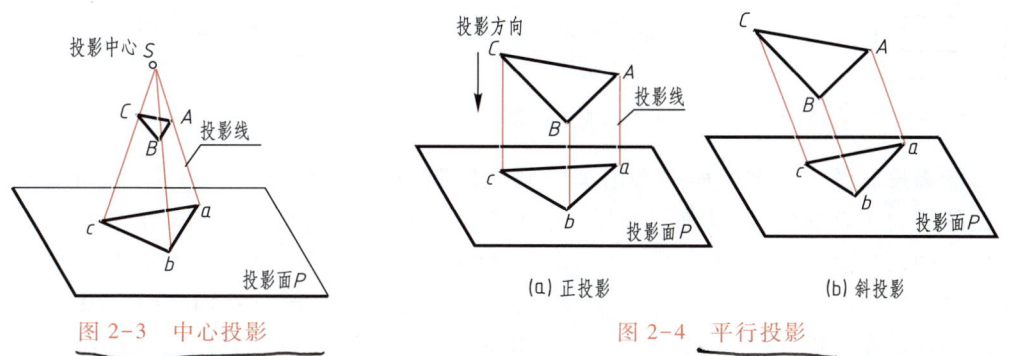

图 2-3 中心投影   图 2-4 平行投影

如图 2-4 所示(可以把它看作是中心投影法的特殊情况)，假设投影中心在无穷远处，这样可以把它射出的投射线近似地看作成是相互平行的平行线，由相互平行的投射线在投影面上作出形体投影的方法为**平行投影法**。在平行投影法中，当投射线垂直于投影面时，称为**正投影法**，如图 2-4(a)所示。当投射线倾斜于投影面时，称为**斜投影法**，如图 2-4(b)所示。

用正投影法画出的物体图形，称为正投影(正投影图)。正投影图虽然直观性较差，但能反映物体的真实形状和大小，作图简便，在工程中应用广泛。可用于绘制平面图、立面图、剖面图等。

用斜投影法画出的物体图形，称为斜投影。其可用于绘制轴测投影图。

想一想

投影法的分类及应用。

三、土木工程中常用的投影

土木工程中常用的投影有：多面正投影、轴测投影、透视投影、标高投影。

多面正投影是土木工程中最主要的图样，本书也主要讲述多面正投影。多面正投影由物体在互相垂直的两个或两个以上的投影面上的正投影所组成。图 2-5 所示为独立柱基础的三面正投影图。在工程中应用多面正投影绘制施工图。

轴测投影图是物体在一个投影面上的平行投影，又称为轴测投影，简称轴测图。将物体对投影面放置于较合适的位置，选定适当的投影方向，就可得到这种富有立体感的轴测投影，如图2-6所示。在学习情境三中，将讲述常用的轴测投影及其画法。在土木工程中常用轴测投影绘制给排水管道施工图。

透视投影图是物体在一个投影面上的中心投影，又称为透视投影，简称透视图。适当放置投影中心、物体和投影面之间的相对位置，就可得到这种形象逼真的透视投影，如图2-7所示。在建筑设计中常用透视投影来绘制建筑物外貌效果图。

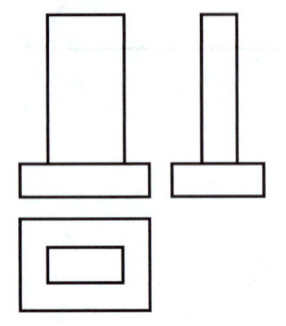 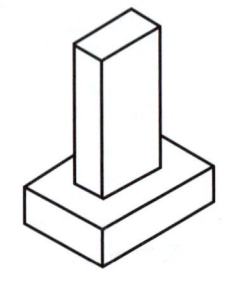 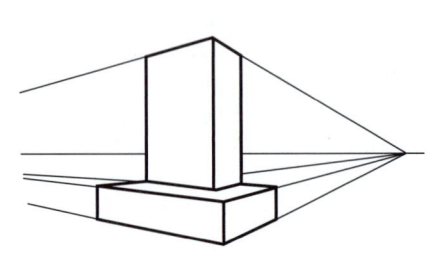

图2-5 多面正投影图示例   图2-6 轴测投影图示例   图2-7 透视投影图示例

标高投影图在土木工程中常用来绘制地形图、建筑总平面图和道路、水利工程等方面的平面布置的图样，又称标高投影。它是地面或土工构筑物在一个水平基面上的正投影图，并标注出与水平基面之间的高度数字标记。如图2-8（a）所示，在水平基面H上的一座小山，与H面相交于高度标记为0的曲线，再用高于H面10 m、20 m的水平面剖切这座小山，交得高度标记为10、20的曲线，这些曲线称为等高线，作出它们在H面上的正投影，并标注高度标记数字，就能得到这座小山的标高投影图，也就是这座小山的地形图，如图2-8（b）所示。

建筑故事
古代建筑
大师—李
诚（宋）

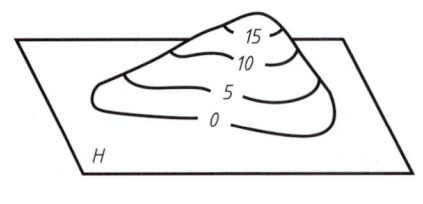

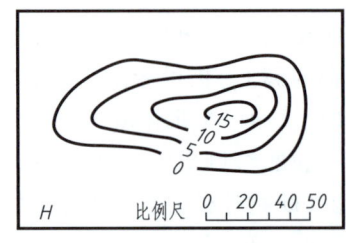

(a)   (b)

图2-8 标高投影图示例

问一问

土木工程中常用的投影有哪些？

2.2.2 任务实施

一、三投影面体系

如图2-9所示，空间五个不同形状的物体，它们在同一个投影面上的投影却是相同的。因此，在正投影法中物体的一个投影一般是不能反映空间物体形状的。

　　一般来说，用三个相互垂直的平面作投影面，分别作物体在这三个投影面上的三个投影，才能比较充分地表现出这个物体的空间形状。这三个相互垂直的投影面，称为**三投影面体系**，如图2-10所示。

　　图2-10中水平方向的投影面称为**水平投影面**，用字母 *H* 表示，也可以称为 **H 面**；与水平投影面垂直相交的正立方向的投影面称为**正投影面**，用字母 *V* 表示，也可以称为 **V 面**；与水平投影面及正投影面同时垂直相交的投影面称为**侧投影面**，用字母 *W* 表示，也可以称为 **W 面**。

　　这三个投影面将空间分为八个部分，称为八个分角，分别称为第Ⅰ、Ⅱ、Ⅲ、…、Ⅷ分角。我国主要采用第Ⅰ分角投影来绘制工程图样，称为**第Ⅰ角画法**。图2-11所示为第Ⅰ分角的三个投影面。

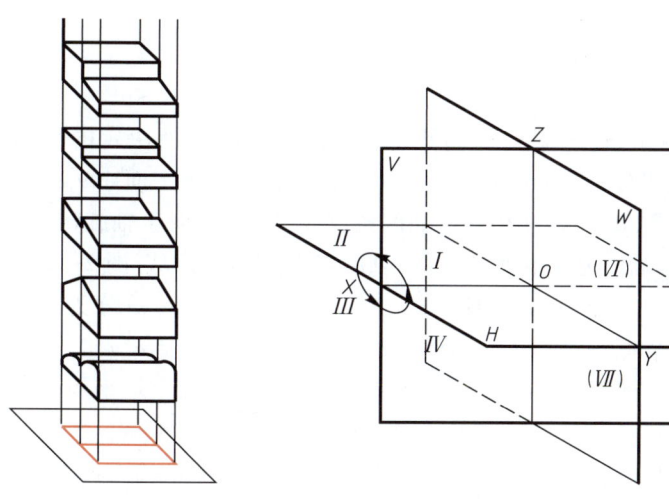

图2-9　不同物体的一个相同正投影　　　图2-10　三投影面体系　　　图2-11　第一分角的三个投影面

　　各投影面的相交线称为**投影轴**，其中 *V* 面和 *H* 面的相交线为 **X 轴**；*W* 面和 *H* 面的相交线为 **Y 轴**；*V* 面和 *W* 面的相交线为 **Z 轴**，三个投影轴的交点 *O* 为**原点**。

　　在三投影面体系中，作物体的三个投影，就有三个方向的投影线，如图2-11中的 *A*、*B*、*C* 三个方向。各个方向的投影线应分别与各投影面相垂直。

想一想

　　1. 三投影面体系之间的关系如何？

　　2. 教室的哪些墙面、地面与三投影面相对应？

二、点的三面投影及其规律

　　如图2-12(a)是空间点 *A* 三面投影的直观图，图2-12(b)是三个投影面展平后所得点 *A* 的投影图。在投影中，空间的点用大写字母表示，其在 *H* 面上的投影称为水平投影，用同名的小写字母表示；在 *V* 面上的投影称为正面投影，用同名的小写字母并在右上角加一撇表示；在 *W* 面上的投影称为侧面投影，用同名的小写字母并在右上角加两撇表示。如图2-12中空间点 *A*，其投影分别为 *a*,*a*′,*a*″。

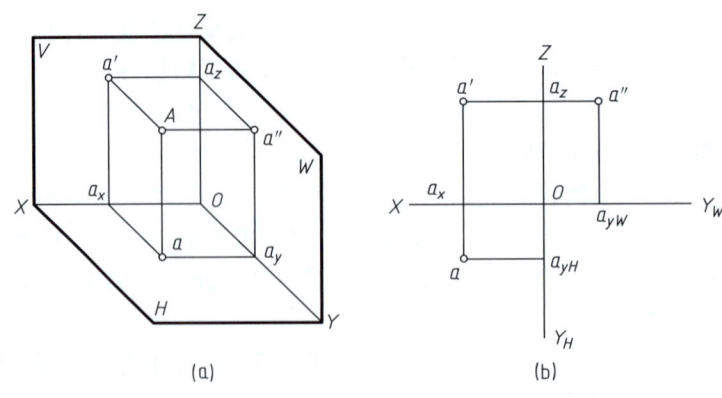

图 2-12   点的三面投影

问一问

试述点的三面投影的标注方法。

从图 2-12(a) 中可以看出,过空间点 A 的两条投射线 Aa 和 Aa' 所决定的平面,与 V 面和 H 面同时垂直相交,交线分别是 aa_x 和 $a'a_x$。因此,OX 轴垂直于平面 Aaa_xa',也就是垂直于 aa_x 和 $a'a_x$。而 aa_x 和 $a'a_x$ 是互相垂直的两条直线,当 H 面绕 X 轴旋转至与 V 面成为同一平面时,aa_x 和 $a'a_x$ 就成为一条垂直于 OX 轴的直线,即 $aa' \perp OX$[图 2-12(b)]。

同理,$a'a'' \perp OZ$。a_y 在投影面展平之后,被分为 a_{yH} 和 a_{yW} 两个点,所以 $aa_{yH} \perp OY_H$,$a''a_{yW} \perp OY_W$,即 $aa_x = a''a_z$。

由此可以得出**点的投影规律**:正面投影和水平投影的连线必定垂直于 X 轴,即 $a'a \perp OX$。正面投影和侧面投影的连线必定垂直于 Z 轴,即 $a'a'' \perp OZ$。水平投影到 X 轴的距离等于侧面投影到 Z 轴的距离,即 $aa_x = a''a_z$。

从图 2-12(a) 中还可看出,$Aa = a'a_x = a''a_y$,其中 Aa 是空间点 A 到 H 面的距离;$Aa' = aa_x = a''a_z$,其中 Aa' 是空间点 A 到 W 面的距离。因此,我们可以得出:点的三个投影到各投影轴的距离,分别代表空间点到相应的投影面的距离,如图 2-13 所示。

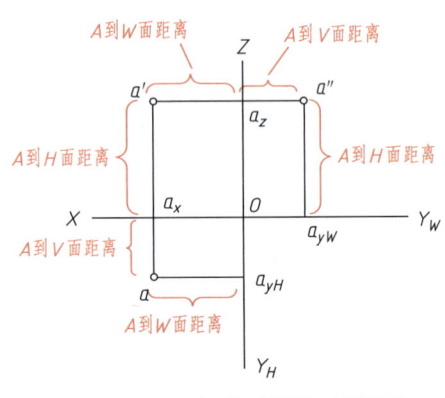

图 2-13   空间点到投影面的距离

记一记

点的投影规律。

三、点的坐标

在三投影面体系中,空间点及其投影的位置,可以用坐标来确定。我们把三投影面体系看作空间直角坐标系,投影轴 OX、OY、OZ 相当于坐标系 X、Y、Z 轴,投影面 H、V、W 相当于三个坐标面,投影轴原点 O 相当于坐标系原点。

如图 2-14 所示,空间一点到三投影面的距离,就是该点的三个坐标(用小写字母 x、y、z 表示),所以空间点到 W 面的距离为 x,即 $Aa'' = a'a_z = aa_{yH} = x$。空间点到 V 面的距离为 y,即 $Aa' = aa_x = a''a_z = y$。空间点到 H 面的距离为 z,即 $Aa = a'a_x = a''a_{yW} = z$。

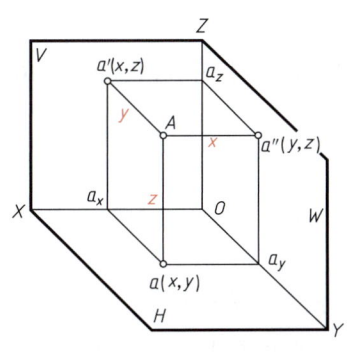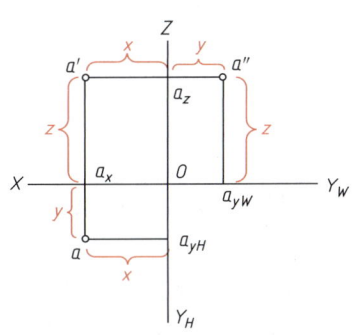

图 2-14 点的坐标

空间点及其投影位置可用坐标方法表示,如点 A 的空间位置是 $A(x,y,z)$;点 A 的 H 面投影是 $a(x,y)$;点 A 的 V 面投影是 $a'(x,z)$;点 A 的 W 面投影是 $a''(y,z)$。应用坐标能较容易地求作点的投影和指出点的空间规律。

四、两点的相对位置

空间一个点有前、后、上、下、左、右六个方位,如图 2-15(a)所示。这六个方位在投影图上也能反映出来,如图 2-15(b)所示。从图 2-15 中可以得出:

在 V 面上的投影,能反映左、右(即点至 W 面的距离-x)和上、下(即点至 H 面的距离-z)的情况。在 H 面上的投影,能反映左、右(即点至 W 面的距离-x)和前、后(即点至 V 面的距离-y)的情况。在 W 面上的投影,能反映前、后(即点至 V 面的距离-y)和上、下(即点至 H 面的距离-z)的情况。根据方位就可判别两点在空间的相对位置。

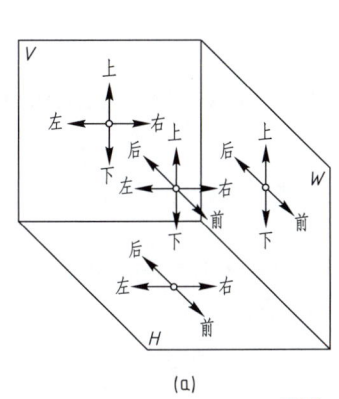

(a)

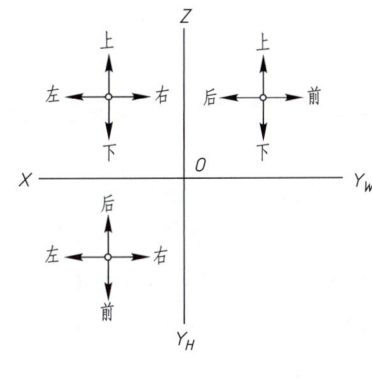

(b)

图 2-15 投影面上的方位

?问一问

两点的相对位置关系如何?

五、点的重影及其可见性

由正投影特性可知,如果两个点位于同一投射线上,则两点在垂直投射线的同一投影面上的投影必定重叠,该投影称为**重影**。重影的空间两个点称为**重影点**。

如图 2-16 可见,点 A、B 是位于同一投射线上的两点,它们在 H 面上的投影 a、b 重叠。根据正投影特性,沿着投射线方向朝投影面观看,离投影面较近的点 B 被较远的点 A 所遮挡,即点 A 在点 B 的正上方,点

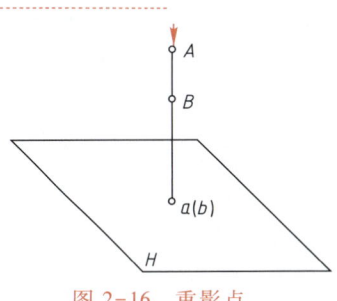

图 2-16 重影点

A 为可见点,点 B 为不可见点。

在投影图上规定重影点中不可见点的投影用字母加一括号表示,如图 2-16 中的点 (b)。

2.2.3　任务拓展

[**实训 1**]　已知点 B 的 H 面投影 b 和 W 面投影 b''[图 2-17(a)],求作点 B 的 V 面投影 b'。

如图 2-17(b)所示,根据点的投影规律,作图步骤如下。

过点 b 作 OX 轴的垂线并延长,过 b'' 作 OZ 轴的垂线并延长,两线交于 b' 点,b' 即为所求。

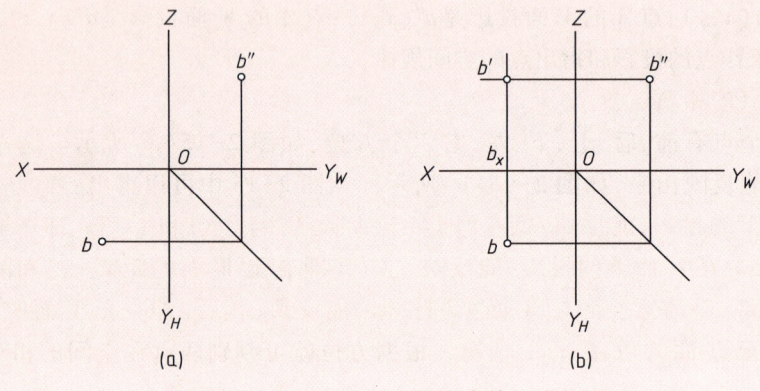

图 2-17　已知点的两个投影求第三个投影

[**实训 2**]　已知点 C 的 H 面投影 c 和 V 面投影 c'[图 2-18(a)],求作点 c 的 W 面投影 c''。

如图 2-18(b)所示,根据点的投影规律,作图步骤如下。

(1)过 c' 作 OZ 轴的垂线并延长。

(2)过 c 作 OY_H 的垂线并延长,交 45°线,再向 OY_W 轴引垂线并延长。

(3)两延长线交于 c'' 点,c'' 点即为所求。

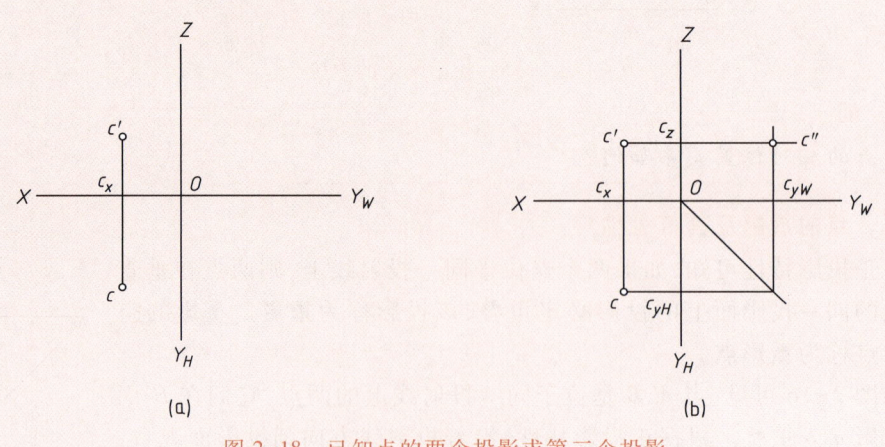

图 2-18　已知点的两个投影求第三个投影

[**实训 3**] 已知点 A 的坐标为 $(14,10,20)$，求作点 A 的三面投影图。

如图 2-19 所示，作图步骤如下。

（1）根据点 A 的坐标值，在 OX 轴上量取 $oa_x = x = 14$。

（2）在 OY_H 轴上量取 $oa_{yH} = y = 10$。

（3）在 OZ 轴上量取 $oa_z = z = 20$。

（4）过 a_x 作 OX 轴的垂线，过 a_z 作 OZ 轴的垂线，过 a_{yH} 作 OY_H 轴的垂线。

（5）各垂线延长得交点 a'、a、a''。

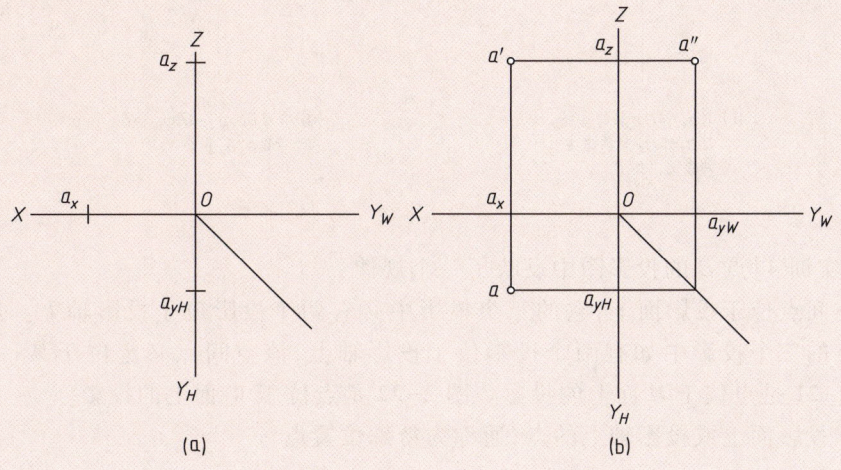

图 2-19 根据坐标作点的三面投影

[**实训 4**] 已知点 B 的坐标为 $(20,0,10)$，求作点 B 的三面投影图。

根据点的坐标作点的三面投影，作法如图 2-20 所示。

注意：点 B 的 $y = 0$，即表示该点离 V 面的距离为零，即点 B 位于 V 面上。

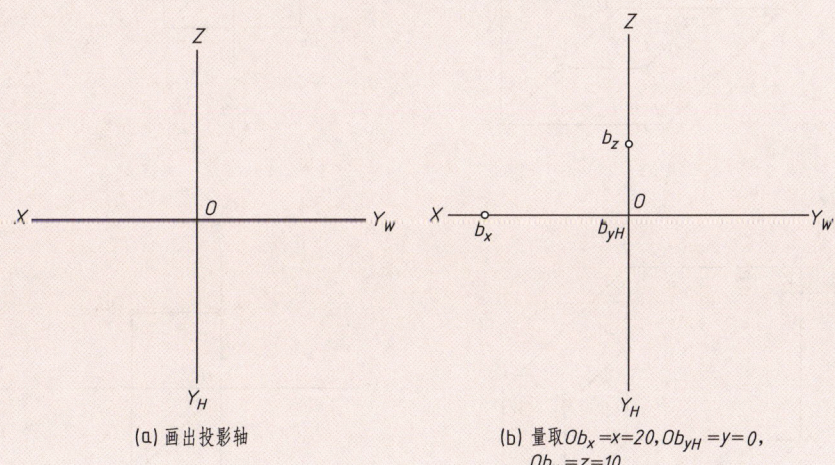

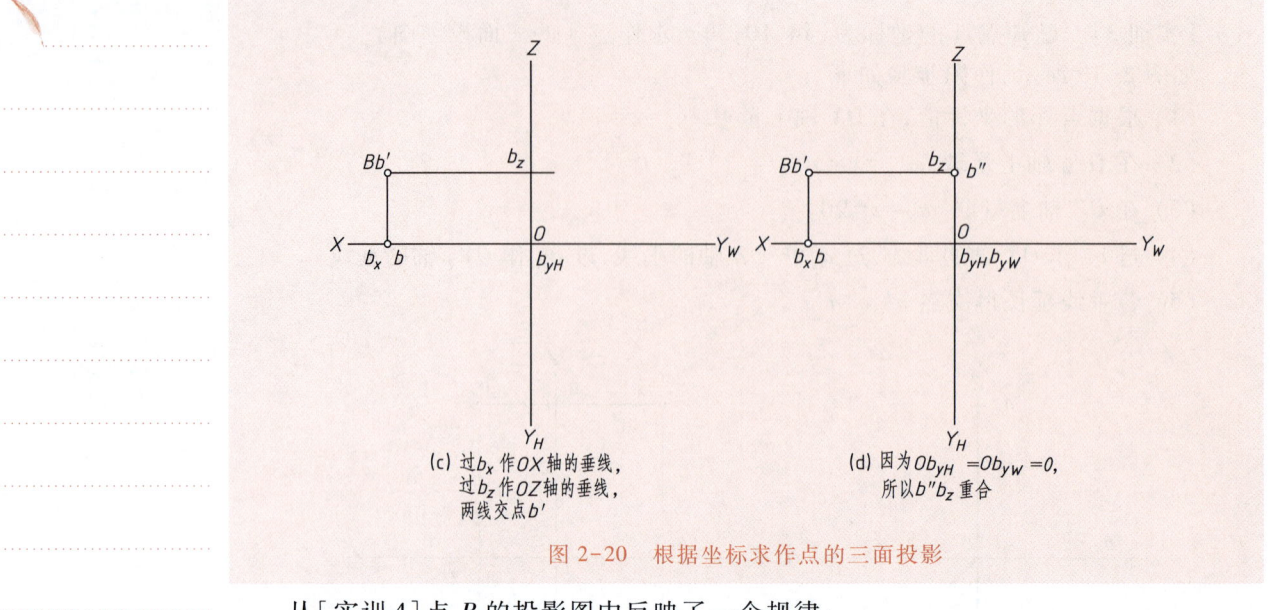

(c) 过 b_x 作 OX 轴的垂线,
过 b_z 作 OZ 轴的垂线,
两线交点 b'

(d) 因为 $Ob_{yH}=Ob_{yW}=0$,
所以 $b''b_z$ 重合

图 2-20   根据坐标求作点的三面投影

从 [实训 4] 点 B 的投影图中反映了一个规律:

如空间点位于投影面上,它的三个投影中必有两个投影位于投影轴上。反之,空间一个点的三个投影中如有两个投影位于投影轴上,该空间点必定位于某一投影面上。图 2-21 是点位于 H 面上的投影。图 2-22 是点位于 W 面上的投影。

位于投影面上或投影轴上的点,通称为**特殊位置点**。

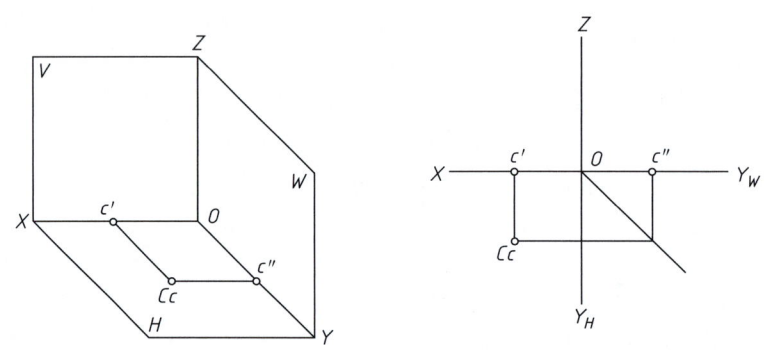

图 2-21 H 面上点的投影

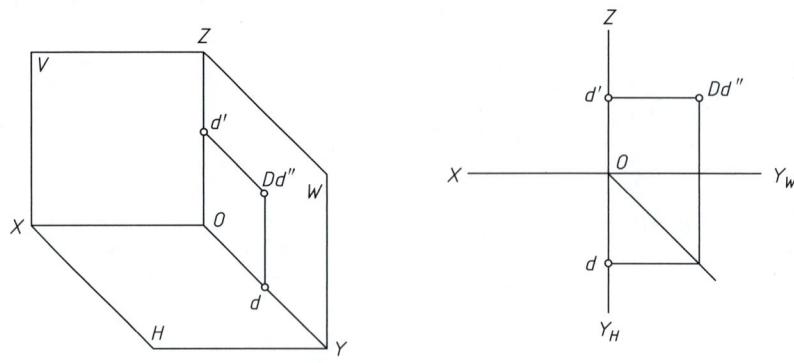

图 2-22 W 面上点的投影

[**实训5**] 　如图 2-23 所示,试判别 A、B 两点的相对位置关系。

分析:从投影图中可以看出:

a、a′在 b、b′之左,即点 A 在点 B 的左方;

a′、a″在 b′、b″之下,即点 A 在点 B 的下方;

a、a″在 b、b″之前,即点 A 在点 B 的前方。

由此判别点 A 在点 B 的左、下、前方,或点 B 在点 A 的右、上、后方。

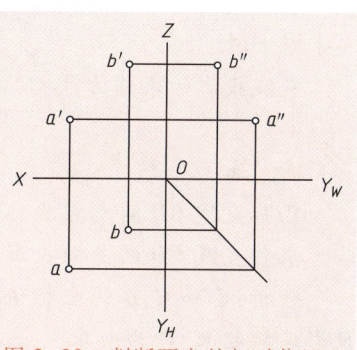

图 2-23　判断两点的相对位置

[**实训6**] 　如图 2-24 所示,已知 A、B、C 三点的三面投影。试判别 A、B、C 三点的相对位置关系。

分析:从投影图中可以看出:

从 A、B 两点的三面投影图中可见,它们没有左右、前后变化,只有上下关系,A 在上 B 在下,在 H 面上 a、b 重影。表明点 A 位于点 B 正上方。

从 B、C 两点的三面投影图中可见,它们没有左右变化,只有上下、前后关系,B 在下 C 在上,B 在前 C 在后。表明点 B 位于点 C 正前、下方。

从 A、C 两点的三面投影图中可见,它们没有左右、上下变化,只有前后关系,A 在前 C 在后,在 V 面上 a′、c′重影。表明点 A 位于点 C 正前方。

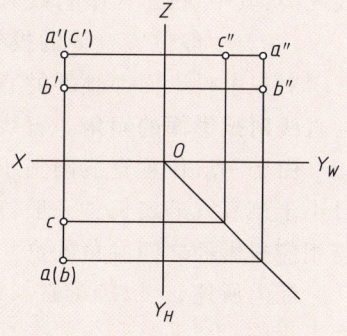

图 2-24　判断三点的相对位置

2.3　任务2：线的投影

2.3.1　任务资讯

一、直线的概念

直线可以看作是点沿着一定方向运动的轨迹,或看作沿一定方向的无数点的集合。如图 2-25 所示,通过直线 AB 上许多点的投射线,如 Aa,Bb,Cc,…,形成一个由投射线组成与投影面垂直的平面。此平面与 H 面的交线必然为一直线,该交线就是直线 AB 在 H 面上的投影。由此可得:**直线的投影一般仍是直线**。

由初等几何可知,两点可以确定一直线。所以,求作直线的投影,可先求出该直线上任意两点的投影(通常求两端点的投影),然后连接两点的同名投影(即连接两点在同一投影面上的投影),可得该直线的三面投影。

教学课件
线的投影

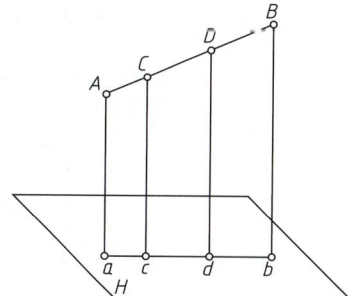

图 2-25　直线的投影

 **想一想**

直线投影的求作方法?

 **练一练**

已知直线 CD 两端点坐标 C 为 $(10,20,5)$、D 为 $(20,5,15)$。

求作直线 CD 的三面投影。

分析:已知 C、D 的坐标值,根据点的投影规律,作 C、D 的三面投影;把 C、D 的同名投影连接起来,即为所求。

微课扫一扫

各种位置
直线的
投影特性

二、各种位置直线的投影

空间直线对投影面的相对位置可分为:一般位置直线、投影面平行线、投影面垂直线三类,其中,投影面平行线和投影面垂直线又称为特殊位置直线。

(一)一般位置直线的投影特性

对三个投影面都倾斜的直线,称为**一般位置直线**。直线与投影面之间的夹角,称为**直线对投影面的倾角**。直线对 H、V、W 面的倾角分别用 α、β、γ 表示。

由于一般位置直线倾斜于三投影面,所以在三投影面中的投影倾斜于各投影轴,且小于该直线的实长。一般位置直线的投影与各投影轴的夹角,均不能反映空间直线与相应投影面之间倾角的真实大小。

综上所述,一般位置直线的投影特性:一般位置直线的三面投影均倾斜于投影轴,都不反映直线实长和与投影面所成的倾角。

 **问一问**

一般位置直线的投影特性如何? 举例说明。

(二)投影面平行线的投影特性

投影面平行线是指仅平行于一个投影面,而倾斜于另两个投影面的直线。

投影面平行线可分为三类。

(1)水平线。平行于 H 面,倾斜于 V、W 面的直线。

(2)正平线。平行于 V 面,倾斜于 H、W 面的直线。

(3)侧平线。平行于 W 面,倾斜于 H、V 面的直线。

三种类型的投影面平行线的投影图和投影特性如表 2-1 所示。

表 2-1 投影面平行线的投影特性

名称	轴测图	投影图	投影特性
正平线			1. $a'b'$ 反映实长和 α、γ 角。 2. $ab /\!/ OX$,$a''b'' /\!/ OZ$,且长度缩短

续表

名称	轴测图	投影图	投影特性
水平线			1. cd 反映实长和 β、γ 角。 2. $c'd' \parallel OX$, $c''d'' \parallel OY_W$, 且长度缩短
侧平线			1. $e''f''$ 反映实长和 α、β 角。 2. $ef \parallel OY_W$, $e'f' \parallel OZ$, 且长度缩短

从表 2-1 可得出投影面平行线的投影特性：

投影面平行线平行于某一个投影面，在该投影面上的投影反映实长，且该投影与投影轴的夹角等于空间直线与相应投影面的倾角。在另外两个投影面上的投影，分别平行于相应的两个投影轴，且共同垂直于第三投影轴，两投影为缩短的直线。

问一问

投影面平行线的投影特性如何？举例说明。

建筑故事
古代建筑大师—蒯祥（明）

练一练

试作正平线、水平线、侧平线的三面投影图。

（三）投影面垂直线的投影特性

投影面垂直线是指垂直于一个投影面，同时平行于另外两个投影面的直线。

投影面的垂直线可分为三类。

（1）铅垂线。垂直于 H 面，平行于 V 面和 W 面的直线。

（2）正垂线。垂直于 V 面，平行于 H 面和 W 面的直线。

（3）侧垂线。垂直于 W 面，平行于 V 面和 H 面的直线。

三种类型的投影面垂直线的投影图和投影特性如表 2-2 所示。

表 2-2　投影面垂直线的投影特性

名称	轴测图	投影图	投影特性
正垂线	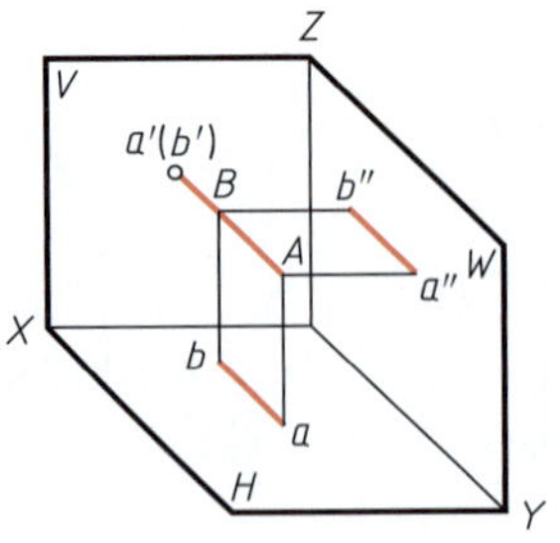	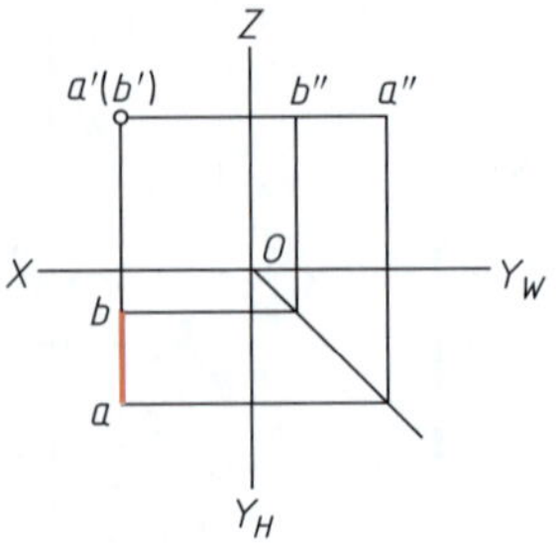	1. $a'b'$ 积聚成一点。 2. $ab \parallel OY_H$，$a''b'' \parallel OY_W$，且反映实长
铅垂线	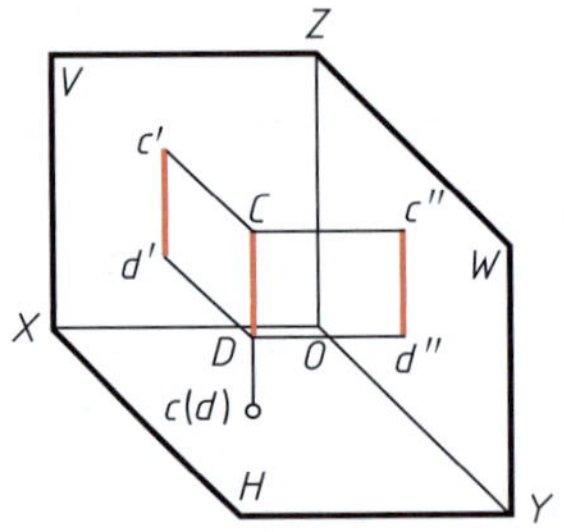	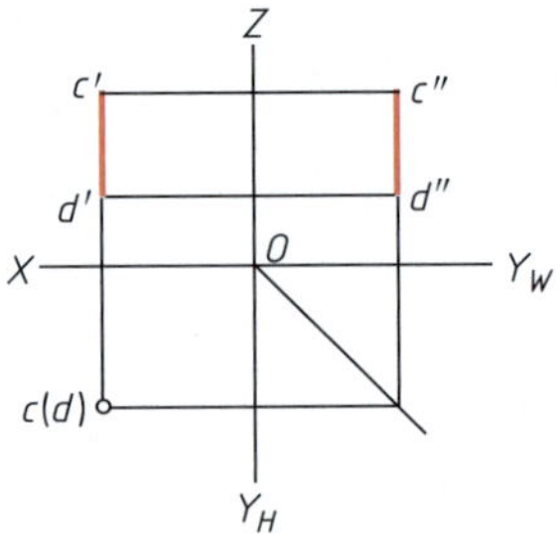	1. cd 积聚成一点。 2. $c'd' \parallel OZ$，$c''d'' \parallel OZ$，且反映实长
侧垂线	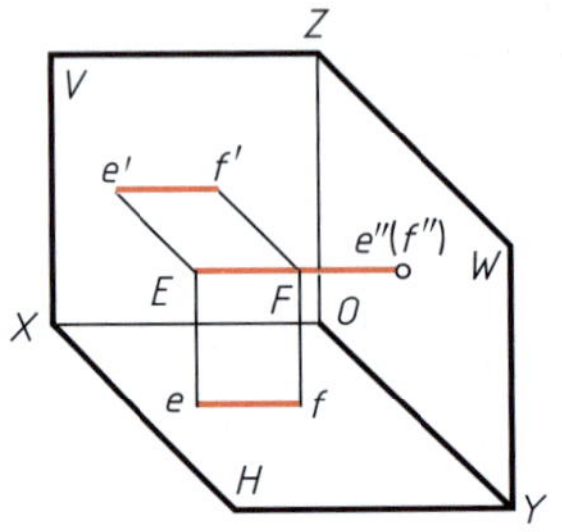	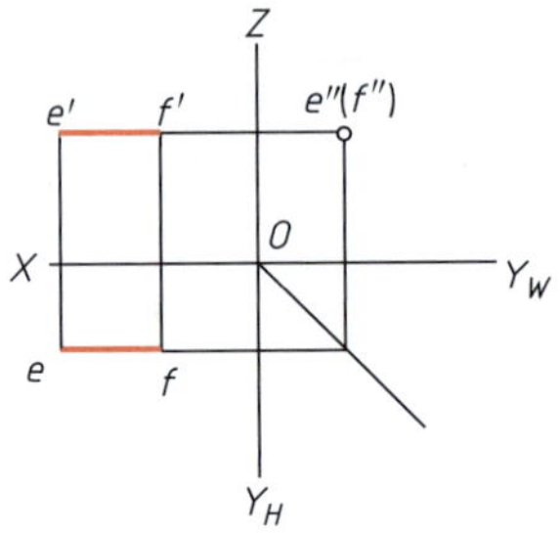	1. $e''f''$ 积聚成一点。 2. $e'f' \parallel OX$，$e''f'' \parallel OZ$，且反映实长

从表 2-2 可得出**投影面垂直线的投影特性：**

投影面垂直线在它所垂直的投影面上的投影积聚为一个点，在其他两个投影面上的投影反映实长，并分别垂直于该直线所垂直的投影面的两个投影轴，平行于第三投影轴。

问一问

投影面垂直线的投影特性如何？如何绘制投影面垂直线的三面投影图。

练一练

如图 2-26 所示，已知直线的二面投影，试判别各直线是何种位置直线。

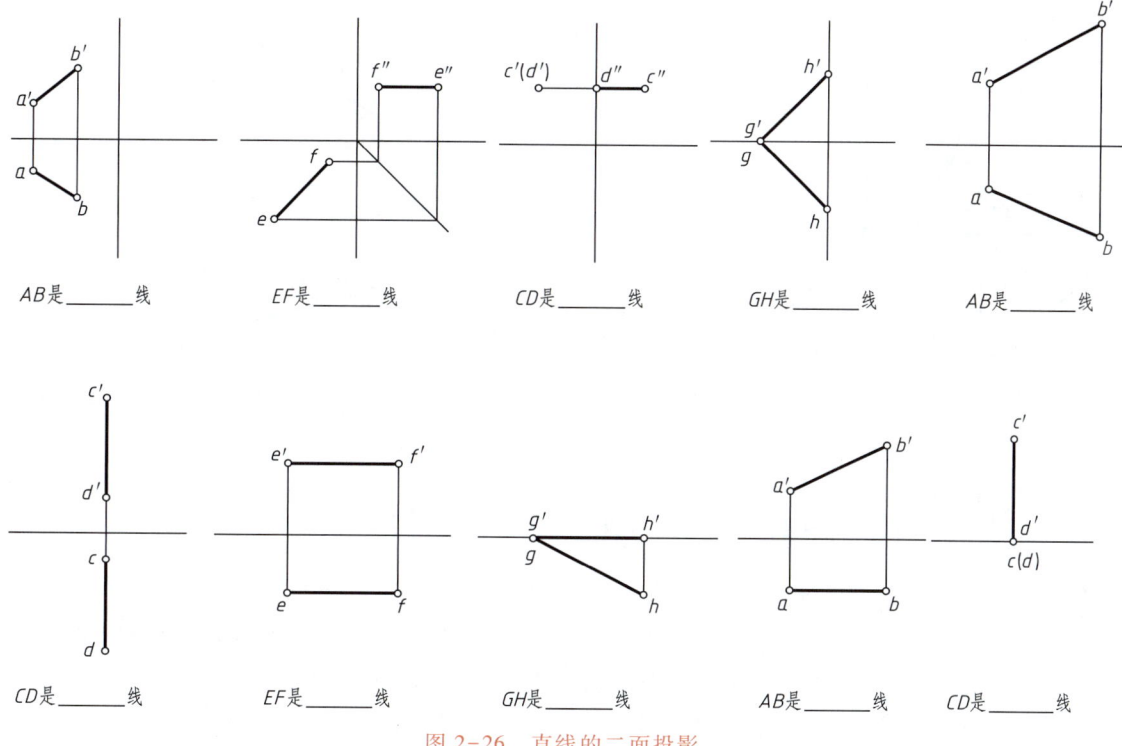

AB是_____线　　EF是_____线　　CD是_____线　　GH是_____线　　AB是_____线

CD是_____线　　EF是_____线　　GH是_____线　　AB是_____线　　CD是_____线

图 2-26　直线的二面投影

2.3.2　任务实施

一、一般位置直线与投影面的倾角与实长

微课扫一扫
直角三角形
法求一般位
置直线的实
长与倾角

一般位置直线的各个投影都不反映直线的实长和与投影面所成倾角的真实大小。如何求作一般位置直线的实长与倾角，下面介绍**直角三角形法**求一般位置直线的实长与倾角。

我们来分析空间直线 AB 与其投影 ab 的关系（图 2-27）。过点 A 作直线 AC 平行于 ab，交直线 Bb 于 C 点得直角三角形 ABC，其斜边 AB 为空间直线本身（即实长），直角边 $AC=ab$，另一直角边 BC 是直线 AB 两端点至 H 面距离（Z 坐标）之差，亦即在 V 面的投影中 b' 与 a' 至 OX 轴距离之差。过 a' 作 OX 轴的平行线，与 b' 至 OX 的垂线相交得 c'，显然，$b'c'=BC$。直角三角形 ABC 中的两条直角边均已知道，这就不难求出它的斜边，即空间直线 AB 的实长。同时，此直角三角形中的 $\angle BAC$，也就是直线 AB 与 H 面所成的倾角 α。

上述直角三角形可以直接在已知的投影图上求作，如图 2-28 所示。作法如下。

已知直线 AB 的两面投影 ab 和 $a'b'$。先自 a' 作 OX 轴的平行线与 $b'b$ 连线相交于 c' 点，再在 H 面上自点 b 作 ab 的垂线，并在其上截取 $bB_1=b'c'$，连 aB_1，即为所求直线的实长，图中 $\angle baB_1$ 为直线 AB 与 H 面所成的倾角 α。

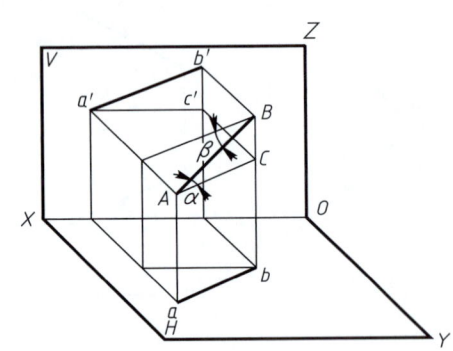

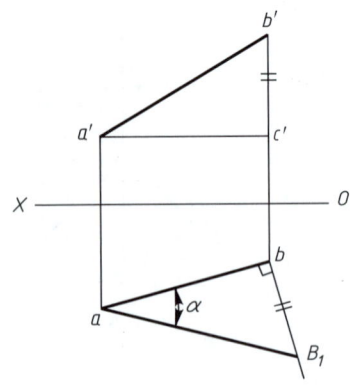

图 2-27　一般位置直线的实长和与投影面所成的倾角　　　图 2-28　用直角三角形法求一般位置直线的实长与倾角

问一问

求一般位置直线的实长及倾角 β、γ。

二、直线上的点

位于直线上的点,它的投影必定在该直线的同名投影上。根据这一特性,我们即可求作直线上点的投影,并可用来判别直线与点的相对位置关系。

如果直线上的一个点把直线分为一定比例的两段,则该点投影也分直线同名投影为相同比例的两段,这种性质称为**定比性**。

问一问

试述直线上点的投影特性。

练一练

如图 2-29 所示,试问 E、D 点是否在直线 AB 上。

分析:从图中可见,空间点 D 的投影 d、d'、d'' 都在直线 AB 的同名投影上,说明 D 点在直线 AB 上。而空间点 E 的三面投影,其中 e 和 e' 在直线 AB 的同名投影上,但 e'' 却不在直线 AB 的同名投影 $a''b''$ 上,故点 E 不在直线 AB 上。

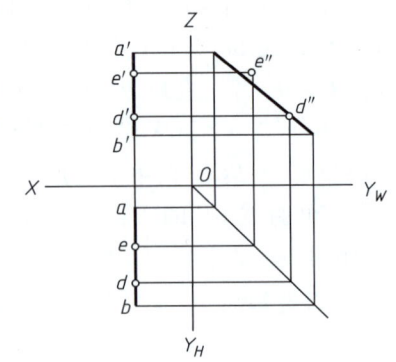

图 2-29　直线与点的相对位置

三、两直线的相对位置关系

空间两直线的相对位置关系有三种情况。

（1）两直线平行。如图 2-30 中的 AB 与 EF、CD 与 GH 所示。

（2）两直线相交。如图 2-30 中的 AB 与 AP、CD 与 CL 所示。

（3）两直线交叉。如图 2-30 中的 AB 与 CL、CD 与 AE 所示。

由初等几何可知,相交的两条直线或平行的两条直线,都是在同一个平面上的两条直线,称为**共面直线**;交叉的两条直线则不在同一个平面上,称为**异面直线**。

（一）两直线平行的投影特性

空间相互平行的两直线的同名投影也相互平行。反之,若两直线的同名投影都相互平行,则这两直线在空间一定是相互平行的。

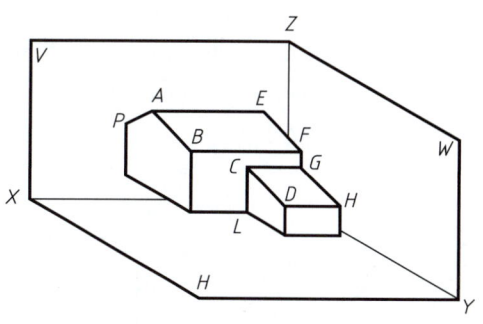

图 2-30　两直线的相对位置关系

即:$AB /\!/ CD \Longleftrightarrow \begin{cases} ab /\!/ cd \\ a'b' /\!/ c'd' \\ a''b'' /\!/ c''d'' \end{cases}$

如图 2-31 所示,直线 AB 与 CD 相互平行,则过 AB 和 CD 向 H 面作投射线所形成的两个平面也相互平行。两个平行平面与 H 面的两条交线 ab 与 cd 也一定相互平行。同理,$a'b'$ 与 $c'd'$,$a''b''$ 与 $c''d''$ 也一定相互平行。

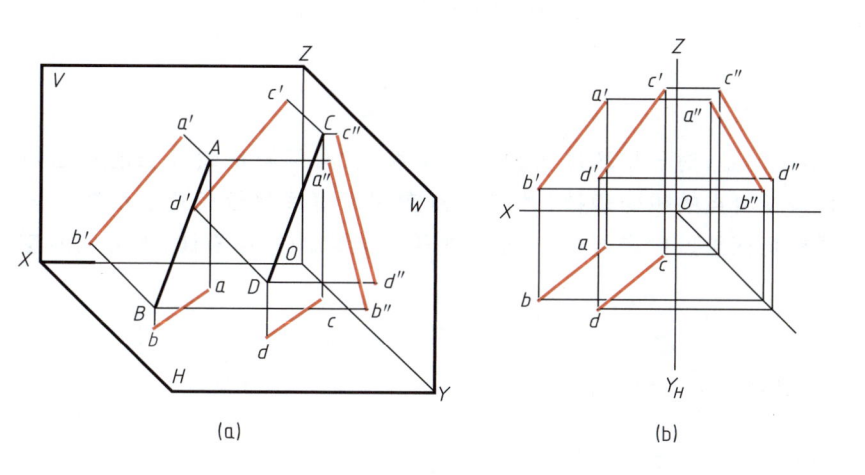

(a)   (b)

图 2-31　平行两直线的投影

需要指出的是,对于特殊位置的空间两直线,必须看反映实长的一组投影是否平行,才能判断空间两直线是否平行。而对于一般位置直线,只要看任意两组投影是否平行,即可判断空间两直线是否平行。

问一问

试述两直线平行的投影特性。

（二）两直线相交的投影特性

如果两直线相交,则它们的同名投影一定相交,且各同名投影的交点应符合空间点的投影规则。反之,如果两直线的同名投影相交,且交点符合空间点的投影规则,则这两条直线在空间也一定相交。

即:AB 与 CD 相交于 E 点 $\Longleftrightarrow \begin{cases} a'b' \text{与} c'd' \text{相交于} e' \text{点} \\ ab \text{与} cd \text{相交于} e \text{点} \\ a''b'' \text{与} c''d'' \text{相交于} e'' \text{点} \end{cases}$

如图 2-32 所示，直线 AB 与 CD 相交于 K 点，即点 K 是 AB 和 CD 两直线的公共点。根据直线上点的投影特性，点 K 的投影必然在直线 AB 和直线 CD 的同名投影上，即点 k 在 ab 和 cd 上，所以，ab 与 cd 必然交于点 k。同理，$a'b'$ 与 $c'd'$ 交于 k'，$a''b''$ 与 $c''d''$ 交于 k''。

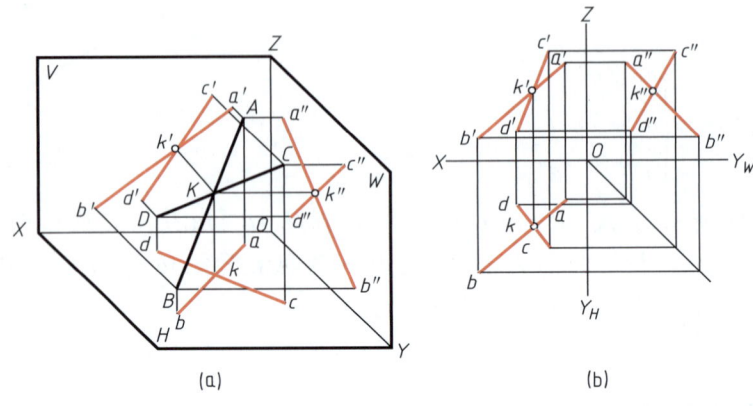

图 2-32　相交两直线的投影

需要指出的是，对于特殊位置的空间两直线，必须看反映实长的一组投影是否相交，交点是否符合点的投影规律，才能判断空间两直线是否相交。而对于一般位置直线，只要看任意两组投影是否相交，交点是否符合点的投影规律，即可判断空间两直线是否相交。

微课扫一扫
两直线交叉、垂直相交的投影特性

问一问

试述两直线相交的投影特性。

（三）两直线交叉的投影特性

既不平行也不相交的空间两直线，称为交叉直线。图 2-33 中，直线 AB 与 CD 的同名投影不相互平行，虽然它们的同名投影都相交，但交点不符合点的投影规则，可判定直线 AB 与 CD 在空间既不平行也不相交，两直线交叉。

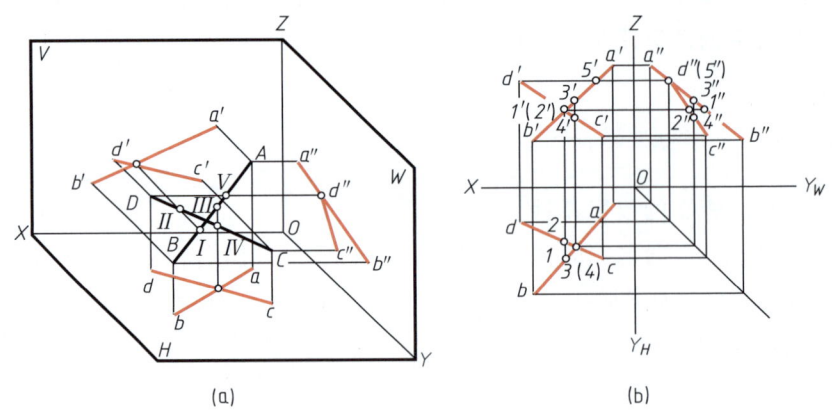

图 2-33　交叉两直线的投影

交叉两直线的同名投影可能有时平行,但其在三个投影面上的同名投影不会全都相互平行;交叉的两直线的同名投影也可能有时相交,但各同名投影的交点不符合点的投影规则。

交叉的两直线还有一个可见性问题。从图 2-33 中可见,点 1 与点 2 分别位于直线 AB 和 CD 上,且都处在对 V 面所作的同一条投射线上,点 1 在前,点 2 在后,在向 V 面投射时点 1 可见,点 2 不可见,也就是说,直线 AB 在点 1 处挡住 CD。在投影图中我们可以这样来判别:过两直线 V 面投影的交点 1′(2′)向下引垂线,先与它们的 H 面投影 cd 相交于 2 点,再与 ab 相交于 1 点,这就说明 CD 在后,AB 在前,AB 在点 1 处挡住 CD,使得:1′点可见,2′点不可见。

同理,过两直线 H 面投影的交点 3(4)向上引垂线,先与它们的 V 面投影 c′d′交于 4′点,再与 a′b′交于 3′点,表明 AB 在上,CD 在下,AB 在点 3 处挡住 CD,使得:3 点可见,4 点不可见。

同理,过两直线 W 面投影的交点 d″(5″)向 V 引投影线,先交 a′b′于 5′点,再交 c′d′于 d′点,表明 CD 在左,AB 在右,CD 在点 D 处挡住 AB,使得:d″点可见,5″点不可见。

？问一问

试述交叉两直线的投影特性。交叉的两直线的可见性如何判定?

（四）两直线垂直相交

如果两直线垂直相交,则其中一条直线平行于投影面,在投影面上反映实长,且两直线的夹角在该投影面上的投影为直角。

如图 2-34 所示,直线 AB 与 BC 垂直相交,且 AB 平行于 H 面,可得 AB 垂直于 Bb,AB 也一定垂直于由 BC 和 Bb 所确定的平面 BbcC。由于 ab 平行于 AB,所以 ab 也垂直于平面 BbcC,可得 ab 垂直于 bc。

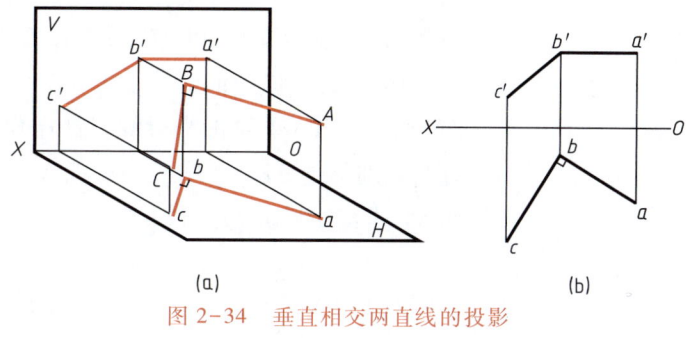

图 2-34   垂直相交两直线的投影

？问一问

如何判定两直线垂直相交?

2.3.3   任务拓展

[**实训 1**]   已知直线 AB 的 H、V 面投影[图 2-35(a)],求直线 AB 的实长和对 V 面的倾角 β。

作法如图 2-35(b)、(c)所示。作图步骤如下。

(1) 以直线的 V 面投影为一直角边。

(2) 以直线的 H 面投影的两个端点 y 坐标的差值为另一直角边。

(3) 连接两直角边得直角三角形,其斜边即为直线的实长,斜边与投影的夹角即为空间直线与该投影面的倾角 β。

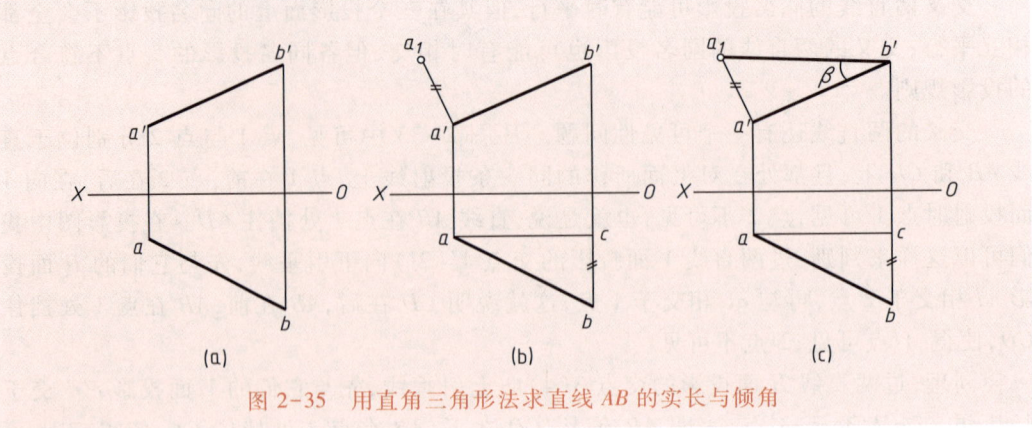

图 2-35 用直角三角形法求直线 AB 的实长与倾角

✏️ **练一练**

已知一般位置直线的 V、W 投影,试作该直线的实长及倾角 γ 的投影。

[**实训 2**] 已知直线 AB 的长度 L,AB 的 H 面投影 ab,A 点的 V 面投影 a′ [图 2-36(a)]。求 b′。

作法如图 2-36(b)所示。作图步骤如下。

(1) 以直线 AB 的 H 面投影 ab 为一直角边,过 b 点作 ab 的垂线。

(2) 以 a 点为圆心,以 AB 的实长 L 为半径作圆弧,交 ab 的垂线于 B_1 点。B_1b 为直线 AB 的 Z 坐标差值。

(3) 过 a′作 OX 轴的平行线,过 B_1 作 OX 轴的垂线,延长交平行线于 C 点。取 $Cb′$、$Cb_1′$分别等于 ΔZ。

(4) 连接 $a′b′$、$a′b_1′$。

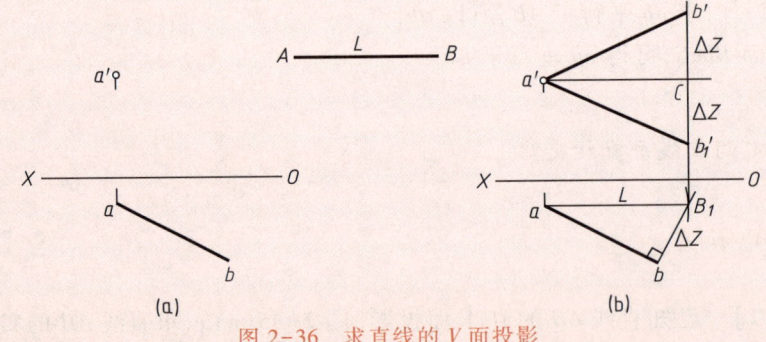

图 2-36 求直线的 V 面投影

[**实训 3**] 已知直线 CD 的两面投影,试求 CD 上点 M 的投影,并使 DM = 20 mm [图 2-37(a)]。

作法如图 2-37(b)所示。作图步骤如下。

(1) 过 d 点作 cd 的垂线,在该垂线上截取 dD 长度等于 c′d′的 Z 坐标差值。

(2) 连接 cD。在 cD 上取 DM 等于 20 mm。

（3）过 M 点作 Mm 平行 dD，交 cd 于 m。

（4）过 m 作 OX 轴的垂线，延长交 c'd' 于 m'，m 和 m' 即为所求点 M 的投影。

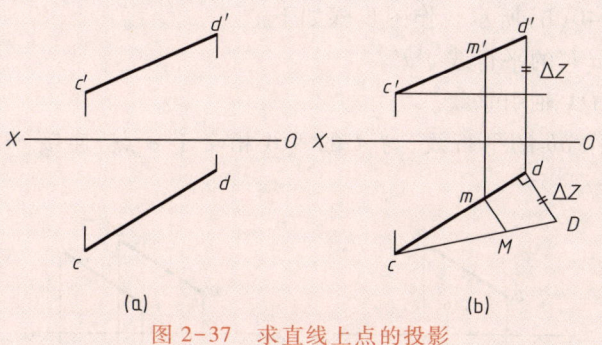

（a）   （b）

图 2-37 求直线上点的投影

[实训 4] 已知直线 AB 的投影 ab 和 a'b'[图 2-38(a)]，求作直线上一点 C 的投影，使 AC : CB = 3 : 2。

作法如图 2-38(b)所示。作图步骤如下。

（1）过 a 作一射线 as，并量取 5 个单位，得 1,2,3,4,5 各点，连 b5。

（2）过 3 作 b5 的平行线，交 ab 于 c，再自 c 作 OX 垂线，延长交 a'b' 于 c'，c 和 c' 即为所求。

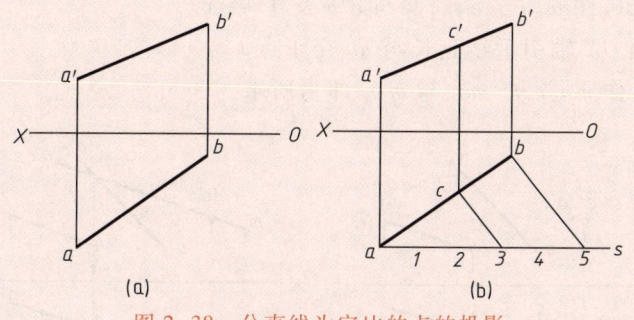

（a）   （b）

图 2-38 分直线为定比的点的投影

[实训 5] 如图 2-39(a)所示，试判断点 K 是否在侧平线 MN 上。

作法如图 2-39(b)所示。作图步骤如下。

（1）根据直线 MN 和 K 点的 V、H 投影，作出其 W 面投影。

（2）从 W 面投影可见，k″ 不在 m″n″ 上，故点 K 不在 MN 上。

注意：对于特殊位置直线，判别点是否在直线上，一定要看反映实长的这组投影，该投影点是否在直线投影上。

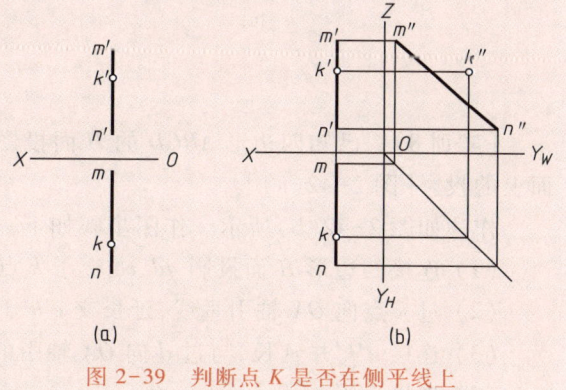

（a）   （b）

图 2-39 判断点 K 是否在侧平线上

[**实训 6**]   已知直线 *AB* 和点 *C* 的投影[图 2-40(a)]，求作过点 *C* 与直线 *AB* 平行的直线 *CD* 的投影。

作法如图 2-40(b)所示。作图步骤如下。

(1) 过 *c'*作 *a'b'*的平行线 *c'd'*。

(2) 自 *d'*向 *OX* 轴引垂线。

(3) 过 *c* 点作 *ab* 的平行线，与 *d'*的垂线相交于 *d* 点，连接 *cd*。*cd* 与 *c'd'*即为所求。

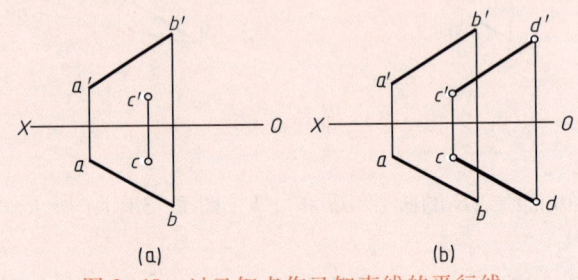

图 2-40 过已知点作已知直线的平行线

[**实训 7**]   试作一直线与直线 *CD*、*AB* 相交，且平行于直线 *EF*[图 2-41(a)]。

作法如图 2-41(b)所示。作图步骤如下。

(1) 过 *c'*(*d'*)作 *m'n'* // *e'f'*，并与 *a'b'*交于 *k'*点。

(2) 过 *k'*向 *OX* 轴引垂线延长与 *ab* 交于点 *k*。

(3) 过 *k* 点作 *mn* // *ef*。*mn* 与 *m'n'*即为所求。

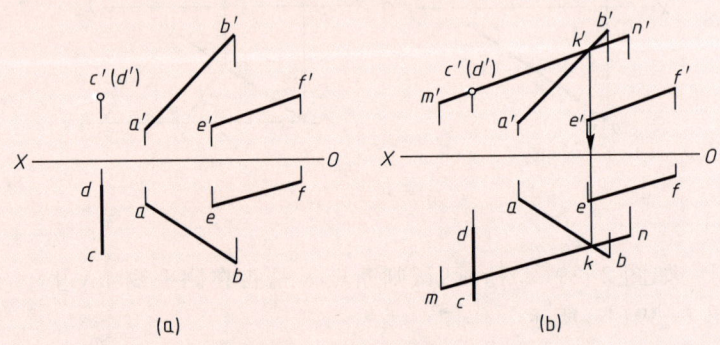

图 2-41 作相交、平行直线的投影

[**实训 8**]   已知四边形 *ABCD* 的 *H* 面投影和部分 *V* 面投影，试补全四边形在 *V* 面上的投影[图 2-42(a)]。

作法如图 2-42(b)所示。作图步骤如下。

(1) 连接四边形 *H* 面投影 *ad*、*cb* 交于 *k* 点。

(2) 过 *k* 点向 *OX* 轴引垂线，延长交 *c'b'*于 *k'*点。

(3) 连接 *a'k'*并延长，与过 *d* 向 *OX* 轴引的垂线，交于 *d'*点，*d'*即为所求。

(4) 连接 *b'd'*、*c'd'*。

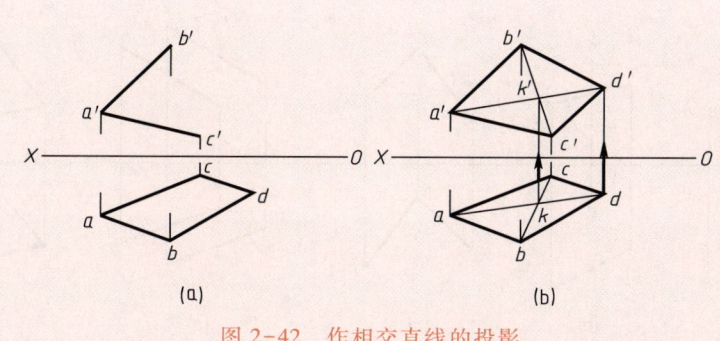

图 2-42　作相交直线的投影

[**实训 9**]　已知点 C 和正平线 AB 的投影，求点 C 到直线 AB 的距离 [图 2-43（a）]。

作法如图 2-43（b）所示。作图步骤如下。

（1）自 c' 作 $a'b'$ 的垂线得 d'。

（2）自 d' 向下引垂线与 ab 交于 d，连接 cd。

（3）利用直角三角形法，求出其实长 cD_1。cD_1 即为点 C 到直线 AB 的距离。

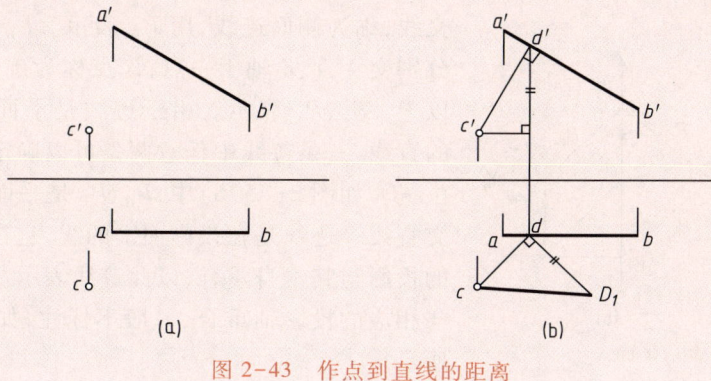

图 2-43　作点到直线的距离

2.4　任务 3：面的投影

教学课件
面的投影

2.4.1　任务资讯

一、平面的表示方法

由几何学可知，平面可由以下几何元素来确定（图 2-44）。

（1）不在同一直线上的三个点可以确定一个平面[图 2-44（a）]。

（2）一条直线和直线外的一个点可以确定一个平面[图 2-44（b）]。

（3）两条相交直线可以确定一个平面[图 2-44（c）]。

（4）两条平行直线可以确定一个平面[图 2-44（d）]。

（5）平面图形可以确定一个平面[图 2-44（e）]。

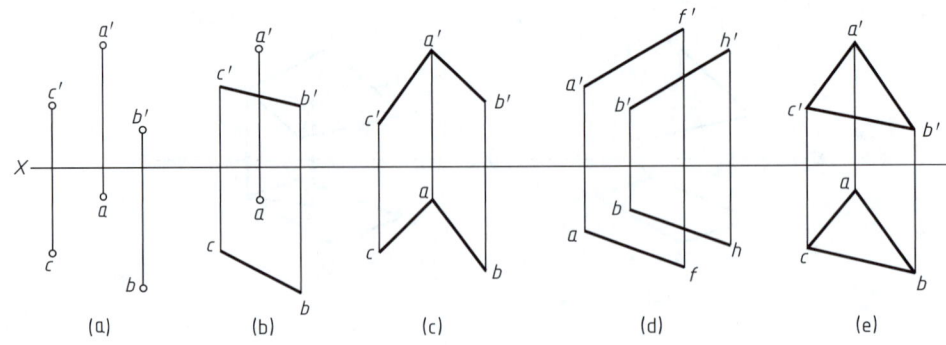

图 2-44   用几何元素表示平面

💬 **想一想**

以上五种平面表示方式是否可以互相转换？

由于平面可以理解为无限延伸的,这样平面与投影面必然相交,这种平面与投影面的交线称为**迹线**。如图 2-45(a)中,空间平面 P 与 H 面的交线,称为水平迹线,用 P_H 表示;空间平面 P 与 V 面的交线,称为正面迹线,用 P_V 表示;空间平面 P 与 W 面的交线,称为侧面迹线,用 P_W 表示。P_H、P_V、P_W 两两分别交 X、Y、Z 轴于一点,该点称为迹线的集合点,以 P_Z、P_Y、P_X 表示。由于迹线是平面与平面相交的直线,三条迹线中任意两条可以确定平面的空间位置。如图 2-45(a)中,P_H、P_V 是平面 P 的一对相交直线。迹线是在投影面上的线,它在该投影面上的投影与其本身重合,以此迹线表示。其他两投影与相应的投影轴重合,一般不标注,如图 2-45(b)所示。

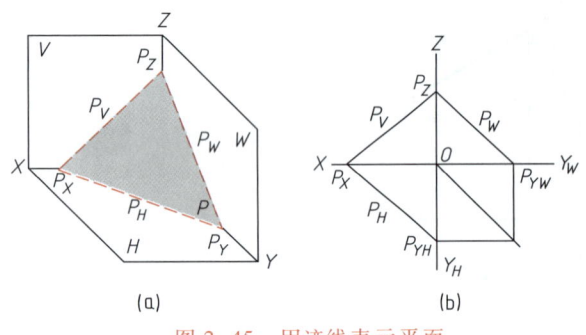

图 2-45   用迹线表示平面

👤? **问一问**

平面的表示方法有哪几种?

✏️ **练一练**

已知:点 A 的坐标 $(10,5,10)$,点 $B(0,15,0)$,点 $C(20,10,0)$。

求作:$\triangle ABC$ 的三面投影。

分析:根据点的投影规律,分别作出点 A、B、C 的三面投影,再把它们的同名投影连接起来,即可得到 $\triangle ABC$ 的三面投影。

📱 微课扫一扫
各种位置
平面的投
影特性

二、各种位置平面的投影

平面在三投影面体系中空间位置有:投影面的平行面、投影面的垂直面、一般位置平面。

(一)投影面的平行面

平行于一个投影面,同时垂直于另外两个投影面的平面,称为投影面的平行面。

投影面的平行面有三种情况。

（1）水平面。平行于 H 面,同时垂直于 V、W 面的平面。

（2）正平面。平行于 V 面,同时垂直于 H、W 面的平面。

（3）侧平面。平行于 W 面,同时垂直于 V、H 面的平面。

三种投影面的平行面的轴测图、投影图及其投影特性,见表 2-3。

表 2-3　投影面平行面的投影特性

名称	轴测图	投影图	投影特性
水平面			1. 在 H 面上的投影反映实形。 2. 在 V 面、W 面上的投影积聚为一直线,且平行于 OX 轴和 OY_w 轴
正平面			1. 在 V 面上的投影反映实形。 2. 在 H 面、W 面上的投影积聚为一直线,且平行于 OX 轴和 OZ 轴
侧平面			1. 在 W 面上的投影反映实形。 2. 在 V 面、H 面上的投影积聚为一直线,且平行于 OZ 轴和 OY_H 轴

投影面的平行面投影特性:该平面在它所平行的投影面上的投影反映实形,平面在另外两个投影面上的投影具有积聚性,均积聚为一条直线,且平行于相应的投影轴。

问一问

投影面的平行面的投影特性如何? 举例说明。

📝 **练一练**

试作正平面、水平面、侧平面的三面投影图。

（二）投影面的垂直面

垂直于一个投影面，倾斜于另外两个投影面的平面，称为投影面的垂直面。投影面的垂直面有三种情况。

（1）铅垂面：垂直于 H 面，倾斜于 V、W 面的平面。

（2）正垂面：垂直于 V 面，倾斜于 H、W 面的平面。

（3）侧垂面：垂直于 W 面，倾斜于 V、H 面的平面。

三种投影面的垂直面的轴测图、投影图及其投影特性，见表 2-4。

表 2-4   投影面垂直面的投影特性

名称	轴测图	投影图	投影特性
铅垂面			1. 在 H 面上的投影积聚为一条与投影轴倾斜的直线。 2. β、γ 反映平面与 V、W 面的倾角。 3. 在 V、W 面上的投影为面积缩小的类似性
正垂面			1. 在 V 面上的投影积聚为一条与投影轴倾斜的直线。 2. α、γ 反映平面与 H、W 面的倾角。 3. 在 H、W 面上的投影为面积缩小的类似性
侧垂面			1. 在 W 面上的投影积聚为一条与投影轴倾斜的直线。 2. α、β 反映平面与 H、V 面的倾角。 3. 在 H、V 面上的投影为面积缩小的类似性

投影面的垂直面的投影特性：该平面在它所垂直的投影面上的投影，积聚为一条直线。积聚投影线与投影轴的交角等于空间平面与另两个投影面的倾角。平面在另外两个投影面上的投影为面积缩小的类似形。

问一问
投影面的垂直面的投影特性如何？举例说明。

练一练
试作正垂面、铅垂面、侧垂面的三面投影图。

（三）一般位置平面

在三投影面体系中，与三个投影面都倾斜的平面，称为一般位置平面。一般位置平面的投影特性：三个投影面上的投影均不反映实形，都为缩小的类似形；三个投影面上的投影与投影轴的夹角，都不等于空间平面与投影面的倾角。

问一问
一般位置平面的投影特性如何？举例说明。

想一想
请问如图 2-46 所示各平面是什么位置平面？

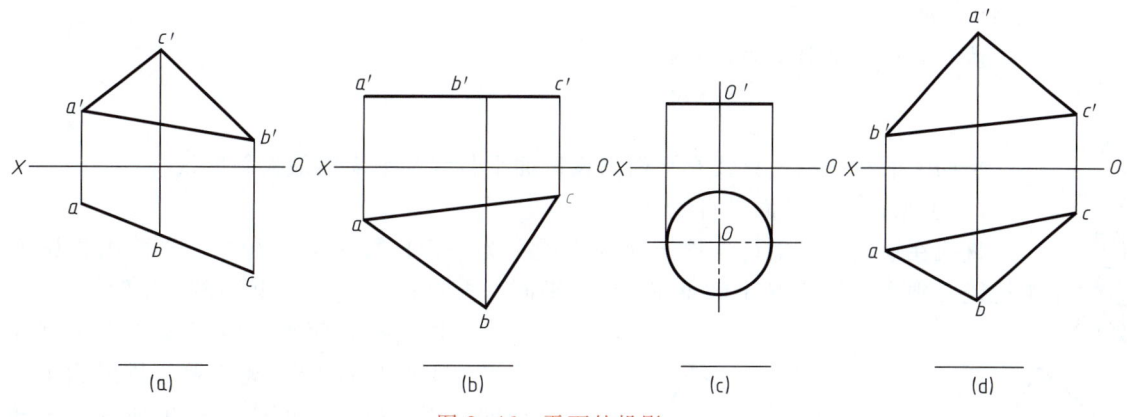

图 2-46　平面的投影

2.4.2　任务实施

一、点在平面上的投影特性

点在平面上的投影特性：若一个点在某一平面内的直线上，则该点必定在该平面上。

如图 2-47 中的点 B 和点 D，其中点 B 在直线 AC 上，AC 在平面 P 上，点 D 在直线 JK 的延长线上，JK 在平面 P 上，所以点 B 和点 D 都在 P 平面上。

问一问
试述点在平面上的投影特性。

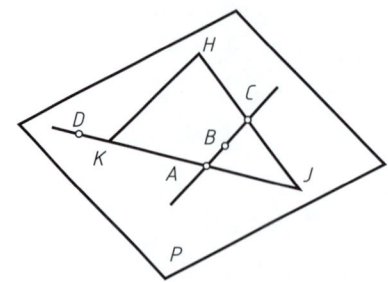

图 2-47　点在平面内的投影

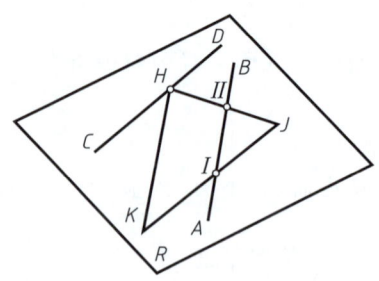

图 2-48　直线在平面内的投影

二、直线在平面上的投影特性

特性 1:若一条直线通过平面上的两个点,则此直线在该平面内。

特性 2:若直线通过平面上的一个点,且与平面上的另一条直线平行,则该直线在平面上。

如图 2-48 所示,已知直线 AB 通过平面上的 Ⅰ、Ⅱ 两点,则直线 AB 在平面 R 上。已知直线 CD 通过平面上 H 点,CD 与平面上的直线 JK 平行,则直线 CD 都在平面 R 上。

问一问

试述直线在平面上的投影特性。

微课扫一扫
平面上的
特殊位置
直线的投
影特性

三、平面上的特殊位置直线

平面上的特殊位置直线有平面内投影面平行线和平面内最大斜度线。

(一)平面内投影面平行线

直线在平面上又平行于投影面的直线称为平面内投影面平行线。平面内投影面平行线分别为平行于 H、V 和 W 面,称为平面内投影面的水平线、正平线、侧平线。

平面内投影面平行线不仅要满足直线在平面上的几何条件,还应符合投影面平行线的投影特性。如图 2-49 所示,已知 $\triangle ABC$,求作通过点 A 且在该平面上的一条水平线[图 2-49(a)]。

作法如图 2-49(b)所示。作图步骤如下。

(1)自 a' 作水平线与 $b'c'$ 相交于 d'。

(2)自 d' 向下引垂线与 bc 相交于 d。

(3)连接 ad,则 ad 与 $a'd'$ 即为所求水平线的投影。

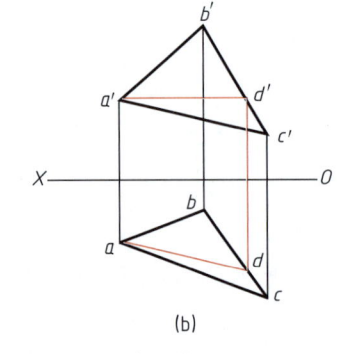

(a)　　　　　(b)

图 2-49　平面内投影面的水平线

(二)平面内最大斜度线

平面内垂直于该平面的某一投影面的平行线,是平面对这个投影面的最大斜度线,该直线与这个投影面的倾角,就是平面与这个投影面的倾角。

如图 2-50 所示,设在平面 P 上有两条垂直相交的直线 AB 和 AC,AB ∥ H 面,AC 与 H 面交于 P_H 上的点 C,平面 P 上的 AC 方向的直线,为平面 P 对 H 面的最大斜度线。

它与 H 面的倾角 α，也就是平面 P 与 H 面的倾角 α。同理，平面上垂直于该平面的正平线的直线，是平面上对 V 面的最大斜度线，它与 V 面的倾角 β，就是平面与 V 面的倾角；平面上垂直于该平面的侧平线的直线，是平面上对 W 面的最大斜度线，它与 W 面的倾角 γ，就是平面与 W 面的倾角。

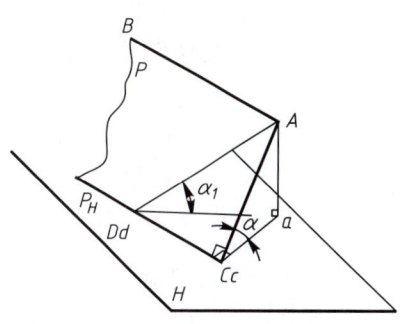

图 2-50 平面内最大斜度线

如图 2-50 所示，以平面 P 上对 H 面的最大斜度线 AC 为例，说明上述内容：过点 A 作投影线 $Aa \perp H$，垂足就是点 A 的 H 面投影 a，而点 C 的 H 面投影 c 与点 C 重合，连 a、c，得 AC 的 H 面投影 ac，AC 与 ac 的交角 α，就是 AC 对 H 面的倾角。因为 $AB /\!/ H$ 面，所以 $P_H /\!/ AB$；因为 $AC \perp AB$，$P_H /\!/ AB$，所以 $AC \perp P_H$。过 A 在平面 P 上任作一直线，与 H 面交于 P_H 上的点 D，点 D 的 H 面投影 d 也与点 D 重合，AD 与 ad 的交角 α_1，就是 AD 对 H 面的倾角。因为 $\alpha = \sin^{-1}\dfrac{Aa}{AC}$，$\alpha_1 = \sin^{-1}\dfrac{Aa}{AD}$，而在直角三角形 ACD 中，AD 为斜边，$AD>AC$，所以 $\alpha>\alpha_1$，这就证明了在平面 P 上只有与 P 面上的水平线相垂直的直线，与 H 面的倾角最大，是 P 面对 H 面的最大斜度线。同时，由于 $AC \perp P_H$，按两直线垂直相交的投影特性，便知 $ac \perp P_H$。因为 $AC \perp P_H$，$ac \perp P_H$，C 与 c 是同一点，$\triangle AaC$ 是与 P 面、H 面都垂直的平面，AC、aC 分别是这两个平面 P、H 与 $\triangle AaC$ 的交线，于是 AC 与 ac 的交角 α，就是平面 P 与 H 面的倾角。

综上所述：平面 P 对 H 面的最大斜度线与 H 面的倾角，就是平面 P 与 H 面的倾角。

问一问

试述平面内最大斜度线的投影特性。

四、直线与平面、平面与平面平行

（一）直线与平面平行

如果一直线平行于平面内的某一直线，则该直线平行于该平面。如图 2-51 所示，因直线 $MN /\!/ P$ 面内 AD 线，故直线 $MN /\!/ P$ 面。

对于在投影图中判断直线与一般位置平面是否平行的方法，可以在平面内作一直线，使它的一面投影平行于已知直线的同名投影，然后观察它们的另一面投影是否平行。如果它们的另一面投影也平行，就可以判定空间的直线与平面平行，否则就不平行。

对于判断直线与特殊位置平面是否平行的方法，只要使特殊位置平面的积聚投影与该直线的同名投影相平行即可。

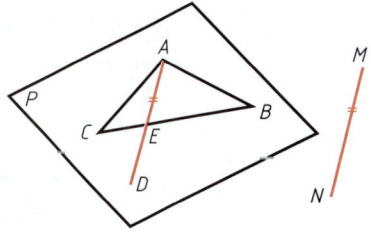

图 2-51 直线与平面平行

问一问

试述直线与平面平行的投影特性。

练一练

已知直线 MN 和 $\triangle ABC$ 的投影，判断直线 MN 是否与 $\triangle ABC$ 平行 [图 2-52（a）]。

分析:看能否在 △ABC 上作一条与 MN 相平行的直线,如果能作出,则 MN 与 △ABC 平行,否则 MN 与 △ABC 不平行。作法如图 2-52(b)所示,可见 MN 与 △ABC 不平行。

(二)平面与平面平行

如果一平面上的相交两直线相应地与另一平面上的相交两直线平行,则这两个平面互相平行,如图 2-53 所示。

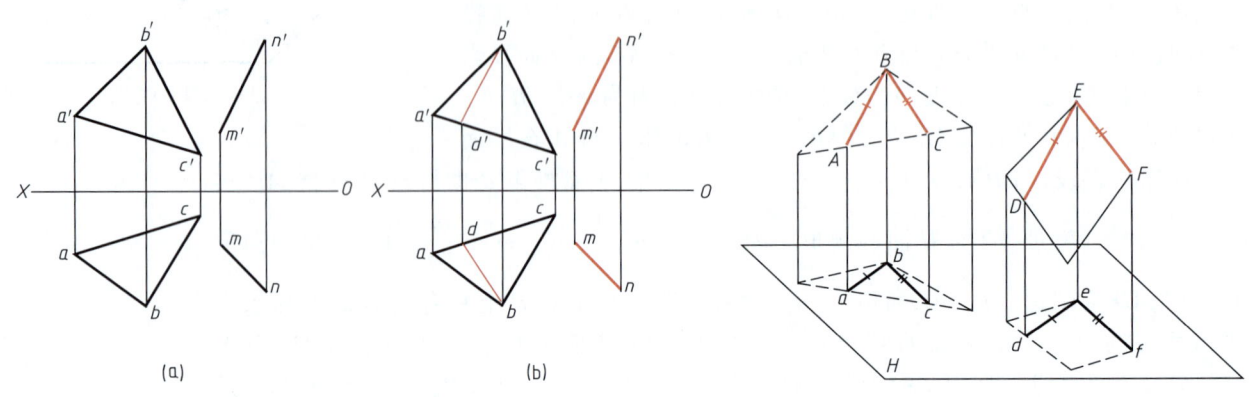

图 2-52   直线与平面平行的判断   图 2-53   两平面相互平行

对于判断两一般位置平面是否平行的方法,看任意两组投影是否平行。判断两特殊位置平面是否平行,需要看其积聚投影是否平行即可。

问一问

试述平面与平面平行的投影特性。

练一练

已知 △ABC 和 DEF 的两面投影[图 2-54(a)],判断两平面是否平行。

分析:看能否在 △DEF 上作两条相交直线与 △ABC 上两相交直线相平行,如果能作出,则 △DEF 与 △ABC 平行,否则不平行。作法如图 2-54(b)所示,可见 △DEF 与 △ABC 平行。

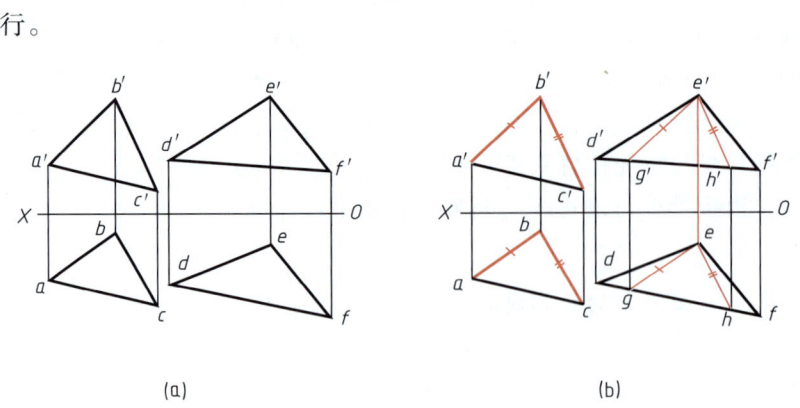

图 2-54   两平面相互平行的判断

五、直线与平面、平面与平面相交

微课扫一扫
直线与平面、平面与平面相交的画法

直线与平面相交只有一个交点。交点是直线与平面的共有点,它既在直线上又在平面上。

平面与平面相交,交于一条直线,交线是两平面的共有线。欲求交线,只需求出同属于两个平面的两个共有点,将其连接起来即可。

(一)直线与特殊位置平面相交

求直线与特殊位置平面的交点,应充分利用平面投影的积聚性。如图 2-55(a)所示,△CDE 为一铅垂面,它在 H 面上的投影具有积聚性,其与直线的同名投影 ab 的交点 k,即为所求交点的 H 面投影[图 2-55(b)]。求作交点 K 的 V 面投影,可自 k 向上引垂线,与直线 AB 的 V 面投影 a'b' 相交于 k',k' 即为交点 K 的 V 面投影[图 2-55(c)]。

直线与平面相交,直线的某一部分可能被平面所遮挡,这就需要判断其可见性。如图 2-55(c)所示,自 a'b' 与 c'd' 的交点向下引垂线,先交 cd 于 2 点,后交 ab 于 1 点,表明点 1 在前,是可见的,点 2 在后,是不可见的,故 AK 段的 V 面投影 a'k' 是可见的,画实线。再自 a'b' 与 e'c' 的交点向下引垂线,先交 ab 于 4 点,后交 ec 于 3 点,表明点 3 在前,是可见的,点 4 在后,是不可见的,故 KB 段的某一部分被平面所遮挡,如图中的 k'3'(4'),画虚线。

这是判断可见性的一般方法。图 2-55 中的平面是一铅垂面,根据其在 H 面上的投影也可明显地看出直线 AB 部分区段被平面 CDE 遮挡的情况。

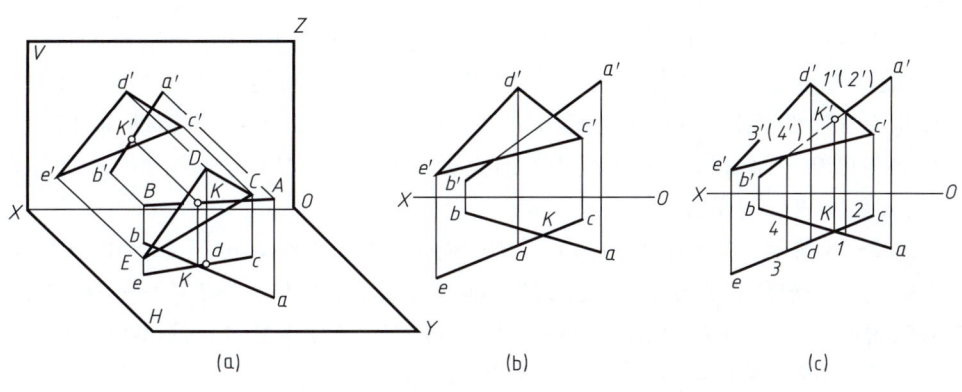

(a)   (b)   (c)

图 2-55 直线与铅垂面相交

想一想

如何求直线与特殊位置平面相交的交点,其可见性如何判定?

(二)一般位置平面与特殊位置平面相交

两平面相交,其交线是一直线。交线是两平面的共有线,交线上的各点也是两平面的共有点。所以只要求出交线上两个点的投影,并将同名投影连接起来,即得两平面交线的投影。

如图 2-56 所示,铅垂面 △ABC 和平面 △EFG 的交线为 MN,判断其可见性。因为铅垂面 △ABC 的 H 面投影具有积聚性,而交线具有共有性,其 H 面投影与 △efg 的重影部分,即为交线的 H 面投影。判断可见性:因 △ABC 是铅垂面,在 H 面具有积聚性,其

H 面投影不需判断可见性。交线 MN 把平面 $\triangle EFG$ 分为两部分，从 H 面投影可见 $MNEF$ 在平面 $\triangle ABC$ 的前方，所以其 V 面投影 $m'n'e'f'$ 可见，$m'n'g'$ 与 $\triangle ABC$ 的 V 面投影重影部分为不可见，画成虚线。

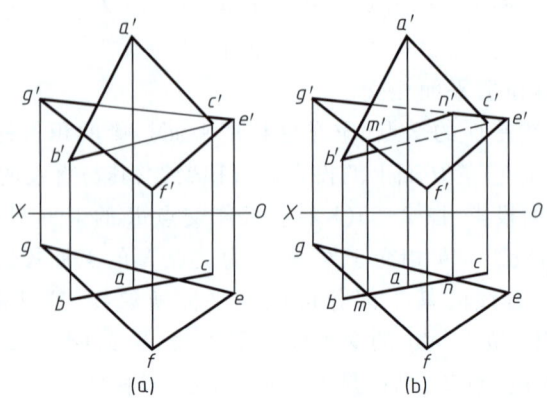

图 2-56   一般位置平面与铅垂面相交

想一想

如何求一般位置平面与特殊位置平面相交的交线，其可见性如何判定？

（三）直线与一般位置平面相交

求直线与一般位置平面的交点，需要设一个包含直线在内的特殊位置平面作辅助面，此辅助面常用迹线平面表示。如图 2-57 所示，直线 AB 与 $\triangle CDE$ 相交，为求交点 K，可按以下三个步骤进行：（1）过已知直线 AB 作一铅垂面 P，作为辅助面；（2）求出辅助面 P 与已知平面 $\triangle CDE$ 的交线 MN 的投影；（3）求出 MN 与直线 AB 的交点 K 的投影，点 K 就是直线与平面的交点。

如图 2-58 所示，已知直线 AB 与 $\triangle CDE$ 相交，求作交点 K 的投影。由于直线 AB 和 $\triangle CDE$ 均是一般位置直线和一般位置平面。过直线 AB 作一辅助面——铅垂面 P，先求出铅垂面 P 与 $\triangle CDE$ 的交线 MN 的投影，再求出交线 MN 与直线 AB 的交点 K 的投影。最后，判断可见性问题。作图步骤如下。

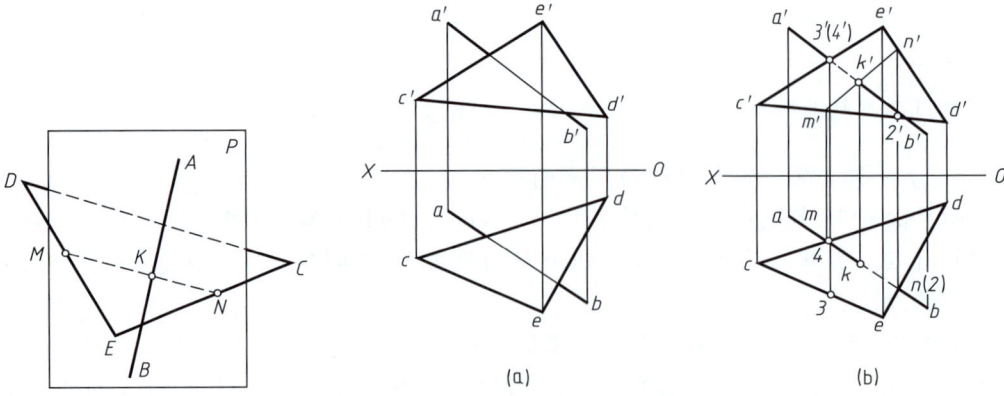

图 2-57   直线与一般位置平面相交   图 2-58   一般位置直线与一般位置平面相交

（1）过 ab 作一铅垂面 P 作为辅助面，P_H 与 ab 重合，并与 cd、ed 分别交于 m、n。

（2）自 m、n 分别向上引垂线，与 $c'd'$、$e'd'$ 分别交于 m'、n'，连接 $m'n'$。

（3）mn、$m'n'$ 即为 P 平面与 $\triangle CDE$ 交线的投影。

（4）$m'n'$ 与 $a'b'$ 交于 k'，过 k' 向下引垂线与 mn 交于 k 点，此 k 与 k' 即为所求交点的投影。

（5）H 面投影可见性判断：自 de 与 ab 的交点向上引投影线，分别与 $d'e'$、$a'b'$ 交于 n'、$2'$ 点，其中 n' 在上，$2'$ 在下，故在向 H 面投射时，直线 AB 有部分被 $\triangle CDE$ 所遮挡，即 $kn(2)$ 为不可见，画成虚线。以 k 为界，另一段 km 是可见的，画成实线。

（6）V 面投影可见性判断：自 $a'b'$ 与 $c'e'$ 的交点 $3'(4')$ 向下引垂线，分别交 ab、ce 于 4、3，由于 3 在前，4 在后，故在向 V 面投射时，直线 AB 也有部分被 $\triangle CDE$ 所遮挡，$k'3'(4')$ 为不可见，画成虚线。以 k' 为界，另一段 $k'2'$ 一定可见，画成实线。

 想一想

为何要设一个包含直线在内的特殊位置平面作辅助面？

（四）一般位置平面与一般位置平面相交

求两个一般位置平面的交线，可采用上述求直线与一般位置平面交点的方法，分别求出一平面上的两条边线与另一平面的两个交点，两交点的连线即为两平面的交线。

如图 2-59 所示，已知 $\triangle ABC$ 与 $\triangle DEF$ 相交的两面投影，求作交线 MN 的投影。

分析：由于两个一般位置平面相交，没有积聚性可以利用，为此需过一个一般位置平面的两条直线，分别作两个特殊位置平面作辅助面，先分别求出两个特殊位置与另一般位置平面的两个交点，连接起来即为两一般位置平面的交线。作法如图 2-59（b）所示。作图步骤如下。

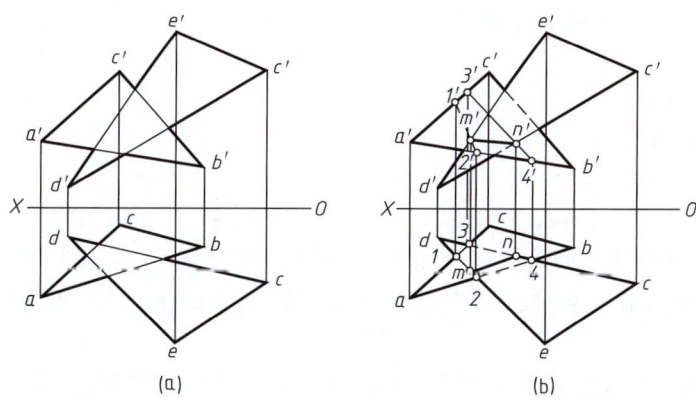

图 2-59　两一般位置平面相交

（1）过 de 作铅垂面 P_H 为辅助面，求铅垂面 P_H 与 $\triangle ABC$ 的交线。因铅垂面 P_H 在 H 面上具有积聚性，该积聚投影分别与 ac、ab 交于 1、2 点，过 1、2 向 V 面引垂线分别交 $a'c'$、$a'b'$ 于 $1'$、$2'$，连接 $1'2'$，与 $d'e'$ 交于 m' 点，过 m' 向 H 面引投影，交 de 于 m 点。

（2）同理，过 df 作铅垂面 Q_H，因 Q_H 在 H 面具有积聚性，积聚投影分别与 ac、ab 交于 3、4 点，过 3、4 向 V 面引垂线分别交 $a'c'$、$a'b'$ 于 3′、4′，连接 3′、4′，与 $d'f'$ 交于 n' 点，过 n' 向 H 面引投影，交 df 于 n 点。

（3）连接 $m'n'$、mn，交线 MN 即为所求。

（4）H 面可见性判断：过 ac 与 de 的交点向上引投影线，与 $a'c'$ 相交的投影点在上，与 $d'e'$ 相交的投影点在下，表明在向 H 面投射时，DE 有部分被 △ABC 所遮挡，即 $m1$ 段不可见，画成虚线。以 m 为界，另一段 $m2$ 为可见，画成实线。

（5）V 面可见性判断：过 ac 与 de 的交点向上引垂线，与 $a'c'$ 相交的投影点在上，与 $d'e'$ 相交的投影点在下，表明在向 H 面投射时，DE 有部分被 △ABC 所遮挡，即 $n3$ 为不可见，画成虚线。以 n 为界，另一段 $n4$ 一定为可见，画成实线。

六、直线与平面、平面与平面垂直

（一）直线与平面垂直

由初等几何可知，如果一直线垂直于一平面，则该直线一定垂直于平面上的任何一直线。如果一平面由平面上的两相交直线来表示，若有一直线垂直于该平面上的两相交直线，则该直线与该平面垂直。直线与平面的垂直问题，实际上是直线与平面上两相交直线的垂直问题。

在之前已经讲过两直线垂直相交的问题。若取平面上两相交直线，一条是水平线、另一条是正平线，那么一直线垂直该平面时，该直线的 H 面投影垂直于平面上水平线的 H 面投影，该直线的 V 面投影垂直于平面上正平线的 V 面投影，如图 2-60 所示。利用这种方法，就能比较容易地求作直线与平面垂直相交的问题。

图 2-60   直线与平面垂直

想一想

如何求出直线与平面垂直相交？

（二）平面与平面垂直

如果一平面通过另一平面的一条垂线，或一平面上若有一直线垂直于另一平面，那么，这两个平面就相互垂直。

如图 2-61 所示，已知 △ABC 和 △DEF 的投影，判断两平面是否相互垂直。

分析：若要判断两平面是否相互垂直，可在 △ABC 上作一水平线和一正平线，再看能否在 △DEF 上作出一条与 △ABC 上作的水平线、正平线垂直的直线即可。作图步骤如下。

（1）过 a 作 OX 轴的平行线交 bc 于 h，过 h 向上引垂线交 $b'c'$ 于 h'，连接 $a'h'$。

（2）过 f' 作 $a'h'$ 垂线，交 $d'e'$ 于 k'。

（3）过 c' 作 OX 轴的平行线交 $a'b'$ 于 g'，过 g' 向下引垂线交 ab 于 g，连接 gc。

（4）过 f 作 gc 垂线，交 de 于 k。

（5）检查 k、k' 是否满足点的投影规律，如果满足表明两平面相互垂直，如果不满足表明两平面之间不垂直。通过检查可见，k、k' 满足点的投影规律，故两平面相互垂直。

微课扫一扫
直线与平面、平面与平面垂直的画法

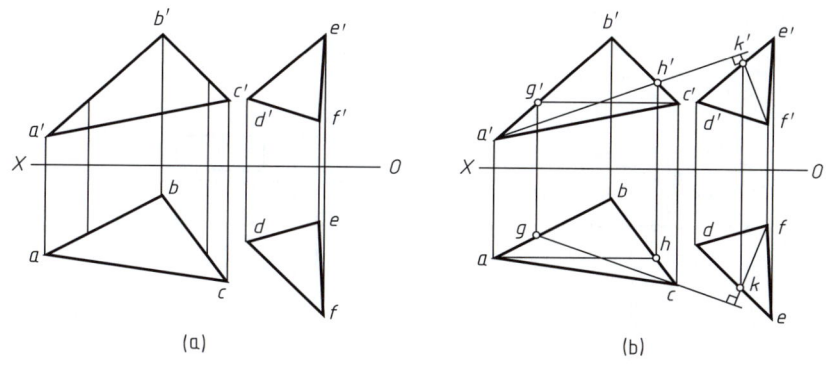

图 2-61   平面与平面垂直

2.4.3   任务拓展

[**实训 1**]   已知:过点 A 作 H 面的垂直面,$\beta = 30°$[图 2-62(a)]。

求作:$\triangle ABC$ 的 V、H 面投影图。

分析:由于 $\triangle ABC$ 为铅垂面,在 H 面上具有积聚性,积聚为一条直线。可得积聚投影线与 OX 轴的交角等于 $\triangle ABC$ 与 V 面的倾角,如图 2-62(b)所示。作图步骤如下。

(1) 过 a 作一射线,该线与 OX 轴的交角等于 30°。

(2) 在该射线上任取两点 b、c。

(3) 分别过 b、c 向 V 面引投影线,在投影线上分别取 b'、c',把同名投影连接起来。

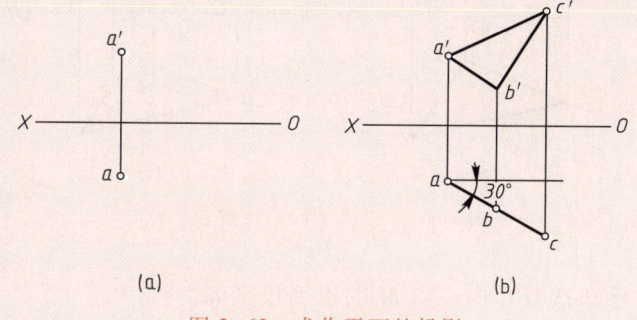

图 2-62   求作平面的投影

[**实训 2**]   已知:正方形 $ABCD$,该平面垂直于 V 面,已知 AB 的两面投影[图 2-63(a)]。

求作:正方形 $ABCD$ 的三面投影图。

分析:由于正方形 $ABCD$ 垂直于 V 面为正垂面,AB 是正平线,所以 AD、BC 是正垂线,$a'b'$ 长即为正方形各边的实长,如图 2-63(b)所示。作图步骤如下。

(1) 过 a、b 分别作 $ad \perp ab$、$bc \perp ab$,且截取 $ad = bc = a'b'$。

(2) 连接 dc 即得正方形 $ABCD$ 的水平投影。

(3) 正方形 $ABCD$ 是正垂面,V 面投影积聚 $a'b'$,确定 d'、c' 点。

(4) 根据 V、H 面投影,作出各点的 W 面投影,把同名投影连接起来,即为正方形 $ABCD$ 的侧面投影。

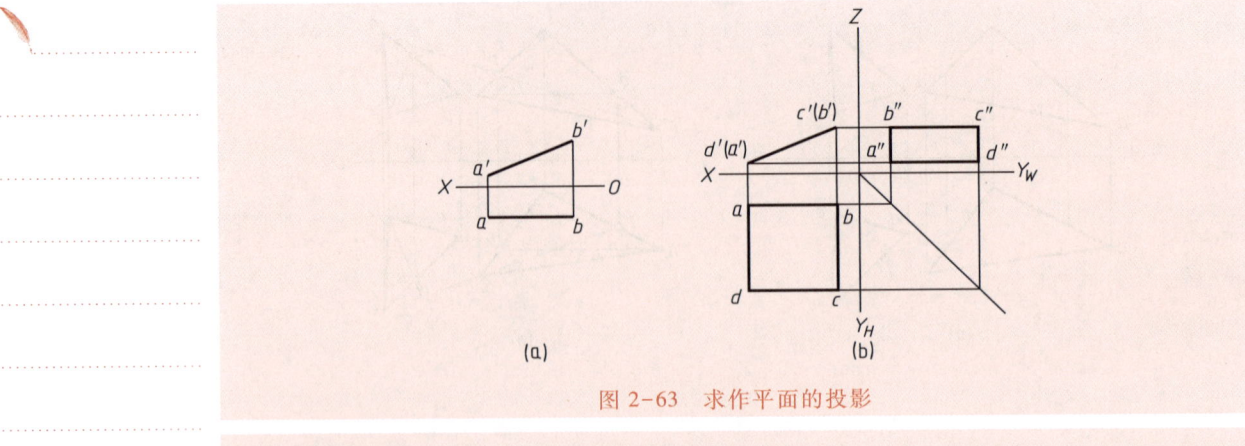

图 2-63 求作平面的投影

[实训 3] 已知 △ABC 内一点 K 的投影 k'。

求作:点 K 的 H 面投影 k[图 2-64(a)]。

分析:作法如图 2-64(b)所示。作图步骤如下。

(1)过 a'、k'作辅助线交 b'c'于 d'点,自 d'向下引垂线与 bc 相交得 d 点。

(2)连接 ad。

(3)自 k'向下引垂线,与 ad 交于 k,k 即为所求。

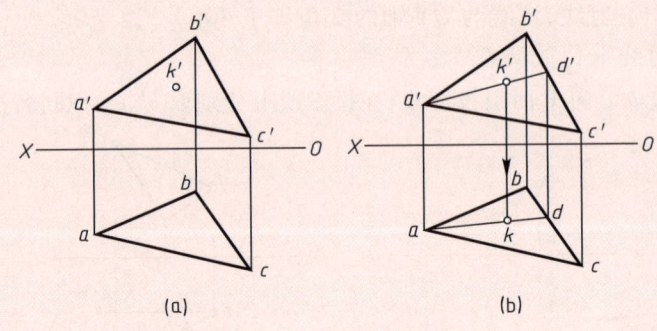

图 2-64 求作平面内点的投影

[实训 4] 已知 △ABC 内一点 M 的水平投影 m。

求作:点 M 的正面投影 m'[图 2-65(a)]。

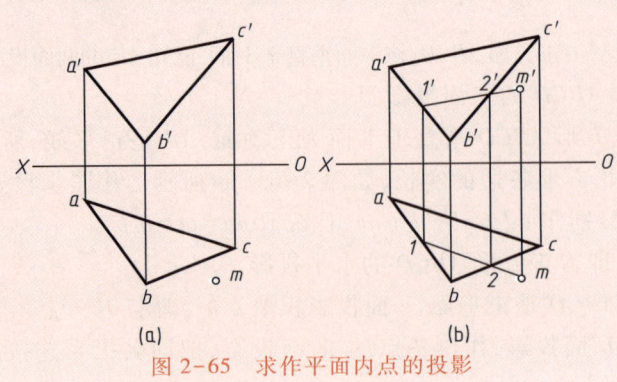

图 2-65 求作平面内点的投影

分析:作法如图 2-65(b)所示。作图步骤如下。

(1)过 m 任意作一辅助线交 △ABC 的水平投影于 1、2 点。

(2)过 1、2 点向 V 面引投影交 △ABC 的 V 面投影于 1′、2′。

(3)连接 1′、2′并延长与过 m 作 OX 轴垂线交 m',m' 即为所求。

[**实训 5**] 如图 2-66(a)所示,已知 □ABCD 和点 K 的两面投影,□ABCD 上的直线 MN 的 H 面投影 mn。

求作:试检验点 K 是否在 □ABCD 平面上,并作出直线 MN 的 V 面投影。

分析:作法如图 2-66(b)所示。作图步骤如下。

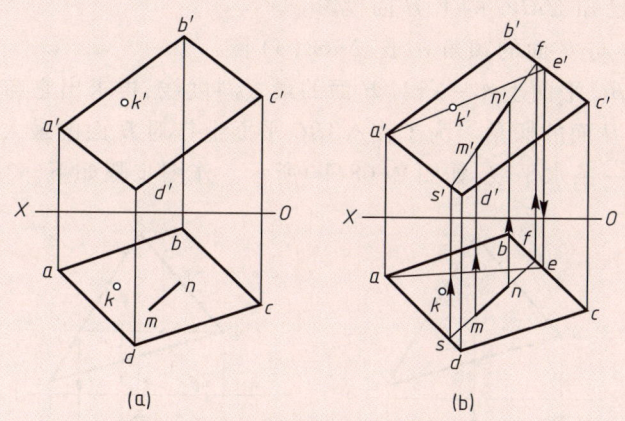

图 2-66 求作平面内直线的投影

(1)连 $a'k'$并延长交 $b'c'$于 e'点,由 e'点向下引投影线,交 bc 于 e 点。

(2)连接 ae。若 k 在 ae 上,则点 K 在 □ABCD 的直线 AE 上,点 K 便在 □ABCD 上。但图中的 k 不在 ae 上,就表明点 K 不在 □ABCD 上。

(3)延长 mn 与 ad、bc 分别交于 s、f 点。

(4)由 s、f 向 V 面引投影,分别交 $a'd'$、$b'c'$与 s'、f'点,连 $s'f'$。

(5)由 m、n 向 V 面引投影,分别与 $s'f'$交于 m'、n',$m'n'$即为所求。

[**实训 6**] 已知 △ABC 的 V、H 面投影。

求作:距离水平投影面 12 mm 的水平线[图 2-67(a)]。

分析:平面内投影面的水平线,其 V 面投影平行于 OX 轴,它到 OX 轴的距离即为水平线到 H 面的距离,如图 2-67(b)所示。作图步骤如下。

(1)在 V 面投影上作距 OX 轴为 12 mm 的平行线。

(2)该平行线分别交 $a'c'$、$b'c'$于 m'、n'。

(3)由 m'、n'向 H 面引投影线,分别交 ac、bc 于 m、n,连接 mn。MN 即为所求的水平线。

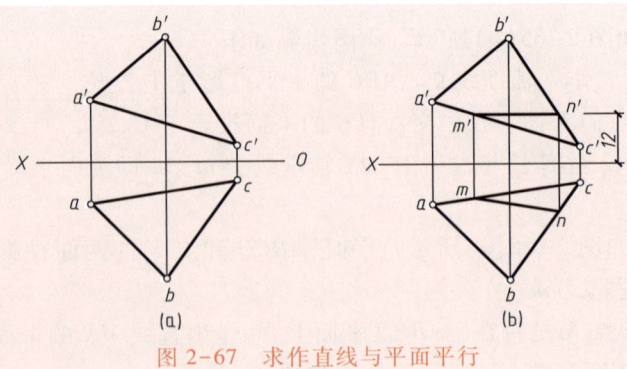

图 2-67　求作直线与平面平行

[**实训 7**]　已知 △ABC 的 V、H 面投影。

求作：△ABC 与 H 面的倾角 α[图 2-68(a)]。

分析：在 △ABC 平面上作一条对 H 面的最大斜度线，再求出它与 H 面的倾角 α，也就是 △ABC 与 H 面的倾角。为了在 △ABC 平面上作对 H 面的最大斜度线，应先在 △ABC 平面上作一条水平线，如图 2-68(b)所示。作图步骤如下。

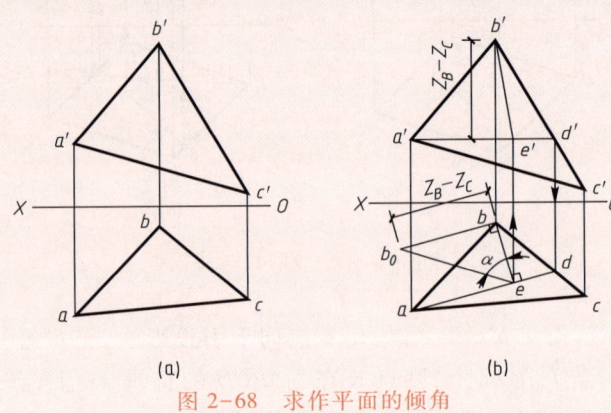

图 2-68　求作平面的倾角

（1）过 a′ 作 OX 轴的平行线交 b′c′ 于 d′，过 d′ 向 H 面引投影线交 bc 于 d。连接 ad。

（2）在 △ABC 平面上作对 H 面的最大斜度线 BE，即作 BE⊥AD。过 b 作 be⊥ad，与 ad 交于 e，连接 be，过 e 向 V 面引投影线交 a′d′ 于 e′ 点，连接 b′e′。

（3）作 BE 与 H 面的倾角 α。用直角三角形法作出 BE 对 H 面的倾角 α，即为 △ABC 与 H 面的倾角。

[**实训 8**]　已知平面 △ABC 及平面外一点 K。

求作：过点 K 作一直线平行于 △ABC 和 H 面[图 2-69(a)]。

分析：因所求的直线必须既平行 △ABC，又要平行于 H 面。这样该直线必是水平线，只要过 K 点作一直线与平面内的水平线平行即可。作法如图 2-69(b)所示。作图步骤如下。

（1）过 a′ 作 OX 轴的平行线交 b′c′ 于 d′。

（2）过 d′ 向 H 面引投影交 bc 于 d，连接 ad。

（3）过 k′ 作 k′m′∥a′d′，过 k 作 km∥ad，则直线 KM 即为所求。

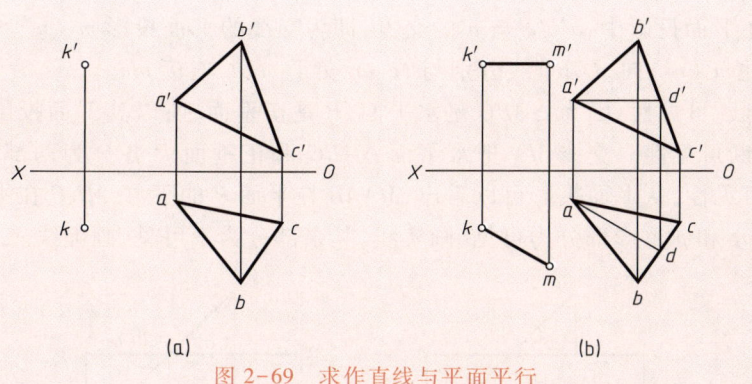

图 2-69　求作直线与平面平行

[**实训 9**]　求作铅垂线 MN 与△ABC 的交点,并判断可见性[图 2-70(a)]。

分析:直线 MN 是一条铅垂线,其 H 面投影具有积聚性,因交点具有共有性,所以交点的 H 面投影与铅垂线的 H 面投影重合。再由交点的 H 面投影求其 V 面投影即可。作法如图 2-70(b)所示。作图步骤如下。

(1) 连接 a 与直线 MN 的 H 面投影 $m(n)$,并延长交 bc 于 d。

(2) 过 d 向 V 面引垂线交 $b'c'$ 于 d',连接 $a'd'$。

(3) $a'd'$ 与 $m'n'$ 交于 k' 点。

(4) 判断可见性:直线 MN 的 H 面投影积聚为一个点,不判断其可见性。需判断 V 面投影的可见性。利用两交叉直线对 V 面的重影点,来判断 V 面投影的可见性。在 V 面投影上,直线 MN 上的点 1 和 AB 边上的点 2,它们的 V 面投影重影,从 H 面投影可见 $m(n)$ 上的点 1 在前,ab 上的点 2 在后,故 $k'n'$ 可见,画成实线,$k'm'$ 不可见,画成虚线。

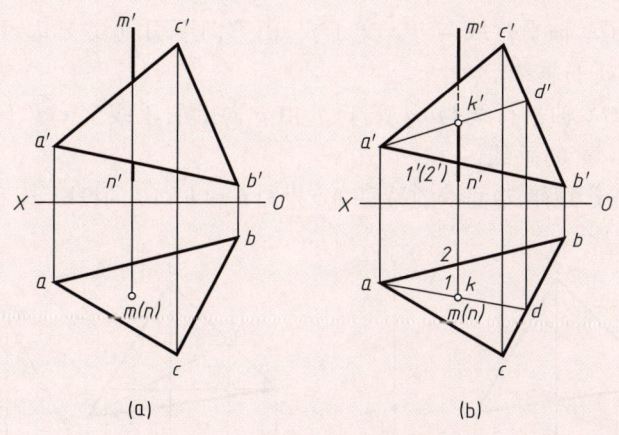

图 2-70　求作直线与平面相交

[**实训 10**]　求作水平面△ABC 与正垂面 P 的交线 MN,并判断可见性[图 2-71(a)]。

分析:水平面△ABC 和正垂面 P 的 V 面投影具有积聚性,而交线具有共有性,所以两平面的 V 面投影的交点,即为交线的 V 面投影,故这两个平面的交线是一条正垂线。作法如图 2-71(b)所示。作图步骤如下。

（1）在 V 面投影中，$a'b'c'$ 与 p' 的交点，即为交线的 V 面投影 $m'(n')$。

（2）过 $m'(n')$ 向下引垂线分别与 bc、ac 交于 m、n，连接 mn。

（3）判断可见性：因为 △ABC 是水平面，P 是正垂面，所以其 V 面投影具有积聚性，不需判断可见性。交线 MN 把水平面 △ABC 和正垂面 P 各分为两部分，判断 H 面投影的可见性，从 V 面投影可以看出，$MNAB$ 在平面 P 的下方，MNC 在平面 P 的上方，所以 mnc 和 p 重影部分为可见，画实线，其余部分为不可见，画虚线。

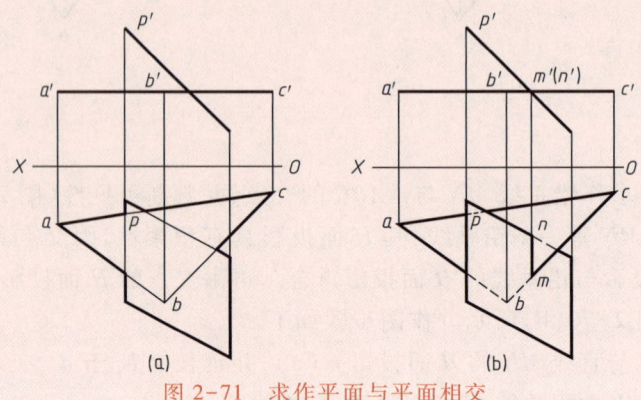

图 2-71   求作平面与平面相交

[**实训 11**]   如图 2-72 所示，已知点 A 和 △CDE 的两面投影。

求作：过点 A 作垂直于 △CDE 的直线 AB。

分析：过点 A 作一直线，使该直线的 H 面投影垂直于平面上水平线的 H 面投影，该直线的 V 面投影垂直于平面上正平线的 V 面投影即可。作法如图 2-72（b）所示。作图步骤如下。

（1）过 c' 作 OX 轴平行线与 $d'e'$ 交于 f'，由 f' 向下引垂线交 de 于 f，连接 cf。

（2）过 a 作 cf 的垂线。

（3）过 e 作 OX 轴平行线与 cd 交于 g，由 g 向上引垂线交 $c'd'$ 于 g'，连接 $e'g'$。

（4）过 a' 作 $e'g'$ 的垂线。

（5）按点的投影规律，取直线的另一端点投影 b 和 b'，AB 的投影 ab 和 $a'b'$ 即为所求。

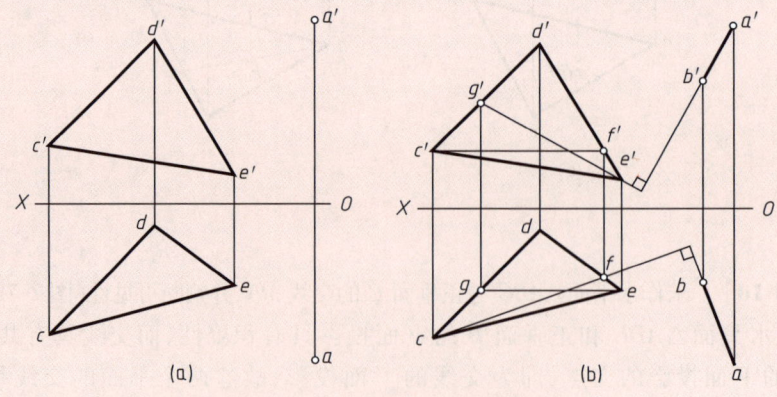

图 2-72   求作直线与平面垂直

[实训 12] 已知垂直相交两直线 AB 与 BC [图 2-73(a)]。

求作：AB 的 V 面投影。

分析：若求两直线垂直相交，可先求直线 BC 垂直于过 AB 的平面。然后在该平面上求 A 点的 V 面投影。作法如图 2-73(b) 所示。作图步骤如下。

（1）过 b' 作 OX 轴的平行线 $b'm'$。

（2）过 b 作 bc 的垂线与过 m' 向下引的投影线相交于 m。

（3）过 b 作 OX 轴的平行线 bn。

（4）过 b' 作 $b'c'$ 的垂线与过 n 向上引的投影线相交于 n'。

（5）连接 mn、$m'n'$。

（6）mn 与 ab 交于 k，过 k 向上引垂线交 $m'n'$ 于 k'。

（7）连接 $b'k'$ 并延长与过 a 向上引的投影线交于 a'，$a'b'$ 即为所求。

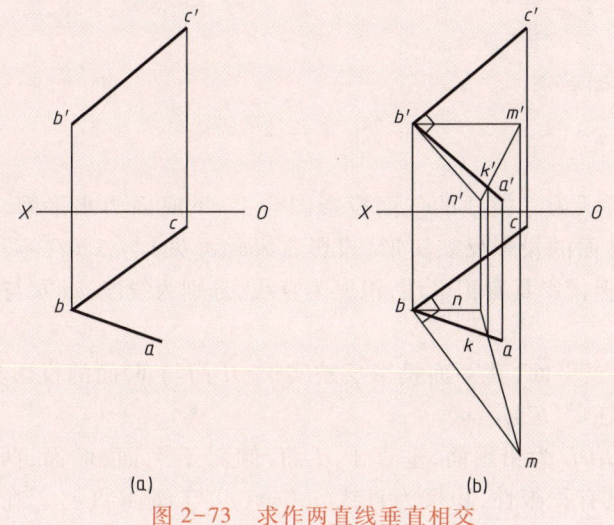

(a)　　　　　　　　　(b)

图 2-73　求作两直线垂直相交

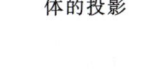
教学课件
体的投影

微课扫一扫
把握认知
规律

2.5　任务 4：体的投影

2.5.1　任务资讯

因建筑物或构筑物是由若干个简单的基本几何形体组成的，只要熟练地掌握基本形体投影图的画法，对复杂的形体绘制和解读就能迎刃而解。

基本形体按其表面的几何性质，可分为平面体和曲面体两大类。

一、平面体的投影

由若干个平面所围成的立体称为**平面体**。平面体的投影实质上就是点、直线和平面投影的组合。常见的平面体有棱柱、棱锥和棱台等。在平面体中，可见棱线用实线表示，不可见棱线用虚线表示，以区分可见表面和不可见表面。

（一）棱柱

棱柱是由两个互相平行的多边形底面和若干个棱面围成的，相邻两个棱面的交线称为棱线,所有的棱线都互相平行。

图 2-74(a)所示为三棱柱的轴测图,三棱柱的棱线 AF、BD、CE 垂直于 H 面,上下底面 $\triangle ABC$、$\triangle DEF$ 为水平面,棱面 $ABDF$ 为正平面,棱面 $ACEF$、$CBDE$ 为铅垂面。

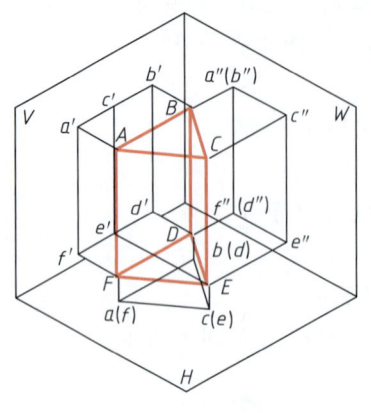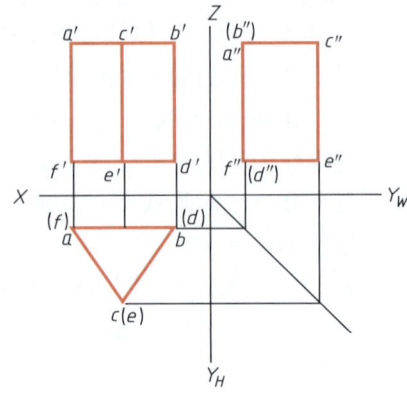

(a) 轴测图   (b) 投影图

图 2-74 三棱柱的投影

图 2-74(b)所示为三棱柱的三面投影图。上、下底面为水平面,平行于 H 面。可得:上、下底面在 H 面的投影反映实形,投影 $\triangle abc$(可见)与 $\triangle def$(不可见)重影。上下底面在 V 面、W 面上投影具有积聚性,积聚为直线,分别为线段 $a'c'b'$ 与 $f'e'd'$ 及 $a''(b'')c''$ 与 $f''(d'')e''$。

棱面 $ABDF$ 为正平面,其 V 面投影反映实形,H 面与 W 面的投影具有积聚性,积聚为直线 $ab(d)(f)$ 与 $a''(b'')f''(d'')$。

棱面 $ACEF$、$CBDE$ 为铅垂面,垂直于 H 面,倾斜于 V 面、W 面,两棱面对称。两棱面在 H 面上投影具有积聚性,积聚为直线 $ac(e)(f)$ 与 $cb(d)(e)$。在 V 面投影为两个矩形,W 面投影为矩形 $a''c''e''f''$(可见)与 $c''e''(b'')(d'')$(不可见)重影。

建筑故事
现代建筑
大师—梁
思成

 练一练

绘制正五棱柱的三面投影图。

(二)棱锥

棱锥是由多边形底面和若干个汇交于顶点的棱面围成的,相邻棱面的交线叫棱线,所有的棱线都通过锥顶。底面是正多边形且锥顶位于通过底面中心并垂直于底面的直线,这样的棱锥叫正棱锥。

图 2-75(a)所示为正三棱锥的轴测图,三棱锥的底面 $\triangle ABC$ 平行于 H 面,棱线 SA、SB、SC 汇交于顶点 S,棱面 $\triangle SAB$ 垂直于 W 面。

图 2-75(b)是正三棱柱的三面投影图。在作正三棱锥的三面投影时,应首先求作它的 H 面投影。棱锥底面 $\triangle ABC$ 平行于 H 面,在 H 面上反映实形 $\triangle abc$(不可见,被三侧面的 H 面投影遮挡)。在 V 面、W 面上具有积聚性,积聚为直线 $a'c'b'$ 与 $a''(b'')c''$。

求得锥顶 S 的三面投影与底面顶点 A、B、C 的同名投影相连,可得三个侧面的三面投影。即在 H 面上三侧面的投影为 $\triangle sab$、$\triangle sac$ 和 $\triangle sbc$。

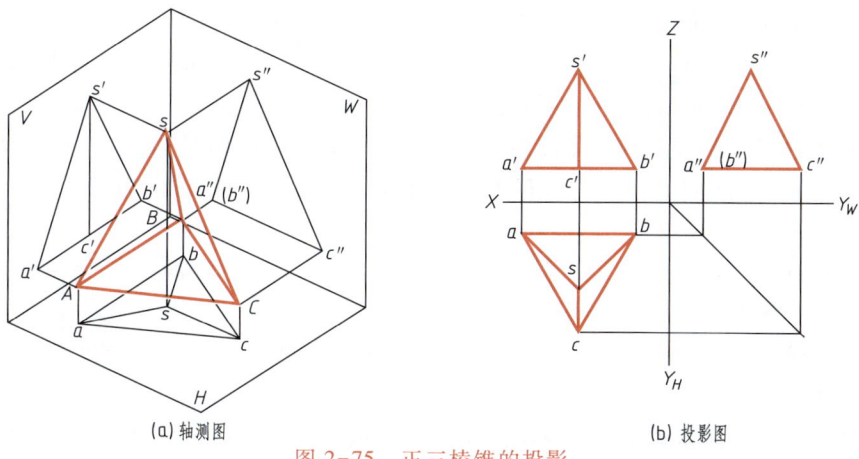

(a) 轴测图　　(b) 投影图

图 2-75　正三棱锥的投影

　　侧面 △SAB 垂直于 W 面,其平面在 W 面上的投影积聚为直线 s"a"(b")。侧面 △SAC、△SCB 左右对称,其 W 投影 △s"a"c" 与 △s"(b")c"(不可见)重合。

　　V 面投影:△s'a'b'(不可见)与 △SAC、△SCB 的 V 面投影 △s'a'c'、△s'c'b'重合。

💬 **想一想**

正三棱柱与正三棱锥的异同点。

（三）棱台

　　棱锥被平行于底面的平面截割,截面与底面间的部分为棱台。棱台的上下底面平行,所有棱线延长后交于一点。图 2-76(a)所示为四棱台轴测图,四棱台上下底面 ABCD 与 EFGH 平行于 H 面,左右两个侧面 ACFE 与 BDGH 垂直于 V 面,前后两个侧面 ABHE 与 CDGF 垂直于 W 面。

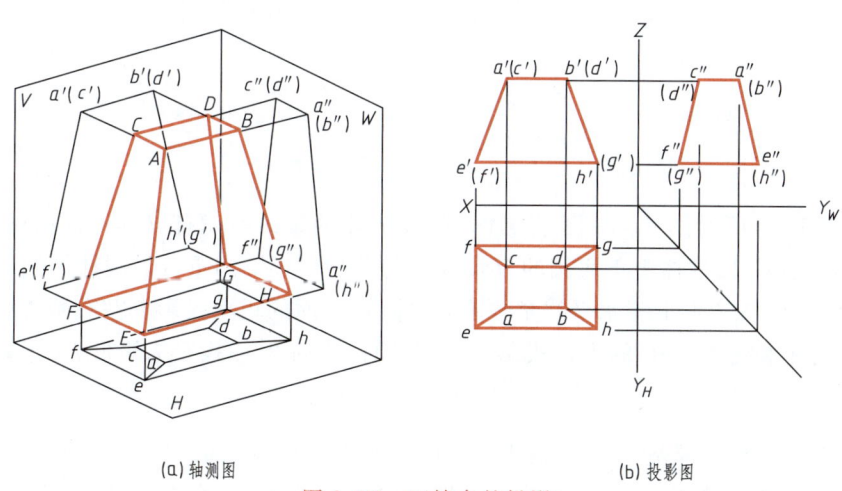

(a) 轴测图　　(b) 投影图

图 2-76　四棱台的投影

　　图 2-76(b)是该四棱台的三面投影图。四棱台的上下底面 ABCD 和 EFGH,平面于 H 面,在 H 面上投影反映实形。垂直于 V 面、W 面,在 V、W 面上具有积聚性,积聚为直线 a'(c')b'(d') 和 e'(f')h'(g') 及 a"(b")c"(d") 和 e"(h")f"(g")。

四棱台的左右棱面为正垂面，在 V 面上投影积聚为左右两条直线 $a'(c')(f')e'$ 和 $b'(d')(g')h'$。在 H 面上其投影为左右两对称的梯形 $acfe$ 和 $bdgh$。在其 W 面上投影为两梯形 $a''e''f''c''$ 和 $(b''h''g''d'')$（不可见）重合。

四棱台的前后棱面为侧垂面，在 W 面投影积聚为前后两条直线 $a''(b'')(h'')e''$ 和 $c''(d'')(g'')f''$。在 H 面上投影为两梯形。在 V 面上投影的两梯形前后重合。

二、曲面体的投影

由曲面或者曲面与平面围成的立体称为**曲面体**，常见的曲面体有圆柱体、圆锥体和球体等。工程上常见的曲面体多为回转体，回转体是由一母线（直线或者曲线）绕一轴旋转而形成的，母线在曲面上的任何位置称为素线，母线上任一点的轨迹称为纬圆。

（一）圆柱

如图 2-77（a）所示圆柱的轴测图，圆柱面可以看成是由一条直母线 AD，绕着与其平行的轴线（底圆与顶圆圆心之间的连线）旋转一周所形成的。圆柱面的素线都平行于轴线，由圆柱面及其上、下底圆围成的立体称为圆柱。

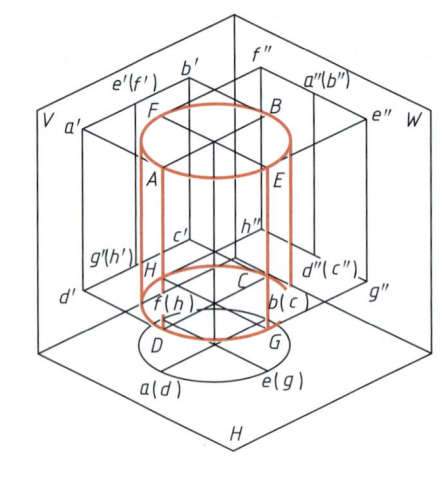
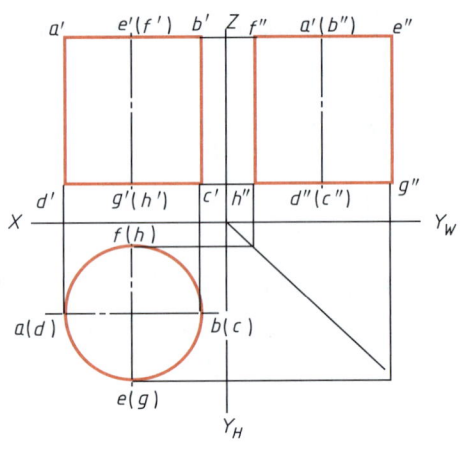

(a) 轴测图　　　　　　(b) 投影图

图 2-77　圆柱体的投影

图 2-77（b）所示圆柱的三面投影图，该圆柱体的轴线垂直于 H 面，柱面的 H 面投影积聚为一圆周，圆柱体上下底圆的 H 面投影与此积聚投影圆重合。圆柱体的 V 面投影为矩形 $a'b'c'd'$，该矩形上下水平线是顶圆和底圆在 V 面的积聚投影。左右两边线是圆柱面的左右轮廓素线 AD、BC 的 V 面投影。同理，圆柱体的 W 面投影为矩形 $f''e''g''h''$。

🔍 提示

位于最左、最右、最前、最后、最上、最下的曲面轮廓线上的点（通常也是可见性分界点），称为曲面体表面上的特殊点。在判断可见性问题时，在 V 面上投影是前可见，后不可见。在 H 面上投影是上可见，下不可见。在 W 面上投影是左可见，右不可见。

（二）圆锥

圆锥体由圆锥面与底面所围成。圆锥面由直母线 SA 绕与它相交于点 S 的轴线旋转一周而形成,如图 2-78(a)所示圆锥轴测图,图 2-78(b)所示圆锥的三面投影图。

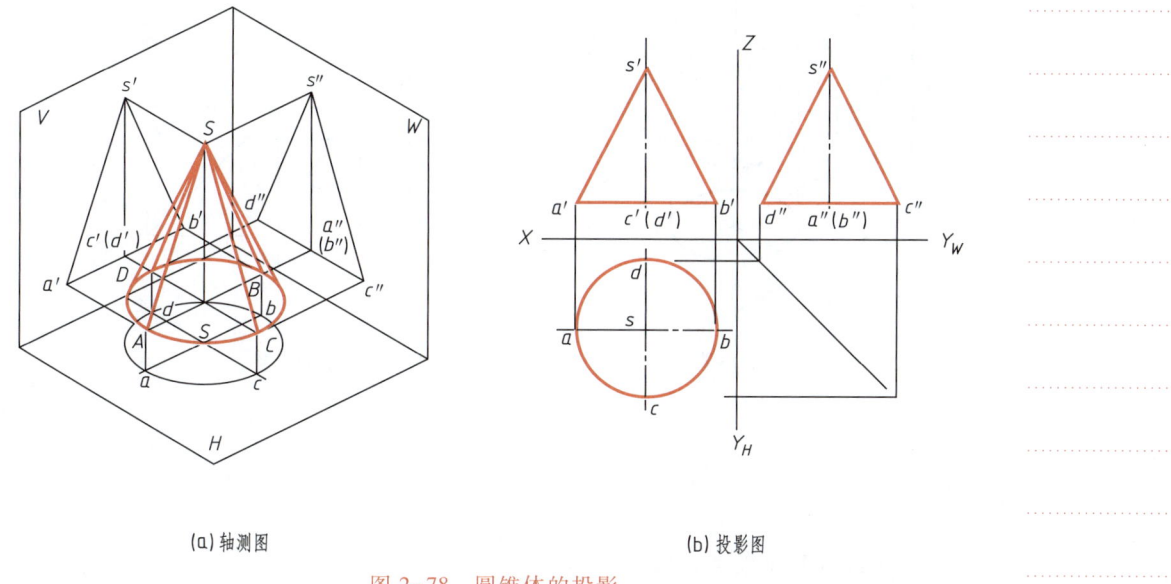

(a)轴测图　　　　　　(b)投影图

图 2-78　圆锥体的投影

圆锥轴线垂直于 H 面,则圆锥的水平投影图是一个圆,该圆是圆锥的底面和圆锥面投影的重合,圆心是圆锥顶点的 H 面投影,该圆反映圆锥底面的实形,但圆周不是圆锥面的积聚投影,圆锥面的投影没有积聚性。

圆锥的 V 面和 W 面投影为两个等腰三角形△s'a'b' 和△s"d"c",其高等于圆锥的高,底边长等于底圆的直径。其 V 面投影是可见的前半个圆锥面 SACB 和不可见的后半个圆锥面 SADB 的重合投影。三角形的底边是底圆的积聚性投影。两斜边 s'a'、s'b' 分别是圆锥面最左、最右素线,即圆锥前半部分和后半部分分界线的投影。这两条素线的水平投影 sa、sb 与圆的水平中心线重合,其侧面投影 s"a"、s"b" 与圆锥轴线投影重合,按规定不必画出。同理分析圆锥的 W 面投影。

想一想

如何将圆锥切割成圆台? 试绘制圆台的三面投影图。

(三) 球

球面可看作一圆周绕它的任意直径做回转运动而成的。球是球面围成的回转体。
图 2-79(a)所示为球体的轴测图,图 2-79(b)所示为圆球的三面投影图。

球体的三面投影均为直径过球心的圆。球体 V 面投影所得圆的可见部分与不可见部分(前半球与后半球)的分界线是球面上的最大正平圆 A,其投影是直径等于圆球直径的圆 a'。圆 A 的 H 面投影 a 和 W 面投影 a" 分别积聚为一段长度等于球体直径的直线,且与中心线重合,不必画出。同理分析球体 H、W 面投影。

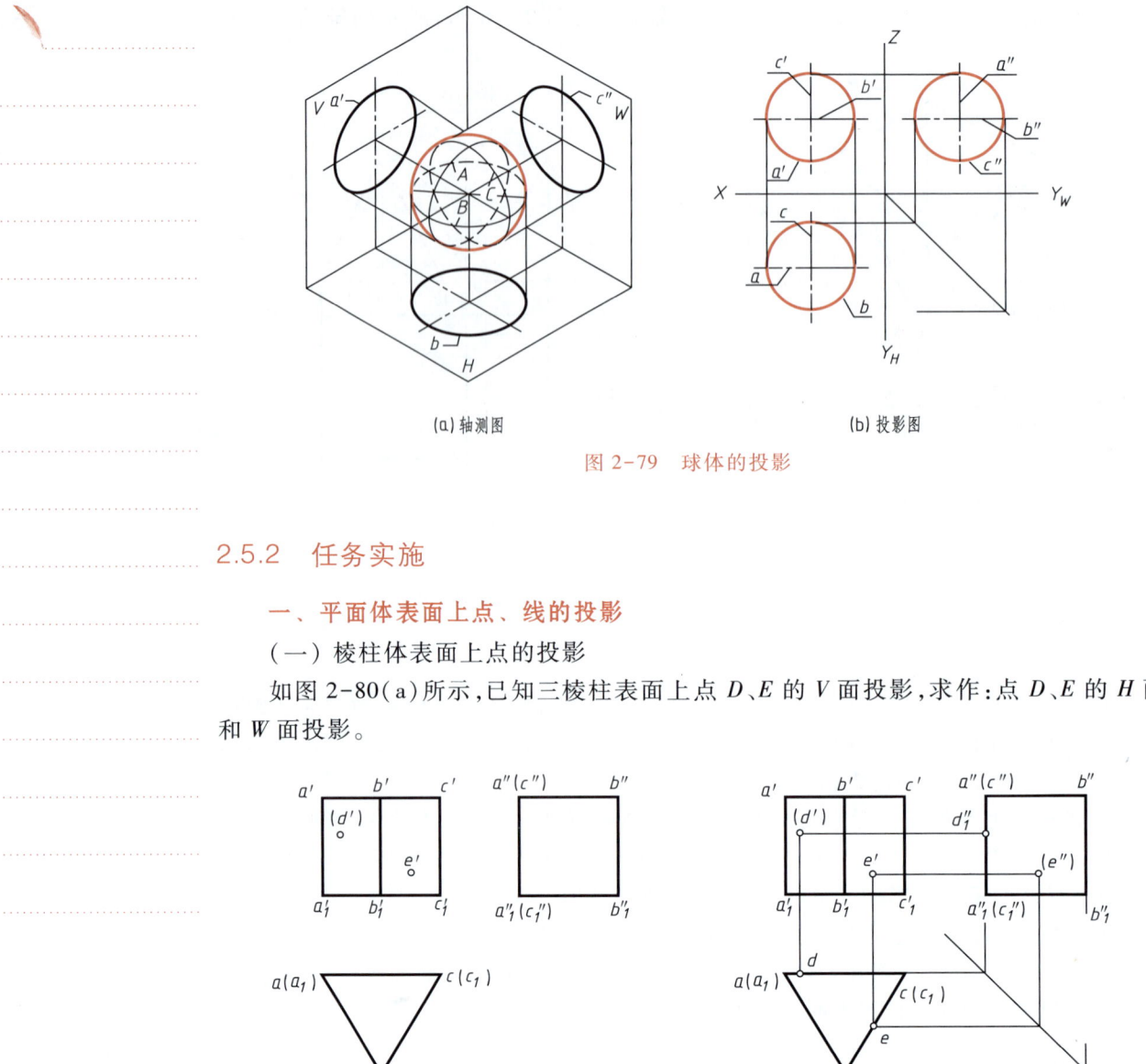

(a) 轴测图   (b) 投影图

图 2-79   球体的投影

2.5.2   任务实施

一、平面体表面上点、线的投影

（一）棱柱体表面上点的投影

如图 2-80（a）所示，已知三棱柱表面上点 D、E 的 V 面投影，求作：点 D、E 的 H 面和 W 面投影。

(a) 已知条件   (b) 投影作图

图 2-80   求作三棱柱表面上点的投影

分析：如图 2-80（a）所示，D 点的 V 面投影 d' 不可见，可得 D 点位于矩形棱面 ACC_1A_1 上。E 点的 V 面投影 e' 可见，可得 E 点位于矩形棱面 BCC_1B_1 上。由投影图可知：棱面 ACC_1A_1 是正平面、棱面 BCC_1B_1 为铅垂面，它们的水平投影都具有积聚性，可利用积聚性作图。

作图：如图 2-80（b）所示，D 点的投影可直接利用积聚性，将 (d') 向 H 面引投影线交棱线 $ac(c_1)(a_1)$ 于 d 点。由 D 点的 V、H 面投影，根据"高平齐、宽相等"直接作出 d'' 点。同理，将 e' 点向 H 面引投影线交棱线 $bc(c_1)(b_1)$ 于 e 点。由点 E 的 H、V 面投影，根据点的投影规则作(e'')点,因 E 点位于右侧棱面上,其投影在 W 面上不可见。

（二）棱锥体表面上点的投影

如图 2-81(a)所示,已知三棱锥表面上点 D 的 V 面投影,求作 D 点的 H、W 面投影。

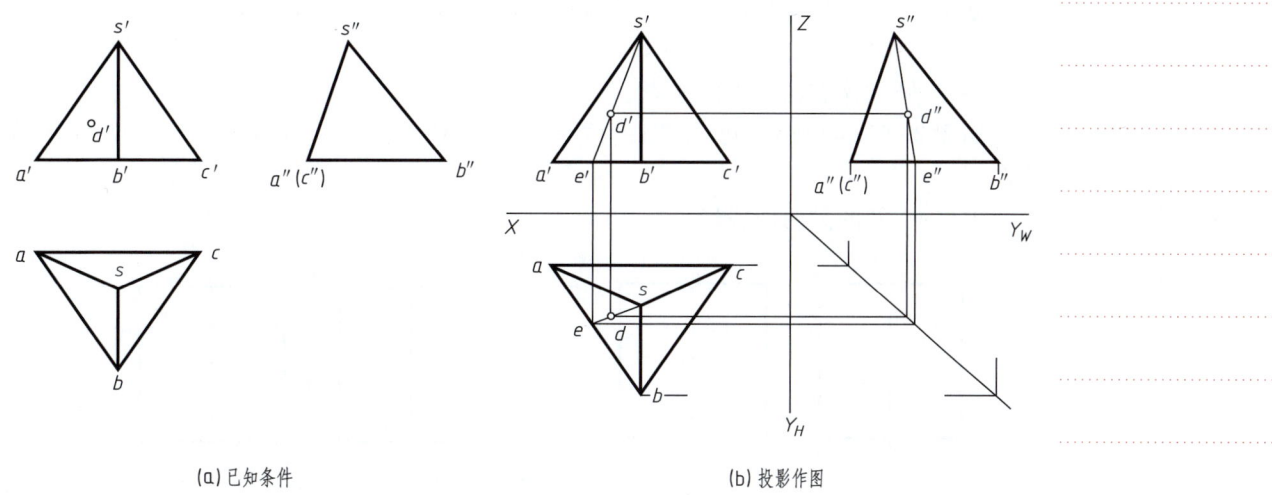

(a)已知条件　　　　　　　　　　　(b)投影作图

图 2-81　求作三棱锥表面上点的投影

分析:如图 2-81(a)所示,D 点的正面投影 d' 可见,可知 D 位于棱面 SAB 上。

作图:如图 2-81(b)所示,过 s' 点作辅助线过 d' 点并延长与棱锥底棱线相交于 e' 点,过 e' 向 H 面引投影线与棱线交于 e 点,连接直线 se。根据点的从属性可知,点 d' 在直线 $s'e'$ 上,过 d' 点向 H 面引投影线与 se 线相交,得交点 d。由点 D 的 H、V 面投影,根据点的投影规则,可得 W 面投影 d'' 点。

（三）棱台表面上线的投影

如图 2-82(a)所示,已知四棱台表面上直线 MK 的 V 面投影 $m'k'$,试作:直线 MK 的 H 面和 W 面投影。

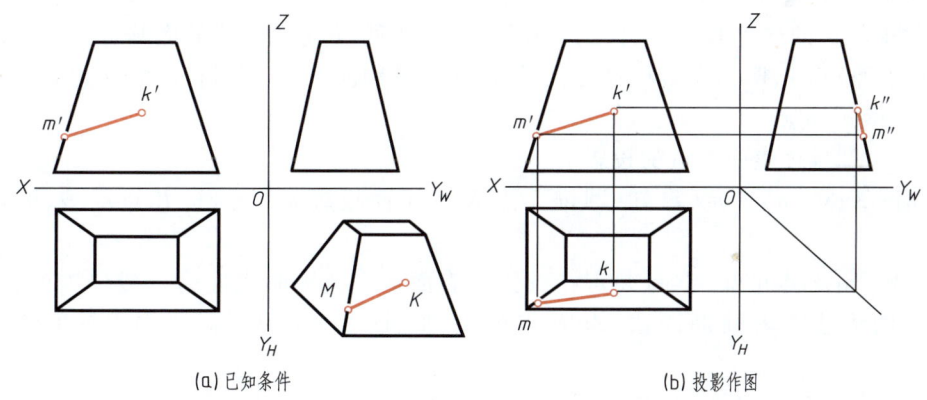

(a)已知条件　　　　　　　　　　　(b)投影作图

图 2-82　求作四棱台上直线的投影

分析:如图 2-82(a)所示,直线 MK 在四棱台最前面的侧棱面上,M 点在侧棱线上,K 点在棱台的前面斜面上。

作图:如图 2-82(b)所示,因为 M 点和 N 点为可见点,M 点在侧棱线上,将 M 点向 H 面引投影线,可得 m 点。根据点的投影规则,可得 W 面点 m''。

K 点在侧棱面上,四棱台的侧棱面垂直于 W 面,在 W 面上具有积聚性,积聚为直线。过 k' 点向 W 面引投影线,得到 k'' 点。连接 $m''k''$。

分别过 k'、k'' 点向 H 面引投影线,两投影线相交得 k 点。连接 mk。

二、曲面体表面上点、线的投影

（一）圆柱体表面上点的投影

如图 2-83(a)所示,已知:圆柱体表面上点 M 和点 E 的 V 面投影,点 N 的 H 面投影。

求作:它们的另两面投影。

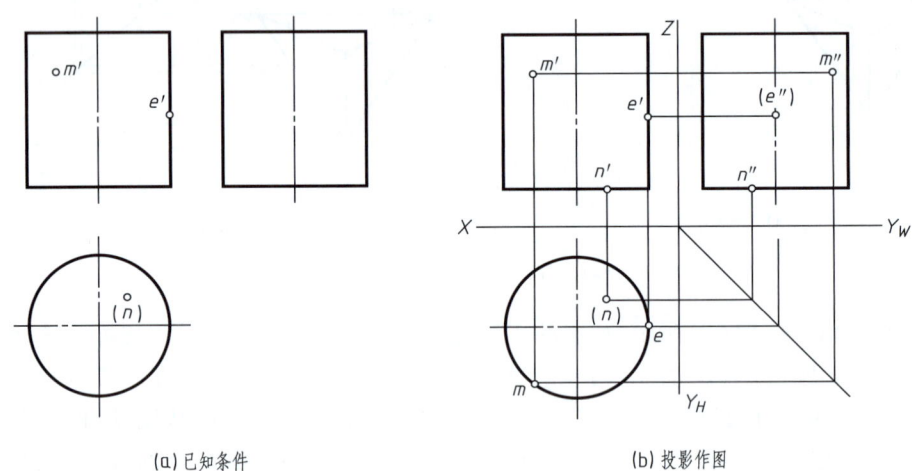

(a)已知条件   (b)投影作图

图 2-83   求作圆柱表面上点的投影

分析作图:如图 2-83(b)所示,点 M、点 E 在圆柱曲面上,圆柱曲面垂直 H 面,在 H 面上具有积聚性,过 m'、e' 向 H 面引投影线与圆柱面的 H 面投影圆周相交于 m、e 点。根据点 M、E 的 V、H 面投影,作出它们的 W 面投影 m''、(e'')。

已知点 N 的 H 面投影不可见,并在圆周内,表明点 N 在圆柱的底圆上。圆柱的底圆为水平面,其 V、W 面投影积聚为直线,过 n 点分别向 V、W 面引投影线与积聚投影线相交,可得 n'、n'' 点。

（二）圆锥体表面上点的投影

如图 2-84(a)所示,已知:圆锥上点 K 的正面投影 k'。求作:K 点的 H、W 面的投影。

分析:由 k' 点可知,空间 K 点在圆锥曲表面上。圆锥曲表面为一般位置面,需要通过辅助线法或者辅助面法,求 K 点的 H、W 面的投影。下面我们用辅助线法来求解。

作图:如图 2-84(b)所示,过顶点 s' 作辅助线,过 k' 点并延长与圆锥底面交于点 $1'$,过 $1'$ 点向 H 面引投影线,与圆锥的 H 面投影相交得 1 点,连接 $s1$。过 k' 点向 H 面引投影线,与 $s1$ 线相交得 k 点。过 k、k' 点向 W 面引投影线,两投影线相交得 k'' 点。

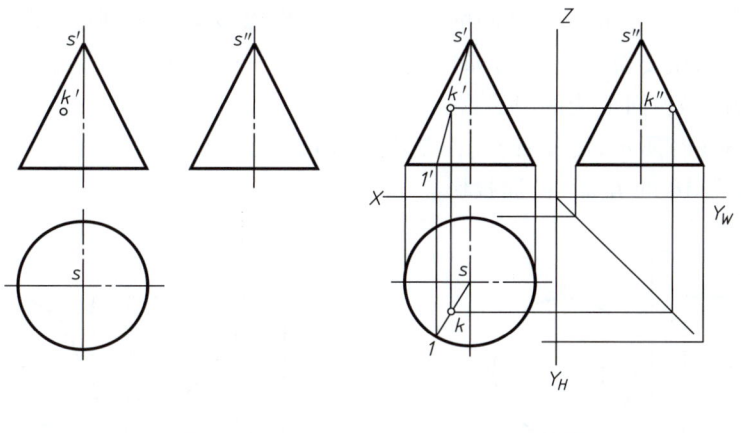

(a)已知条件   (b)投影作图

图 2-84　求作圆锥表面上点的投影

(三)球体表面上点的投影

如图 2-85(a)所示,已知:球体表面上的 K、M 点的 V 面投影 k'、m' 点。

求作:k、k'' 和 m、m'' 点。

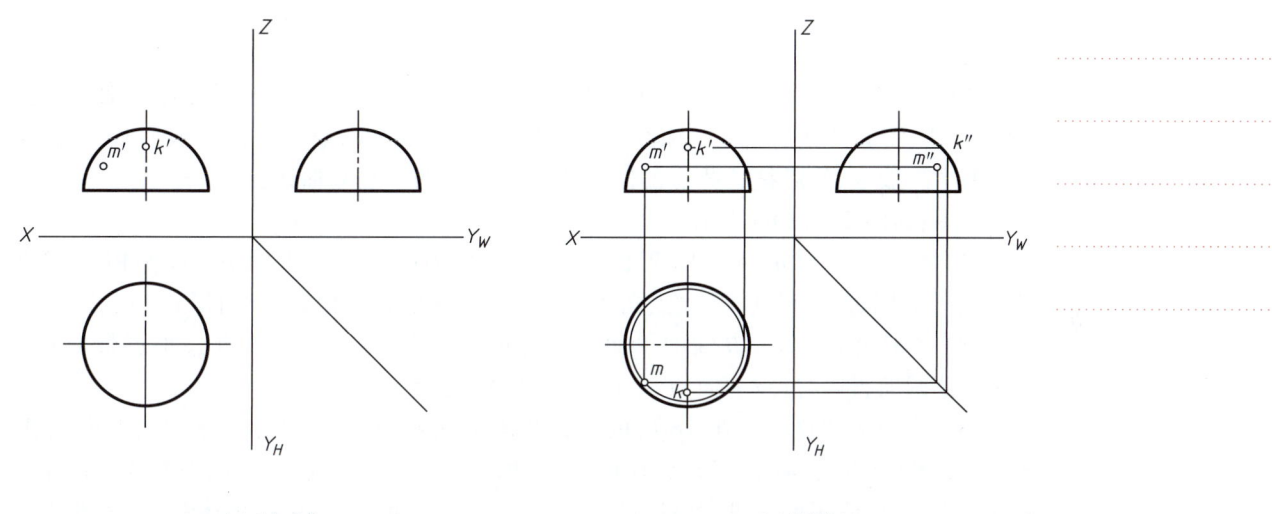

(a)已知条件   (b)投影作图

图 2-85　求作球体表面上点的投影

分析:如图 2-85(a)所示,k'、m' 点均在半球 V 面上并可见,k' 点位于半球对称轴点画线上。

作图:如图 2-85(b)所示,因为 K 点在半球的球面上,球体表面是曲面,K 点位于半球对称轴上,属于特殊位置点,对称轴所对应的球面在 W 投影面上反映实形。过 k' 点向 W 面引投影线,与 W 面半球的投影相交于 k'' 点。过 k'、k'' 点向 H 面引投影,两投影线相交得 k 点。

m' 点为半球曲面上一般位置点,应用辅助圆法求解 m 点。过 m' 点作一平行于 H 面的辅助圆。该圆半径可过 m' 点作平行于 OX 轴的平行线,在该平行线上量取对称轴到曲面的距离,即为过 M 点辅助圆的半径。在 H 面以该半径画圆弧。过 m' 点向 H 面引投影与该圆弧相交得 m 点。过 m'、m 点分别向 W 面引投影得 m'' 点。

（四）圆柱体表面上线的投影

如图 2-86(a)所示,已知:圆柱曲表面上 AB 曲线的 V 面投影 $a'b'$。

求作:曲段 AB 的 H 面、W 面投影。

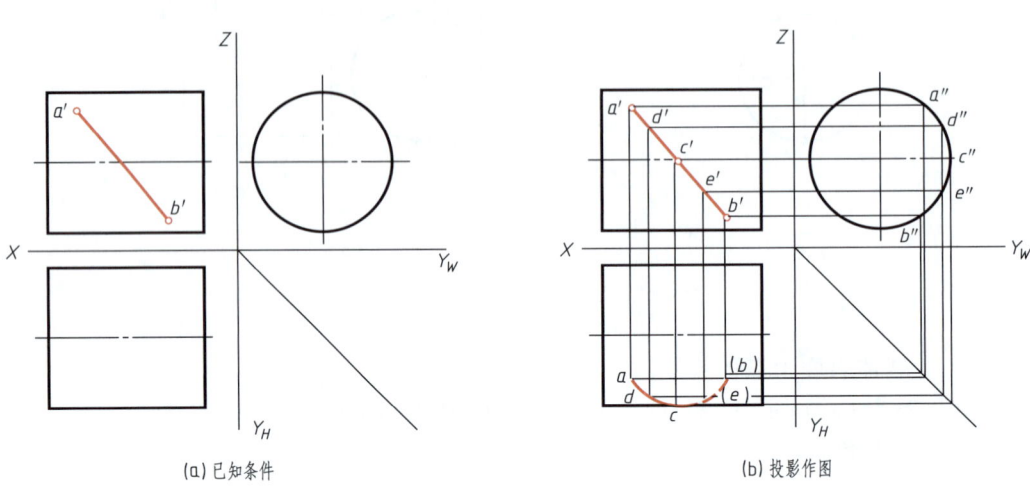

(a)已知条件   (b)投影作图

图 2-86   求作圆柱体表面上曲线的投影

分析:如图 2-86(a)所示。曲线 AB 位于圆柱体曲表面上。该圆柱体曲表面垂直 W 面,在 W 面上具有积聚性。曲线 AB 在 H 面上为一曲线,要想画出一般曲线,只能通过作多个一般点,然后把这些点的同名投影相连接的方法画曲线。

作图:如图 2-86(b)所示。

（1）作端点。由 a'、b' 点向 W 面引投影,与曲表面在 W 面上的积聚投影相交,得到 a''、b'' 点。分别过 a'、b' 点,a''、b'' 点向 H 面引投影,两投影线相交,分别得 a、(b) 点。

（2）作特殊点。取 AB 线的 V 面投影与对称轴相交点 c'（特殊点）,根据最前轮廓线的其他两面投影,过点 c' 向 H、W 面引投影线,可得 c、c'' 点。

（3）作一般位置点。在 AB 线的 V 面投影上取若干一般位置点（从理论上说,点取的越多,曲线投影越准确,通常为作图方便,取几个较合理的点）。本例取 d'、e' 两个一般位置点。过 d'、e' 点向 W 面引投影,与曲表面在 W 面上的积聚投影相交,得到 d''、e'' 点。分别过 d'、e' 点,d''、e'' 点向 H 面引投影,两投影线相交,分别得 d、(e) 点。

（4）在 H 面上,用曲线板依次光滑连接点 a、d、c、(e)、(b)。注意:因曲线 cb 段在圆柱曲表面的下半部分曲面上,在 H 面上不可见,故用虚线连接。

三、平面与平面体相交

平面与立体相交,在立体表面产生的交线称为**截交线**。与立体相交的平面称为**截平面**。截交线所围成的平面图形称为**断面**,如图 2-87 所示。

平面体的截交线是一条封闭的折线,是截平面和平面体表面共有线。截交线多边形的顶点是截平面与平面体侧棱的交点及截平面与平面体侧面的交线顶点。

求平面体截交线的方法,可归结为:求直线和平面的交点,即求截平面与侧棱的交点,再把交点依次连接起来。也可求平面和平面的交线,即求截平面与棱面及底面的交线。

微课扫一扫
平面体截交线的求法

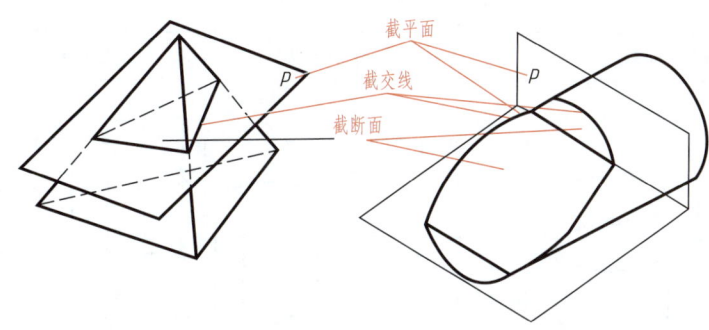

图 2-87　平面与立体相交

如图 2-88（a）所示，已知：正三棱锥被正垂面所截。求作：截交线的投影。

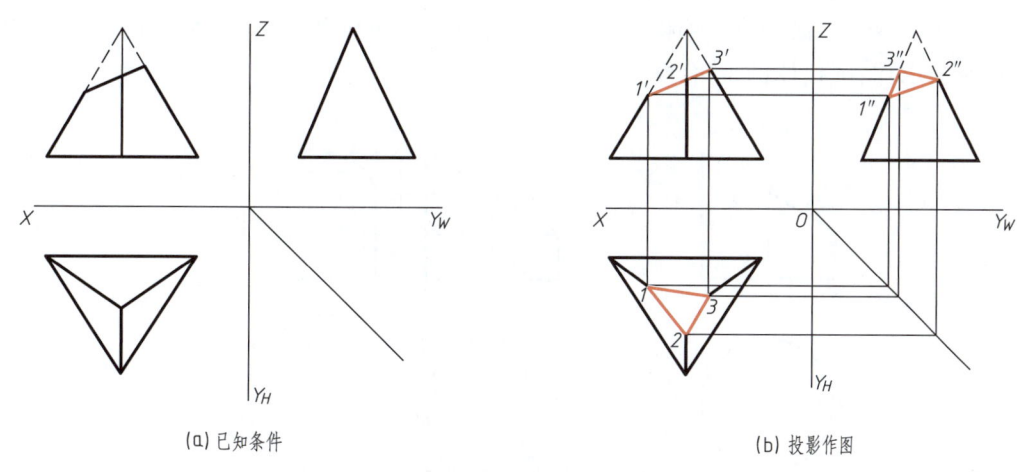

（a）已知条件　　　　　　　　　（b）投影作图

图 2-88　求作三棱锥的截交线

分析：如图 2-88（a）所示，三棱锥的三个侧棱面都是一般位置平面，截平面与三个棱面都相交，所得断面为三角形，该三角形的三个顶点是截平面与三条侧棱线的交点。因截平面是正垂面，在 V 面上具有积聚性，可得截交线的 V 面投影与截平面重合。

作图：如图 2-88（b）所示，根据积聚投影得：截平面与三棱锥的三条侧棱线交点 $1'$、$2'$、$3'$点。分别过 $1'$、$2'$、$3'$点向 H、W 面引投影线与三棱锥的侧棱相交，对应得到 1、2、3 点和 $1''$、$2''$、$3''$点。再依次把各点的同名投影连接起来，可得截交线的 H 面、W 面投影。

四、平面与曲面体相交

平面与曲面体的截交线是截平面与围成这个曲面立体的表面交线。截交线上的截交点是截平面与曲面体表面的共有点。因此，求截交线的投影需要先求出这些共有点的投影，然后把同名投影连接起来即可。

（一）圆柱体的截交线

当平面与圆柱相交时，由于平面与圆柱体轴线的相对位置不同，将得到不同形状的截交线，如表 2-5 所示。

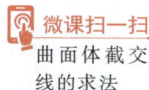

微课扫一扫
曲面体截交线的求法

表 2-5　圆柱体的截交线

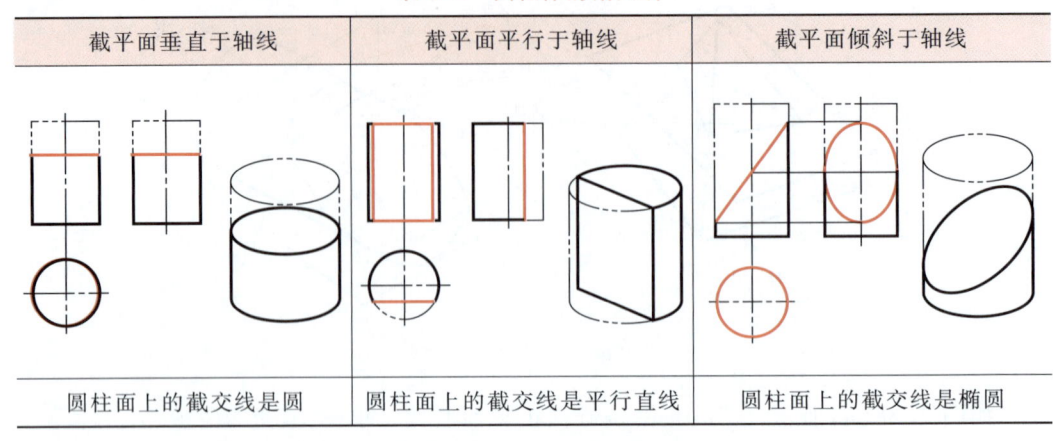

截平面垂直于轴线	截平面平行于轴线	截平面倾斜于轴线
圆柱面上的截交线是圆	圆柱面上的截交线是平行直线	圆柱面上的截交线是椭圆

如图 2-89(a)所示,圆柱体被倾斜于轴线的正垂面所截,已知圆柱体的 V 面和 H 面投影。求作:圆柱体的 W 面投影。

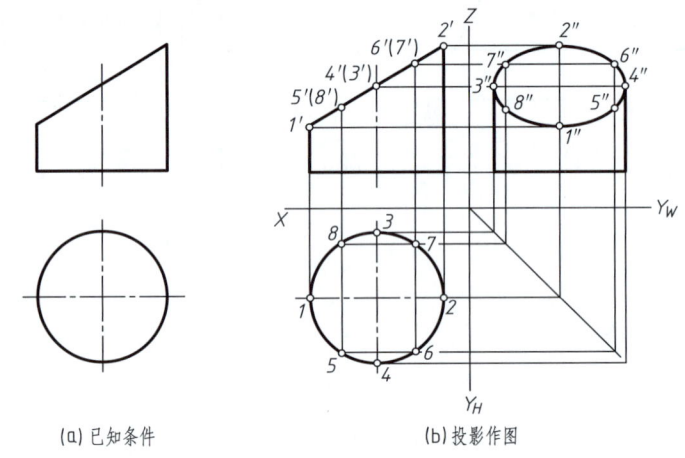

(a)已知条件　　　　　　(b)投影作图

图 2-89　求作圆柱的截交线

分析作图:如图 2-89(b)所示。

(1)作特殊点。由 V 面投影可知,垂直 V 面的截平面截切圆柱的最低和最高点(也是最左、最右点)1、2 分别位于圆柱的最左、最右素线上,其投影为 1′、2′;最前、最后点 4、3 分别位于圆柱的最前、最后素线上,其投影为 4′(3′)点,它们在圆柱轴线的 V 面投影上重影。1、2、3、4 为特殊点,这些特殊位置点将控制着截交线的形状和变化趋势。

(2)作一般位置点。在已知的截交线投影上取若干一般位置的点(从理论上说,点越多,画出的曲线越准确)。本例在作图时,取 5、6、7、8 四个一般位置点。由于圆柱体曲表面垂直 H 面,在 H 面上具有积聚性。故先在水平投影中确定 5、6、7、8 点,过 H 面投影点分别向 V 面引投影线,与 V 面积聚投影线相交得 5′(8′)、6′(7′)点。过 V、H 面投影点分别向 W 面引投影线,两两投影线相交得 5″、6″、7″、8″点。

(3)用曲线光滑依次连接 1″、5″、4″、6″、2″、7″、3″、8″、1″各点,可得圆柱体截交线的 W 面投影。

（二）圆锥体的截交线

当平面与圆锥体相交时，由于平面与圆锥体轴线的相对位置不同，将得到不同形状的截交线，如表 2-6 所示。

表 2-6　圆锥体的截交线

截平面位置	过锥顶	垂直于轴线	倾斜于圆锥的轴线与素线都相交	平行于一条素线	平行于两条素线
截交线	相交直线	圆	椭圆	抛物线	双曲线
轴测图					
投影图					

如图 2-90（a）所示，圆锥体被倾斜于轴线的正垂面所截，已知圆锥的 V 面和部分 H 面投影。求作：圆锥体的 H 面、W 面投影。

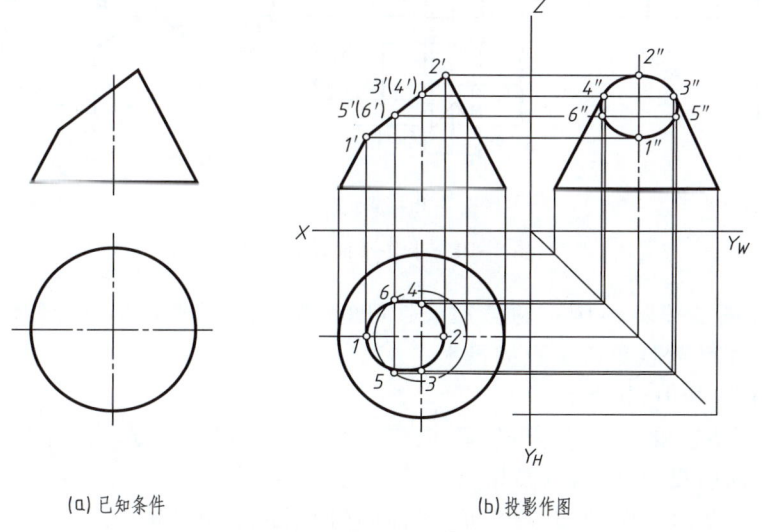

（a）已知条件　　　　　　　（b）投影作图

图 2-90　求作圆锥截交线

　　分析:如图 2-90(a)所示,圆锥被正垂面斜截切,截交线的空间形状为椭圆,截交线在 V 面投影图上积聚为斜直线,在 H、W 面上的投影为椭圆。

　　作图:如图 2-90(b)所示。

　　(1)求特殊点。截交线与圆锥最左、最右侧两条素线相交于 1、2 点,截交线与圆锥最前、最后两条素线相交于 3、4 点。根据截交线在 V 面投影图上的积聚性,在 V 面确定 1′、2′、3′(4′)点。过 1′、2′点分别向 H、W 面引投影,与轴线相交得 1、2 点和 1″、2″点。过 3′(4′)点向 W 面引投影,与圆锥素线相交得 3″、4″点。过 3″、4″点向 H 面引投影线,与轴线相交得 3、4 点。

　　(2)求一般位置点。在 V 面积聚投影线上取 5′(6′)点,为截交线上的一般位置点。通过辅助圆法,过 5′、(6′)点作平行与 OX 轴的水平线,在该平行线上量取对称轴到素线的距离,即为过 5、6 点辅助圆的半径。在 H 面以该半径画圆弧。过 5′、(6′)点向 H 面引投影与该圆弧相交得 5、6 点。分别过 5′(6′)点、5、6 点向 W 面引投影线,两两投影线相交得 5″、6″点。

　　(3)把 H 面、W 面上同名投影点用光滑曲线依次连接,可得圆锥体 H 面、W 面投影。

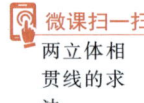

微课扫一扫
两立体相贯线的求法

五、两立体相贯

　　两立体相交也称两立体相贯,这两立体称为相贯体,两立体表面的交线称为相贯线。相贯线是两立体表面的共有线。

(一)两平面立体相贯

　　两平面立体的相贯线,通常为封闭的空间折线。每段折线是两平面立体表面的交线,交线的转折点称为贯穿点,它是一个立体的棱线与一个立体表面的交点。

　　如图 2-91 所示,已知:高低房屋相交的两坡屋面的轴测图及部分投影。

　　求作:补绘屋面表面交线的投影。

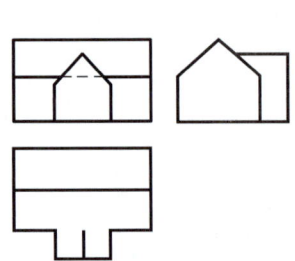
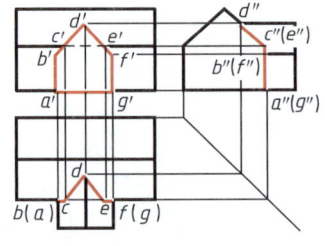
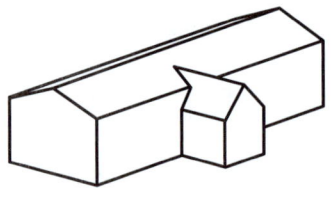

(a)已知条件　　　　　(b)投影作图　　　　　(c)轴测图

图 2-91　求作平面体相贯线

　　分析:如图 2-91(a)所示的已知条件可知:高屋面垂直于 W 面,低屋面垂直于 V 面,根据投影的积聚性可确定点的投影。

　　作图:如图 2-91(b)所示。

　　(1)由点 B、F 的 V 面投影 b′、f′,向 H 面引投影线得 b、f 点。再由 B、F 的 V 面、H 面投影向 W 面引投影,两两投影相交。得 b″、f″点。

　　(2)由点 D 的 V 面、W 面投影 d′、d″,向 H 面引投影线得 d 点。

　　(3)由点 C、E 的 V、W 面投影 c′、e′和 c″(e″),向 H 面引投影线得 c、e 点。

（4）由点 A、G 的 V、W 面投影 a'、g' 和 $a''(g'')$，向 H 面引投影线得 a、g 点。

（5）在 H 面上按顺序把各点在相贯体表面上相交的投影点连接起来。

（二）两曲面立体相贯

两曲面立体的相贯线，通常为封闭的空间曲线，特殊情况下可能是平面曲线或直线。求作相贯线时，先求两曲面体相贯的特殊位置点，然后根据需要求作一般位置点，再依次光滑连接各点即可。

如图 2-92 所示，已知：铅垂的小圆柱与侧垂的大圆柱正交相贯。

求作：两正交圆柱的相贯线。

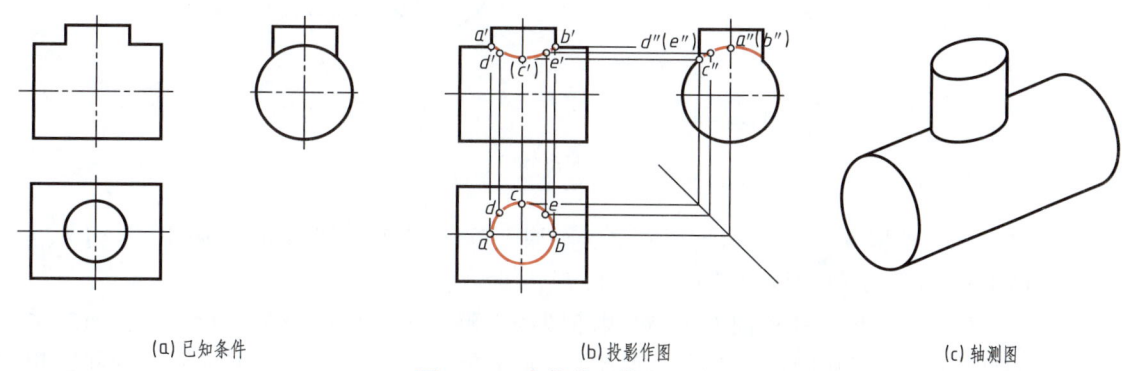

| (a)已知条件 | (b)投影作图 | (c)轴测图 |

图 2-92　求作曲面体相贯线

分析：如图 2-92（a）所示的已知条件可知：两圆柱的轴线垂直正交，因小圆柱穿进大圆柱，可得相贯线是一条封闭的空间曲线。因小圆柱垂直于 H 面，大圆柱垂直于 W 面，可根据投影的积聚性确定相贯线的 H、W 面投影。

作图：如图 2-92（b）所示。

（1）根据已知投影图，确定点 A、B 的三面投影。

（2）求特殊点 C。由点 C 的 H 面、W 面投影 c、c''，向 V 面引投影线，得 (c') 点。

（3）求一般点 D、E。先确定点 D、E 的 H 面投影，向 W 面引投影线，得 $d''(e'')$ 点。再由 D、E 点的 H 面、W 面投影，向 V 面引投影线，得 d'、e' 点。

（4）在 V 面上按顺序把各点在相贯体表面上相交的投影点连接起来。

2.5.3　任务拓展

[实训1]　如图 2-93（a）所示，已知球体表面上点 C 的 V 面投影 c'，点 A、B 的 H 面投影 a、b。

求作：A、B、C 三点的另两个面投影。

分析：如图 2-93（a）所示，球体的三面投影均为等直径的圆，但这三个圆并不是球体表面上同一圆周的三个投影。

作图：如图 2-93（b）所示。

（1）点 A 的 H 面投影 a 位于圆的对称轴上（与圆直径重合），所以空间点 A 应位于侧面圆周上。利用"宽相等"原则，过点 a 向 W 面引投影线，与侧面圆周相交得 a'' 点。过 A 点的 H、W 面投影向 V 面引投影线，两投影线相交得 a' 点。

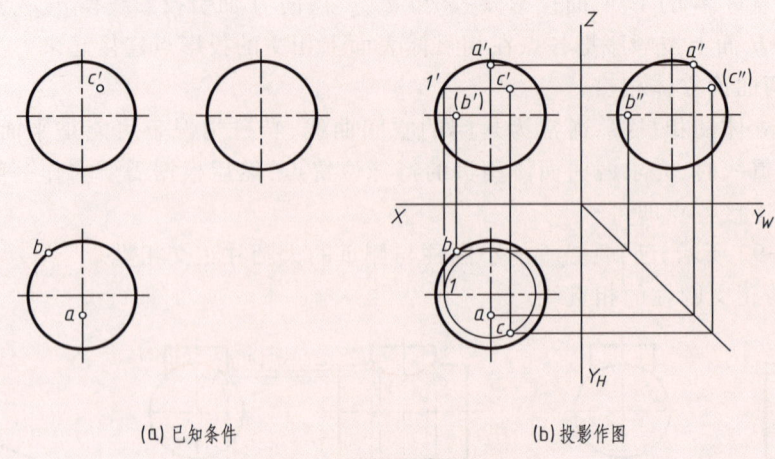

(a) 已知条件   (b) 投影作图

图 2-93   求作球体上点的投影

（2）根据 B 点的 H 面投影 b 位于圆周上，可得空间点 B 在水平圆周上。过 b 点向 V 面、W 面引投影线，与轴线相交得 b'、b'' 点。

（3）C 点位于球体曲面上，可用纬圆法求解。过 c' 点作一条平行于 OX 轴的水平直线（过 C 点作圆周所对应的直径）与圆周交于 $1'$ 点。水平直线与竖向对称轴相交的交点到 $1'$ 点的距离，即为过 C 点所作的纬圆的半径。过 $1'$ 点向 H 面引投影线，与轴线相交得 1 点。在 H 面上过圆心作圆，过 c' 点向 H 面引投影线，与所作的圆相交得 c 点。过 c'、c 点向 W 面引投影线，两投影线相交 c'' 点。因空间 C 点位于右半球体上，故 c'' 点不可见。

[**实训2**]   如图 2-94(a)所示，已知棱锥表面上直线 MN、NK 的 V 面投影 $m'n'$、$n'k'$。

求作：直线 MN、NK 的 H 面、W 面投影。

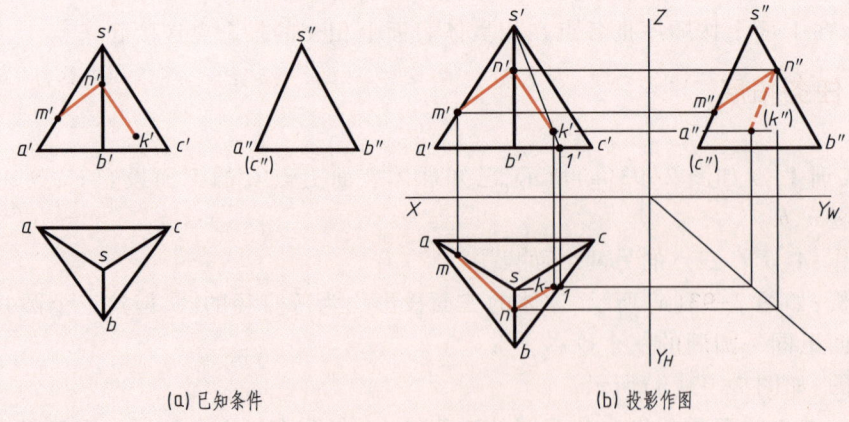

(a) 已知条件   (b) 投影作图

图 2-94   求作棱锥表面直线的投影

分析：如图 2-94(a)所示，三棱锥棱面上直线 MN、NK，可以看成由 M、N、K 三个点连接而成。其中,M 点在左侧棱线 SA 上且可见,N 点在最前棱线 SB 上且可见,K 点在棱面 △SBC 上且可见。

作图:如图 2-94(b)所示。

(1)过 m' 点向 H 面、W 面引投影线,与棱线相交得 m、m'' 点。

(2)过 n' 点向 W 面引投影线,与棱线相交得 n'' 点。再过 n'' 点向 H 面引投影线,与棱线相交得 n 点。连接 mn、$m''n''$。

(3)K 点在侧棱面上(一般位置平面),用辅助线法求解。过 s' 点连接 k' 点并延长,与底边 $b'c'$ 交于 $1'$ 点。将 $1'$ 点向 H 面引投影线与 bc 边相交得 1 点,连接 $s1$。再过 k' 点向 H 面引投影线,与 $s1$ 线相交于 k 点。连接 nk。过 k、k' 点向 W 面引投影线,两投影线相交得 k'' 点。

(4)因棱面 △SBC 在 W 面被棱面 △SAB 遮挡,故直线 NK 的 W 面投影 $n''k''$ 不可见,应用虚线连接。

[实训 3]　如图 2-95(a)所示,已知圆柱体表面上线段 AC 的 V 面投影 $a'(c')$。求作:线段 AC 的 H 面和 W 面投影。

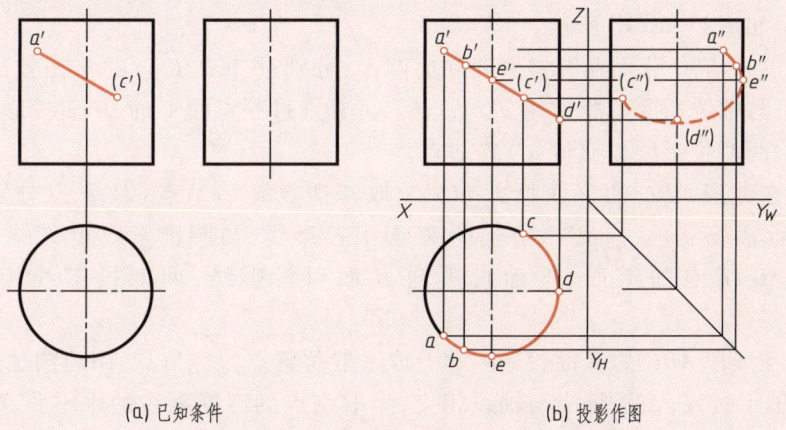

(a)已知条件　　　　(b)投影作图

图 2-95　求作圆柱表面上曲线的投影

分析:如图 2-95(a)所示,因圆柱体表面是曲面,圆柱面上线段 AC 为曲线。由 A 点在 V 面上的投影可见,C 点在 V 面上的投影不可见,可知 A 点在圆柱前侧面,C 点在圆柱后侧面上。圆柱体曲表面在 H 面上具有积聚性。

作图:如图 2-95(b)所示。

(1)在线段 AC 的 V 面投影上取 b'、e'、d' 点。

(2)分别过 V 面各投影点向 H 面引投影线,与 H 面圆周相交得 a、b、e、c、d 点。

(3)分别过 V 面、H 面上各投影点向 W 面引投影线,两两投影线相交得各点的 W 面投影。用光滑曲线依次连接各点,$a''e''$ 段曲线可见,$e''c''$ 段曲线不可见。

[实训 4]　如图 2-96(a)所示,线段 ABC 位于圆锥体表面,已知:线段 ABC 的 V 面投影。

求作:线段 ABC 的 H 面和 W 面投影。

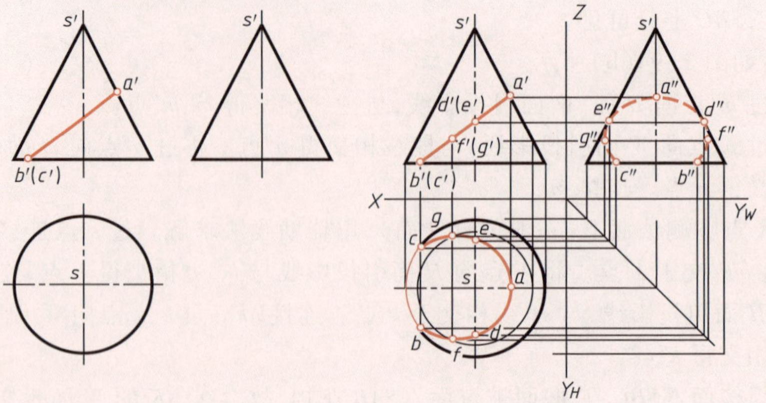

(a) 已知条件　　　　　　　(b) 投影作图

图 2-96　求作圆锥表面上曲线的投影

分析:如图 2-96(a)所示,线段 ABC 是一条不通过锥顶的曲段,要想准确地画出曲线的投影,需要在线段 ABC 上多取几个一般位置点。

作图:如图 2-96(b)所示。

(1)点 A、B、C 分别在圆锥素线和底圆上,分别过 A、B、C 点的 V 面投影向 H 面引投影线,与轴线和底圆相交得 a、b、c 点。再分别过三点的 V 面、H 面投影,向 W 面引投影线,两两投影线相交得 a''、b''、c''点。

(2)在线段 ABC 的 V 面投影 $a'b'$ 上取特殊点 $d'(e')$ 点(D、E 点分别在圆锥最前、最后素线上)。过 $d'(e')$ 点向 W 面引投影线,与圆锥素线相交得 d''、e''点。再分别过 D、E 点的 V 面、W 面投影向 H 面引投影线,两两投影线相交得 d、e 点。

(3)在线段 ABC 的 V 面投影 $a'b'$ 上取一般位置点 $f'(g')$ 点,用纬圆法过 $f'(g')$ 点作 OX 轴平行线,该平行线与轴线相交,量取交点到圆锥素线的水平距离,即为过 F、G 点平行于 H 面纬圆的半径,在 H 面上以该半径画圆。过 $f'(g')$ 点向 H 面引投影线,与纬圆相交得 f、g 点。再分别过 $f'(g')$ 点和 f、g 点向 W 面引投影线,两两投影线相交得 f''、g''点。

(4)用光滑曲线依次连接各点,H 面上曲线段均可见。W 面上曲线段 $c''e''$ 段可见,$e''d''$ 段不可见,$d''b''$ 段可见。

[实训 5]　如图 2-97(a)所示,求作正六棱柱被正垂面截切后的 W 面投影。

分析:如图 2-97(a)所示,六棱柱的棱线均为铅垂线,其左、右四个棱面为铅垂面,前、后棱面为正平面,上、下底面为水平面。截平面为正垂面,截切六棱柱的上底面和六个侧棱面,可得截交线的空间形状为七边形。截交线的 V 面投影积聚为斜直线。水平面投影的七边形中六条边与棱面的积聚投影重合,还有一条边是正垂线 67。

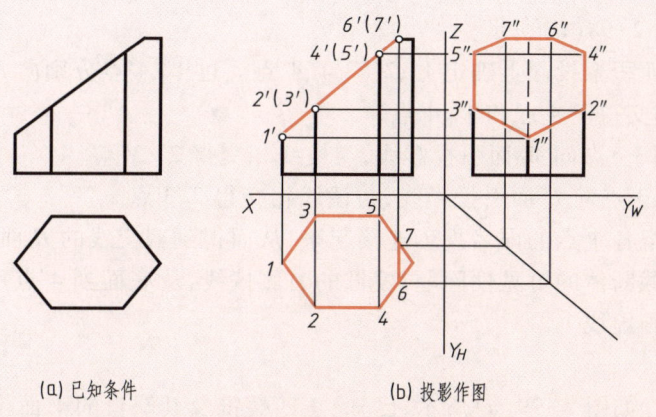

(a) 已知条件   (b) 投影作图

图 2-97   求作棱柱截断体的投影

作图:如图 2-97(b)所示。

(1) 截交线的 V 面投影上取 $1'$、$2'(3')$、$4'(5')$、$6'(7')$ 点,将各向 H 面引投影线,与六棱柱的 H 面投影相交,得 1、2、4、6、7、5、3 点。

(2) 过各点的 V 面、H 面投影向 W 面引投影线,两两投影线相交,得 $1''$、$2''$、$3''$、$4''$、$5''$、$6''$、$7''$ 点。

(3) 依次连接同名投影,可得截交线的 H、W 面投影。

(4) 整理截断体的可见性问题,正六棱柱的最右棱线,从底面到 $1''$ 点可见画实线,其余部分不可见画虚线。

[实训6]   如图 2-98(a)所示,求作正四棱锥被正垂面截切后的 H 面和 W 面投影。

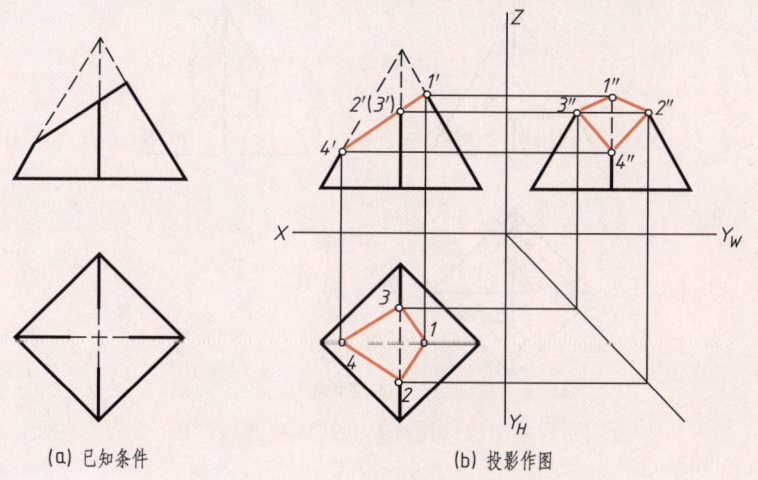

(a) 已知条件   (b) 投影作图

图 2-98   求作棱锥截断体的投影

分析:如图 2-98(a)所示,截平面与棱锥的四条侧棱线相交,四棱锥的棱面均为一般位置平面,且呈前后、左右对称,可得截交线是四边形。四边形的四个顶点是截平面与四棱锥的四条侧棱的交点。由于截平面是正垂面,可得截交线的 V 面投影具有积聚性,积聚为斜直线。

作图:如图 2-98(b) 所示。

(1) 在 V 面积聚投影上确定 1′、2′(3′)、4′点。过 1′、4′点分别向 H 面、W 面引投影线,与棱线相交得 1、4 点和 1″、4″点。

(2) 过 2′(3′) 点向 W 面引投影线,与棱线相交得 2″、3″点。

(3) 过 2″、3″点向 H 面引投影线,与棱线相交得 2、3 点。

(4) 依次把各个点的同名投影连接起来,从而得到截交线的 H 面、W 面投影。

(5) 整理截断体的可见性问题,棱锥的右侧棱线,从底面到 4″点可见画实线,其余部分不可见画虚线。

[实训 7]   如图 2-99(a) 所示,已知:正四棱锥及其缺口的 V 面投影。

求作:正四棱锥及其缺口的 H 面和 W 面投影。

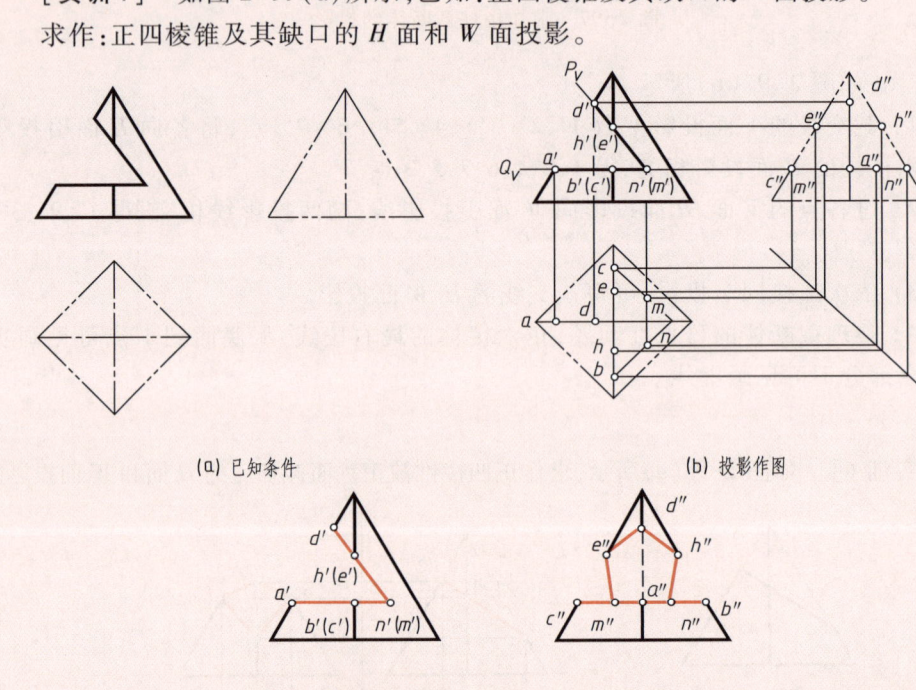

(a) 已知条件   (b) 投影作图

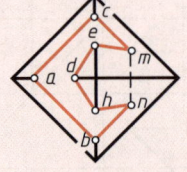

(c) 整理结果

图 2-99   求作棱锥及其缺口截面的投影

分析:如图 2-99(a) 所示,从 V 面投影可知,该正四棱锥的缺口是由正垂面和水平面截割四棱锥而形成的,分别求出正垂面和水平面与四棱锥的截交线,以及两平面的交线即可。缺口截面是多边形,多边形的每个顶点,为正垂面和水平面与四棱锥侧棱线的交点。

作图:如图 2-99(b)所示。

(1)在 V 面投影上取截面与棱线的交点:a'、b'、c'、d'、e'、h'、m'、n'。

(2)分别过 a'、d' 点向 H 面、W 面引投影线,与棱线相交得 a、d 点和 a''、d'' 点。

(3)分别过 $b'(c')$、$h'(e')$ 点向 W 面引投影线,与棱线相交得 b''、c''、h''、e'' 点。再过 b''、c''、h''、e'' 点向 H 面引投影线,与棱线相交得 b、c、h、e 点。

(4)点 M、N 是正垂面和水平面交线上的点,同时在四棱锥的侧棱面上。分别过 b、c 点作平行于四棱锥底面棱线的辅助线。过 m'、n' 点向 H 面引投影线,与辅助线相交得 m、n 点。分别过 m'、n' 点和 m、n 点向 W 面引投影线,两两投影线相交得 m''、n'' 点。

(5)按顺序连接点的同名投影。连线时注意线段 MN 在 H 面上的投影不可见,整理如图 2-99(c)所示。

[**实训 8**]　如图 2-100(a)所示,已知:侧垂的四棱柱和铅垂的圆柱相贯。

求作:两形体的相贯线并补绘相贯体的 V 面投影。

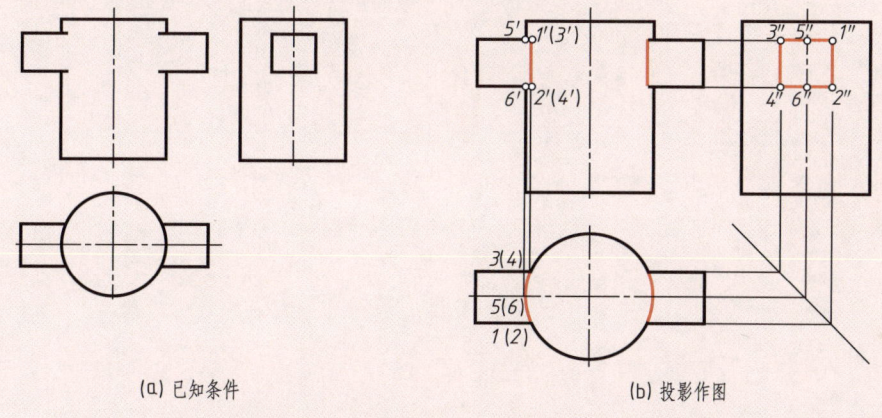

(a) 已知条件　　　　(b) 投影作图

图 2-100　求作相贯线的投影

分析:如图 2-100(a)所示的已知条件可知:四棱柱与圆柱的轴线垂直正交,侧垂的四棱柱全部贯穿铅垂圆柱,产生左右两组相贯线。因圆柱垂直于 H 面,左右两组相贯线在 H 面的圆弧上。因四棱柱垂直于 W 面,棱柱侧面在 W 面上有积聚性,可得左右两组相贯线在 W 面上重合。

作图:如图 2-100(b)所示。

(1)在 H 面、W 面上确定 1、2、3、4 点的投影,将投影向 V 面引投影线,两两相交得 $1'(3')$、$2'(4')$ 点。

(2)在 H 面、W 面上确定 5、6 点的投影,将投影向 V 面引投影线,两两相交得 $5'$、$6'$ 点。

(3)在 V 面上按顺序把各点在相贯体表面上相交的投影点连接起来。

学习情境 3

投 影 图

3.1　学习情境描述

电子教案
投影图

3.1.1　学习目标

完成本学习情境后,你应当能:

1. 掌握组合体视图的画法。
2. 熟练掌握组合体视图的尺寸标注方法。
3. 掌握简单形体的正等轴测图的画法。
4. 掌握建筑图样剖面图、断面图的画法。

3.1.2　学习任务

序号	学习任务	任务驱动
1	组合体的画法和尺寸标注	1. 绘制组合体视图。 2. 标注组合体视图的尺寸。 3. 根据形体分析法读图
2	轴测图	1. 掌握三面投影图和轴测投影图之间的关系。 2. 绘制一般组合体的轴测投影图
3	图样画法	1. 绘制建筑图样的剖面图。 2. 绘制建筑图样的断面图

教学课件
组合体的
画法和尺
寸标注

3.2　任务1：组合体的画法和尺寸标注

3.2.1　任务资讯

一、组合体的概念

复杂的建筑形体，从形体的角度看大多数都是由一些基本形体组成的，如图 3-1 所示。由两个或两个以上的基本形体按一定方式组合而成的形体，称为**组合体**。

微课扫一扫
拓展想
象力

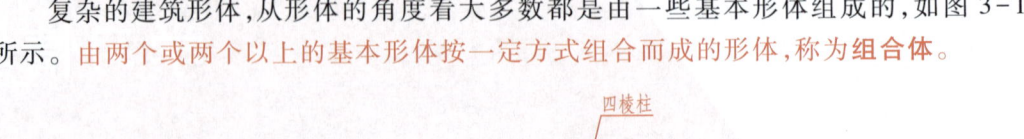
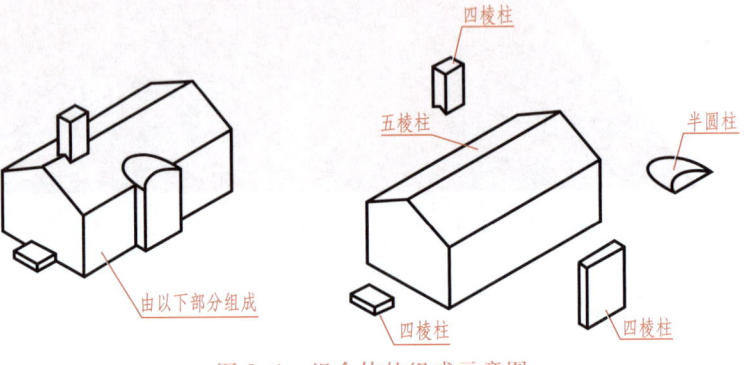

图 3-1　组合体的组成示意图

建筑故事
现代著名
建筑—国
家体育场
（鸟巢）

二、组合体的组合形式

组合体按其构成，通常可以分为：**叠加型**，即由几个基本形体叠加而成，如图 3-2（a）所示；**切割型**，由一个基本形体切割去几个形体而形成，如图 3-2（b）所示；**混合型**，既有叠加又有切割两种形式的组合体，如图 3-2（c）所示。

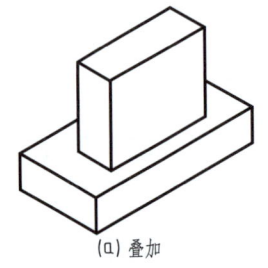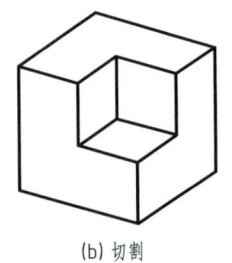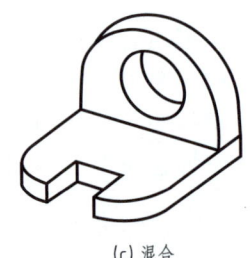

(a) 叠加　　　　　　(b) 切割　　　　　　(c) 混合

图 3-2　组合体的组合形式

三、组合体之间的表面连接关系

组合体中各基本形体之间的表面连接关系可分为相交、相切和共面三种形式。

相交：两形体表面相交时，在相交处有交线，投影图中必须画出表面交线的投影，如图 3-3（a）所示。

相切：两形体表面相切时，在相切处两表面光滑过渡，相切处没有交线，如图 3-3（b）所示。

共面：两形体表面共面时，在两个面的交界处没有交线，在投影图上不应画线，如图 3-3（c）所示。

  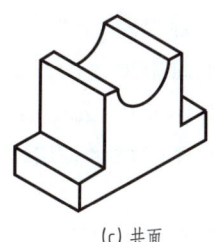

(a) 相交　　　　　　　　(b) 相切　　　　　　　　(c) 共面

图 3-3　组合体表面连接关系

四、组合体投影图的识读

组合体形状千变万化,由投影图想象空间形状往往比较困难,所以掌握组合体投影图的识读规律,可以培养空间想象力,提高识图能力,是识读专业图的基础。

（一）识读方法

识读组合体投影图的方法主要有形体分析法和线面分析法。

形体分析法:在组合体投影图上分析其组合方式、各基本体的投影特性、表面连接以及相互位置关系,然后综合起来想象组合体空间形状的分析方法。通常组合体投影图中总有某一投影反映形体的特征相对多些,如正立面投影通常用于反映物体的主要特征,就从正立面投影(或其他投影)开始,结合另两面投影进行形体分析,就能较快地想象出形体的空间形状。但有时特征投影并不集中在一个投影上,这时就需要分析各投影图相互间的位置关系来想象形体的空间现状。

如图 3-4(a) 所示形体的三视图,读图步骤如下。

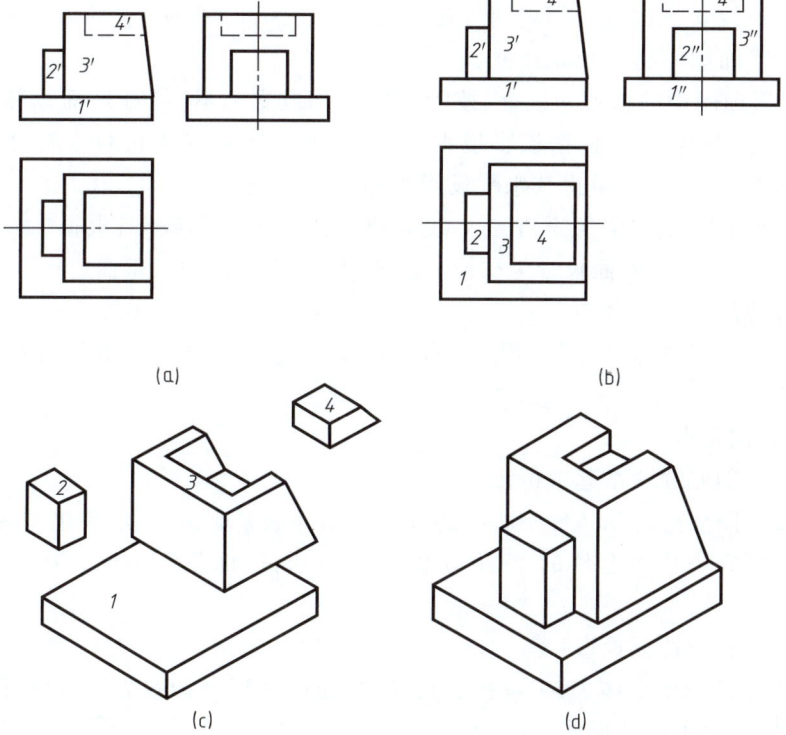

(a)　　　　　　　　　　　　(b)

(c)　　　　　　　　　　　　(d)

图 3-4　形体分析法识读

（1）看视图，分线框。

每个简单形体的投影轮廓，除表面相切关系外，都是一个封闭的线框。为了在视图上做形体分析，先把各视图联系起来粗略看一下，然后从正立面图入手，分成几个表示简单形体的线框，在图 3-4（b）中，实线可以分成 1′、2′、3′三个线框，虚线又组成了一个小线框 4′。

（2）对投影，定形体。

从正立面图出发，分别把每个线框的其余投影找出来，将有投影关系的线框联系起来看，就可以确定各线框所表示的简单形体的形状，如图 3-4（c）所示，线框 1 是长方体，线框 2 也是长方体，线框 3 是四棱柱，线框 4 表示挖去的四棱柱。

（3）综合起来想象整体。

看懂了各线框所表示的简单形体后，再分析各形体间的相对位置，即可想象组合体的形状，如图 3-4（d）所示。

线面分析法：由直线、平面的投影特性，分析投影图中某条线或某个线框的空间意义，从而想象其空间形状，最后联想出组合体整体形状的分析方法。

观察图 3-5（a）所示三视图，想象挡土墙的形状。读图步骤如下。

（1）初步进行形体分析。

图中 V、H、W 三面投影的外轮廓均为矩形线框，可知其原始基本形体为长方体，再在长方体上进行切割。

（2）线面分析。

将正立面图中封闭的线框编号，并找出其对应投影，确定其空间形状，如图 3-5（b）所示。在 V 面投影面图中有 a'、b'、c' 三个封闭线框，其中 a' 线框对应在 W 面投影上的一条横直线 a''。根据投影规则可知：平面 A 是一个水平面，它的 H 面投影应为与之长对正的平面图中的 L 形 a 线框。

V 面投影面图中的梯形 b' 线框，按"高平齐"的投影关系，它的 W 面投影为斜线 b''。因此，B 平面应为侧垂面，根据投影规则，它的水平投影不仅与它的正面投影长对正，且为 V 面投影的类似形，可得其水平投影为梯形 b 线框。

根据"长对正"的投影关系可知，c 线框的 V 面投影为斜线 c'；根据"宽相等"的投影关系可知，c 线框的 W 面投影为梯形 c'' 线框，说明 C 平面为正垂面。

（3）综合起来想象整体。

综合分析各组成部分的上、下、左、右、前、后关系，就不难想出其组合体形状，空间形状如图 3-5（c）所示。

（二）识读要点

（1）投影图必须联系起来识读

识读投影图要把已知条件中所给的投影图全部联系起来识读，不能只注意其中的一部分。如图 3-6 中组合体的 V 面、H 面投影相同，W 面投影不同，得到三种不同的形体。

（2）注意找出特征投影

图 3-7 中的三个形体，其 V 面投影均相同，通过观察 H 面投影，可以得到每个形体的特征，确定三个不同的形体。

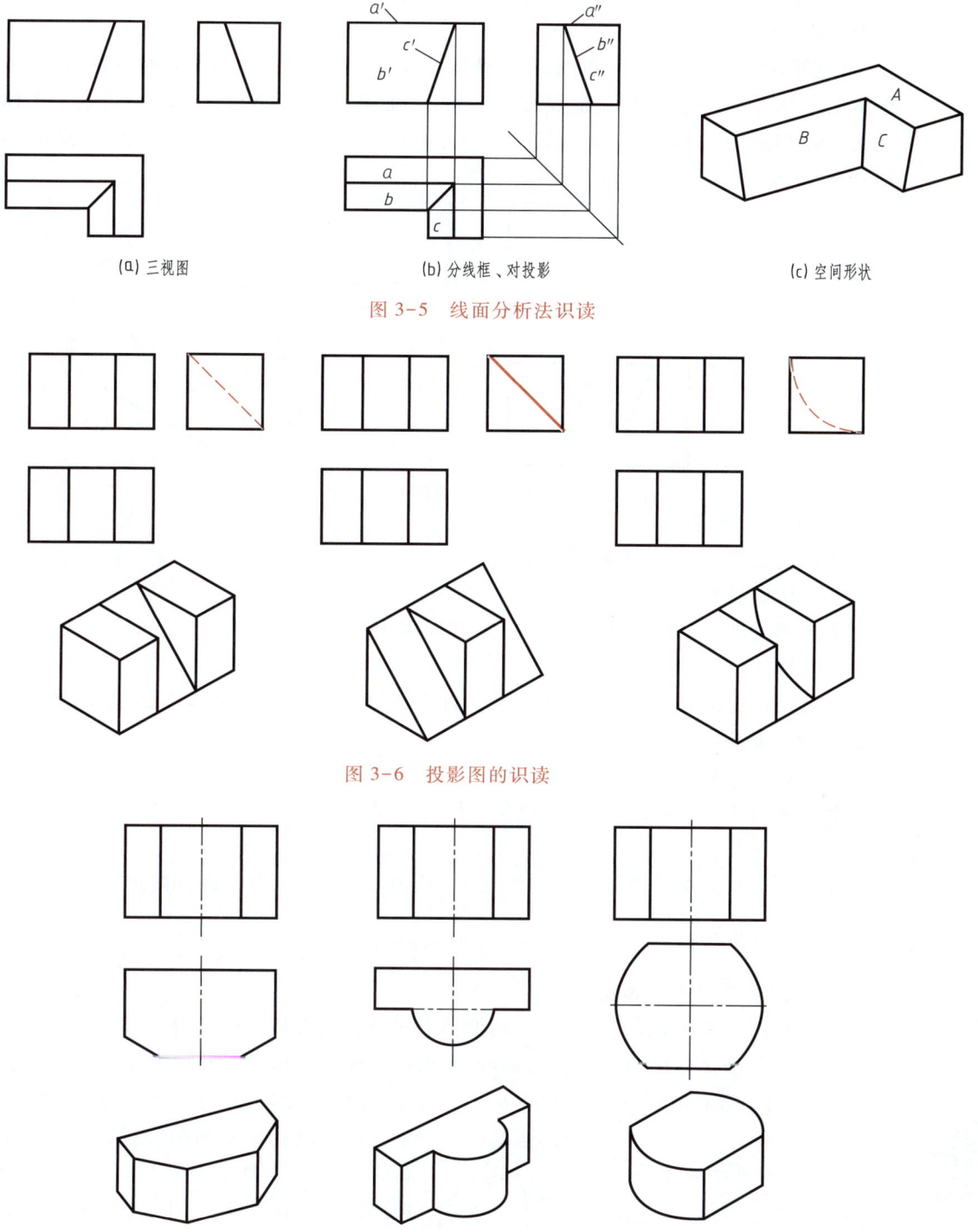

(a) 三视图　　　　　(b) 分线框、对投影　　　　　(c) 空间形状

图 3-5　线面分析法识读

图 3-6　投影图的识读

图 3-7　*H* 面投影均为特征投影

（3）明确投影图中直线和线框的含义

投影图中的一条直线,一般有三种含义:可表示形体上一条直线的投影;可表示形

体上一个面的积聚投影;可表示曲面体上一条轮廓素线的投影(但在其他投影中,必有一个曲线图形的投影)。

投影图中的一个线框,一般也有三种含义:可表示形体上一个平面的投影;可表示形体上一个曲面的投影(但其他投影图上必有一曲面形的投影与之对应);可表示形体上孔、洞、槽或叠加体的投影(对于孔、洞、槽,其他投影上必对应有虚线的投影)。图 3-8 为运用直线与线框帮助识图的举例。

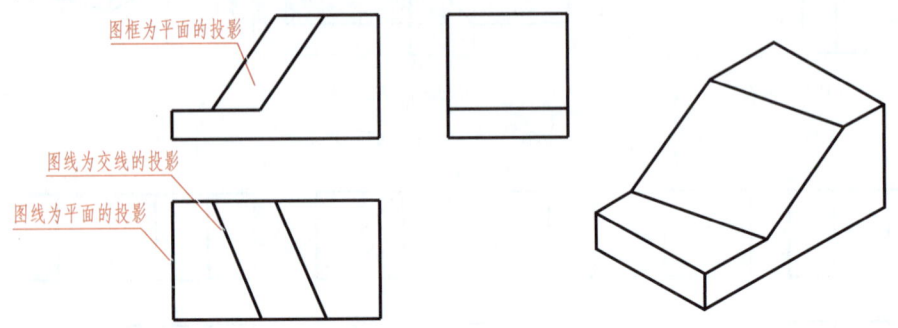

图框为平面的投影

图线为交线的投影

图线为平面的投影

图 3-8   投影图中直线和线框的含义

(三)识读步骤

识读投影图,一般可采取下列步骤。

(1)认识投影抓特征

大致浏览已知条件有几个投影图,并注意找出其中的特征投影。

(2)形体分析对投影

注意特征投影后,就着手形体分析。首先注意组合体中各基本体的组成,然后研究它们的位置及表面连接关系。

(3)综合起来想整体

将上述两步的结果综合起来,想象形体的总貌。

(4)线面分析攻难点

用线面分析法对难理解的线和线框进行分析,对想象的形体进行修正。

3.2.2   任务实施

一、组合体视图的画法

下面以图 3-9 所示组合体为例,说明绘制组合体三面投影图的过程。

(1)进行形体分析。通过轴测图可见,该组合体可分解为一个水平放置的长五棱柱 1,一个与 1 垂直的短五棱柱 3,还有一个铅垂安放于 1 的上方前棱面上的四棱柱 2。

(2)确定正立面图的投影方向。应让组合体的主要立面平行 V 面,使正立面图能充分反映形体的形状特征。综合考虑采用如图 3-9 所示的 V 面投影方向作为绘制正立面投影图的投影方向。

(3)选定比例确定图幅。先根据形体大小、使用要求,确定作图的比例,并

微课扫一扫
组合体投影图的绘制

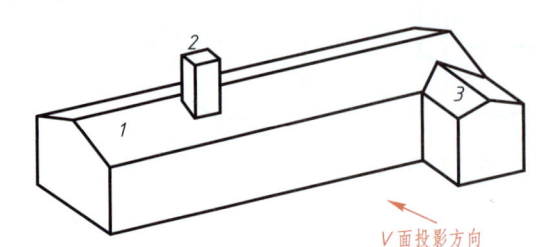

V 面投影方向

图 3-9   组合体轴测图

根据投影图数量,算出各投影图绘制所需面积,预留出注写尺寸的面积,考虑图名和各投影图间距所需面积,最后确定图幅大小。

(4)画视图。

首先布图确定各投影图在图纸上的位置,要求投影图在图纸上均匀排列,同时需预留标注尺寸和书写图名的位置。

然后用 H 或 HB 的铅笔打底稿。根据形体分析,先大后小,先里后外,逐个画出各基本形体的图形,从而完成组合体的投影。也可先画组合体的 H 面投影,再按投影关系完成 V 面投影,最后完成 W 面投影。

经检查底稿,确定无误以后,擦去多余的线条。再按制图标准的要求用 HB 或 B 的铅笔加深图线。绘图步骤如图 3-10 所示。

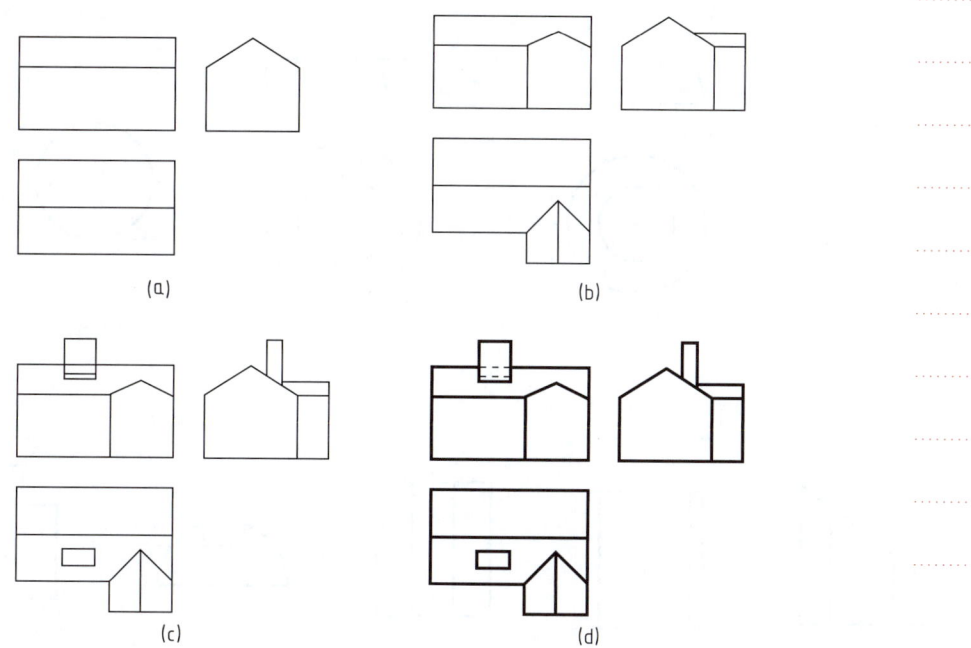

图 3-10　组合体的形体分析和作图

二、 组合体的尺寸标注

由于组合体是一些基本形体通过叠加、相交、切割等方式形成的。因此标注组合体尺寸必须标注基本形体的尺寸、各形体之间的相对位置尺寸和组合体的总尺寸。标注尺寸时应做到:完整清晰,注写正确,符合标准。

(一)基本形体的尺寸标注

常见的基本形体如棱柱、棱锥、圆柱、圆锥、球等在尺寸标柱时,只需标注长、宽、高三个方向的定形尺寸,如图 3-11 所示。

对于切割体,除了标注基本形体的定形尺寸外,还需标注确定截平面位置的定位尺寸。当截平面与形体的位置确定后,截交线即可确定,不需要标注截交线的尺寸。同理,相贯体也不需要标注相贯线的尺寸,只标注构成相贯体的基本形体的定形尺寸,以及标注确定相贯体的基本形体之间的定位尺寸,如图 3-12 所示。

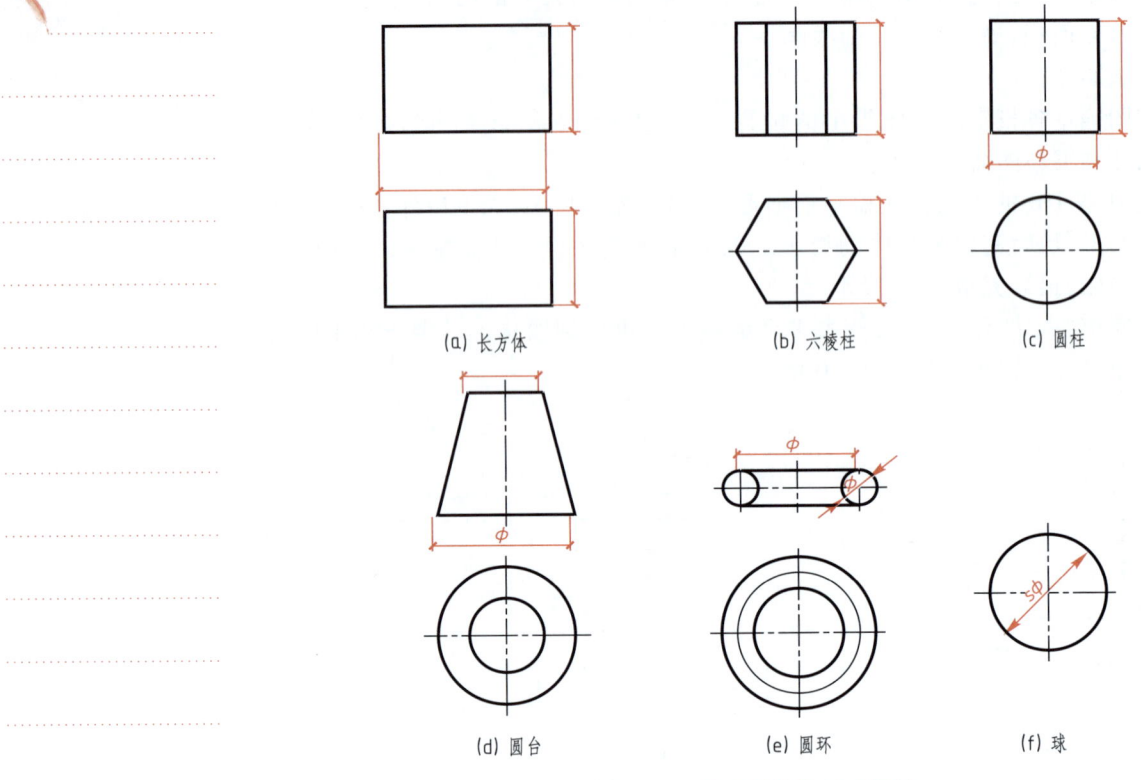

图 3-11　基本形体的尺寸标注

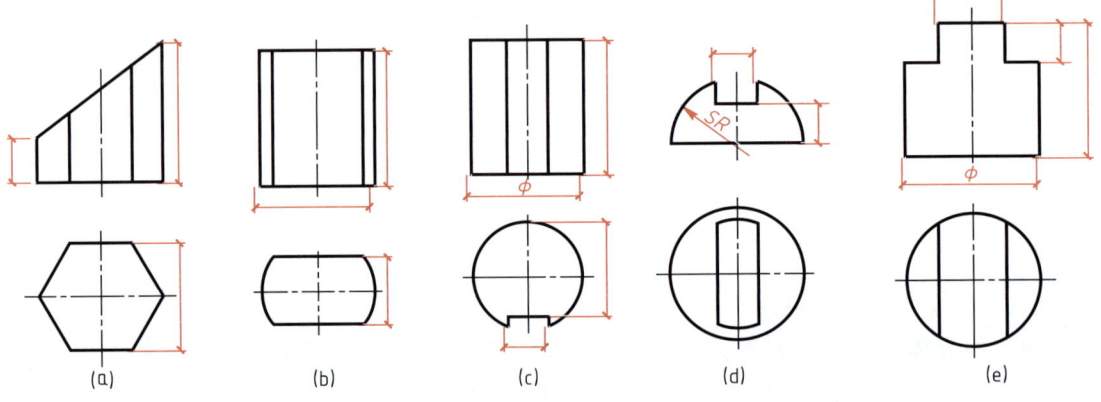

图 3-12　切割体及相贯体的尺寸标注

（二）组合体的尺寸分析

组合体的尺寸标注分为定形尺寸、定位尺寸和总尺寸。其中，定形尺寸是确定组合体中各基本形体大小的尺寸。定位尺寸是确定组合体中各基本形体之间相对位置的尺寸。总尺寸是确定组合体总长、总宽、总高的尺寸。组合体在尺寸标注中应注意以下问题。

（1）尺寸标注必须正确完整

尺寸标注的正确性和完整性是标注中的基本要求，必须符合国家标准。形体的每一部分都必须有确定的大小,能够准确确定各部分的位置关系,各部分尺寸不能互相矛盾。

（2）尺寸标注清晰明了

在尺寸标注中,有 X、Y、Z 三个方向的尺寸。每个方向的尺寸都必须完整。每个尺寸应尽量标注在最能表达形体特征的投影图上。

（3）尺寸分布合理

在标注尺寸时,尺寸应适当集中,并尽量布置在两个同时能反映该尺寸的投影图之间。同一尺寸不要重复标注。排列尺寸时,应大尺寸在外,小尺寸在内,避免尺寸线与其他图线相交重叠。尺寸尽量不要标在虚线上,图3-13所示为组合体尺寸标注。

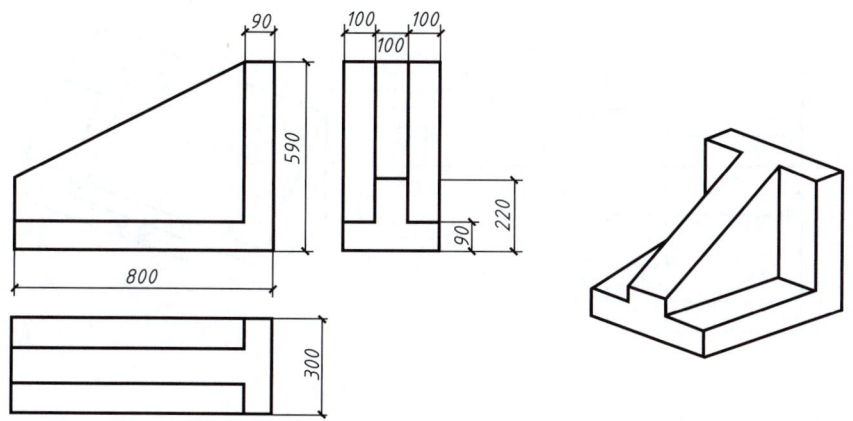

图3-13　组合体尺寸标注

（三）绘制组合体三视图

已知组合体的主视图、左视图,根据其轴测图,补绘组合体俯视图,并标注尺寸。如图3-14所示,作图步骤如下。

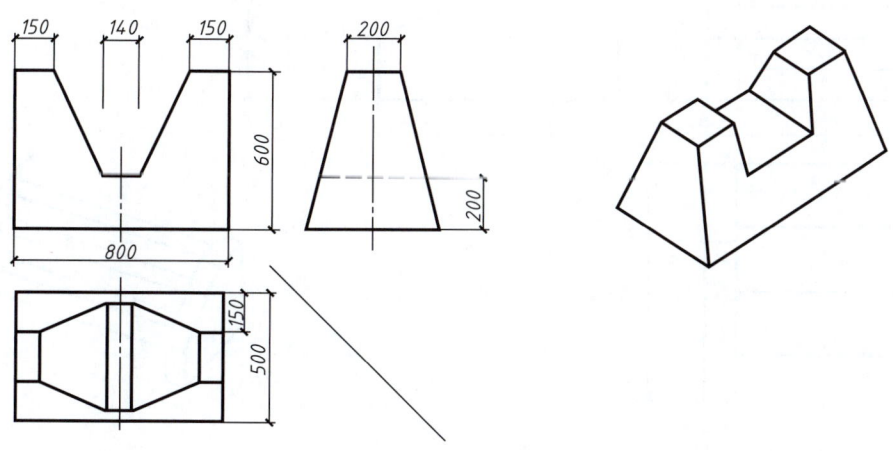

图3-14　补绘第三视图

（1）已知组合体的主视图和侧视图，根据"长对正，宽相等"规则画出水平面上的矩形框。

（2）画出切去四棱柱后形体的水平面投影图。

（3）注意本例中四棱柱切割产生的交线在水平面上均可见，在侧面上有不可见的线。

（4）检查无误后，加深图线。

3.2.3 任务拓展

[**实训 1**] 已知如图 3-15 所示形体的 V 面投影、W 面投影，补绘 H 面投影，并标注尺寸。

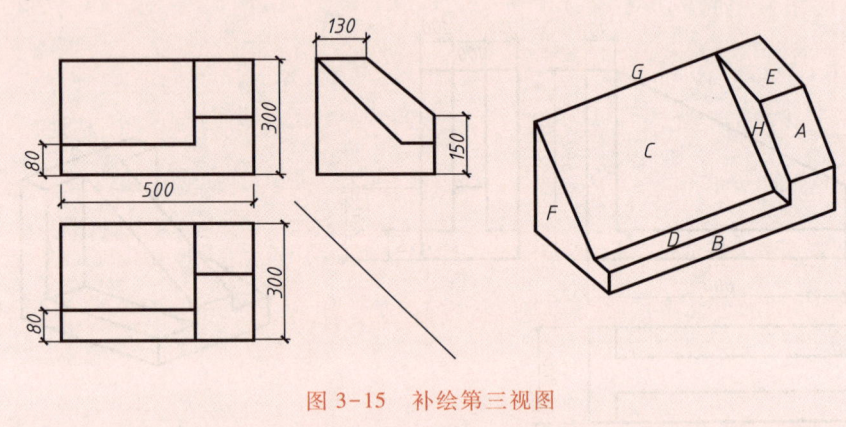

图 3-15 补绘第三视图

[**实训 2**] 已知如图 3-16 所示台阶的 V 面投影、H 面投影，补绘 W 面投影，并标注尺寸。

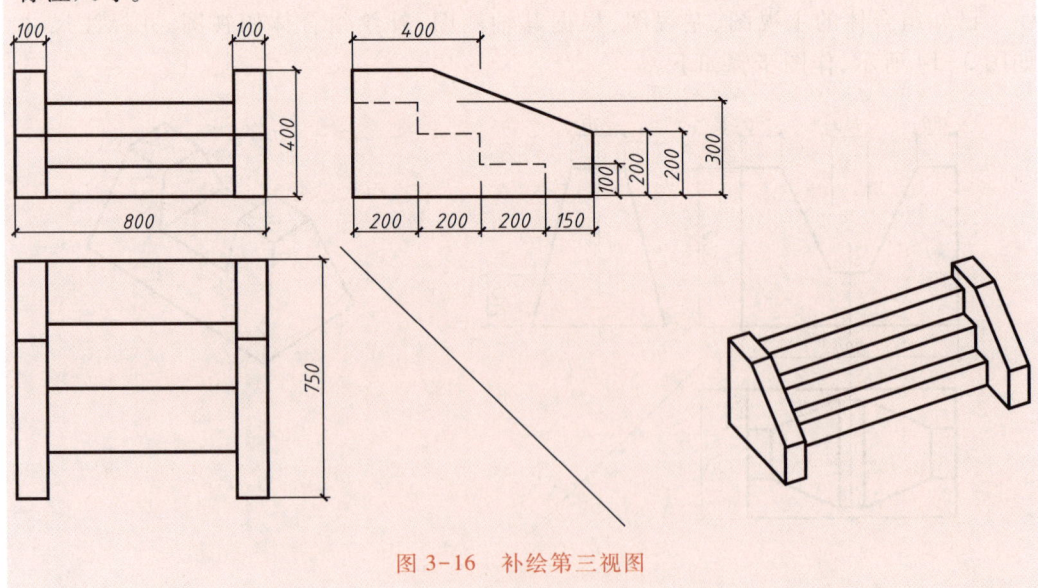

图 3-16 补绘第三视图

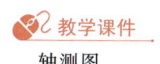

3.3　任务 2：轴测图

3.3.1　任务资讯

一、轴测图的形成及分类

轴测图是根据平行投影原理，将物体的长、宽、高三个方向的尺寸在一个投影面上体现的图形。轴测图有较强的立体感，但其作图比较复杂，不能准确反映物体的形状和尺寸。

图 3-17 显示了物体轴测投影图的形成过程。将物体连同其直角坐标轴，沿不平行于任一坐标平面的方向，用平行投影法将其投射在单一投影面上所得到的投影，称为轴测投影或轴测图。用于绘制轴测图的投影面称为轴测投影面。轴测图中的坐标轴称为轴测轴，用 OX、OY、OZ 表示。两轴测轴之间的夹角称为轴间角。轴测轴上的单位长度与相应投影轴上的单位长度的比值，称为轴向伸缩系数。轴测轴 OX、OY、OZ 上的轴向伸缩系数分别用 p、q、r 表示。

轴测图按照投射方向是否垂直于投影面分为两类：正轴测图和斜轴测图。用正投影法所得到的轴测图，称为**正轴测图**，如图 3-17 所示。用斜投影法得到的轴测图，称为**斜轴测图**，如图 3-18 所示。

根据三根轴的轴向伸缩系数是否相等，轴测图可分为三种类型：三个轴向伸缩系数都相等的，称为正（斜）等测；任意两个轴向伸缩系数相等的，称为正（斜）二测；三个轴向伸缩系数都不相等的，称为正（斜）三测。

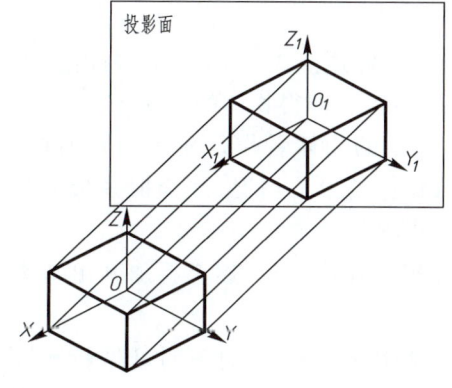

图 3-17　正轴测投影图的形成

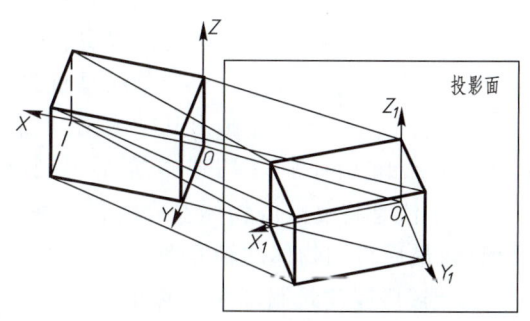

图 3-18　斜轴测投影图的形成

二、轴测图的特点

正投影图是将物体的主要面平行于投影面，投影线垂直于投影面所得到的投影，在一个投影图中只能得到一个面的图像，如图 3-19（a）所示。

轴测图是把物体三个方向的面，同时在一个图中反映出来，如图 3-19（b）、（c）所示。

轴测图采用平行投影法绘制，形体上平行于投影轴的直线，在轴测图中平行于相

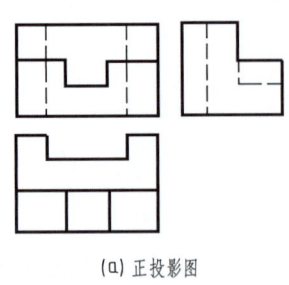
（a）正投影图

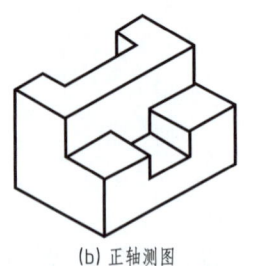
（b）正轴测图

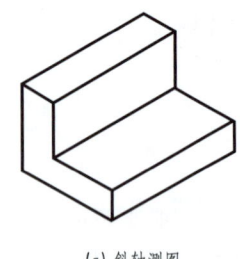
（c）斜轴测图

图 3-19　轴测图的特点

应的轴测轴,并有相同的伸缩系数。形体上互相平行的直线,在轴测图上仍互相平行。

在绘制轴测图时,当直线与投影面倾斜,其投影线必然缩短。在实际作图中,由于按变形系数作图比较麻烦,一般可按简化的变形系数作图。

3.3.2　任务实施

微课扫一扫

绘制正等
轴测图

一、正等测投影图

（一）正等测投影的概念

投射方向垂直于投影面,三个轴的轴向伸缩系数相等,轴向伸缩系数的简化值等于 1。三个轴间夹角均为 120°,如图 3-20 所示。正等测投影是轴测图中最常用的一种。

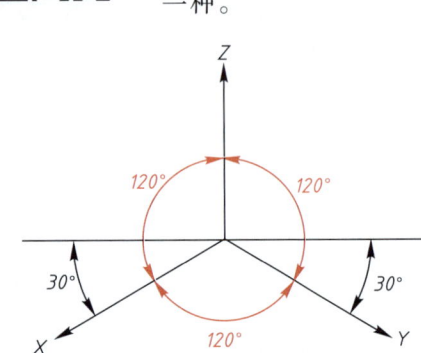

图 3-20　正等轴测图的轴间角

（二）正等测图的画法

正等测图常用的画法有坐标法、切割法和叠加法。在实际作图中,应根据物体的形状灵活运用不同的作图方法,其中坐标法是最基本的画法。

坐标法是根据物体表面上各顶点的坐标尺寸,画出各顶点的轴测投影,然后依次连接各点,即得物体的轴测图。

切割法是首先将外形复杂的物体看作是简单的几何体,画出其轴测图,然后再按照物体的形成情况,逐步把多余部分切割掉,最后得到物体的轴测图。

叠加法是将复杂的物体看成由若干基本几何体组合而成,依次逐个叠加画出基本几何体,最后得到物体的轴测图。

根据《房屋建筑制图统一标准》(GB/T 50001—2010)规定:轴测图的可见轮廓线宜用中实线绘制,断面轮廓线宜用粗实线绘制。不可见轮廓线一般不绘出,必要时,可用细虚线绘出所需部分。

如图 3-21 所示,已知木楔的三面投影图,绘制其正等轴测图。绘图步骤如图 3-22所示。

二、斜轴测投影图

投影线与轴测投影面斜交,使物体的一个面与轴测投影面平行,从而画出的轴测投影图称为斜轴测投影。在正轴测图中,物体的任何一个面的投影均不能反映实形。当物体某个面形状复杂或曲线较多时,可将这个面平行轴测投影面,绘制斜轴测图就

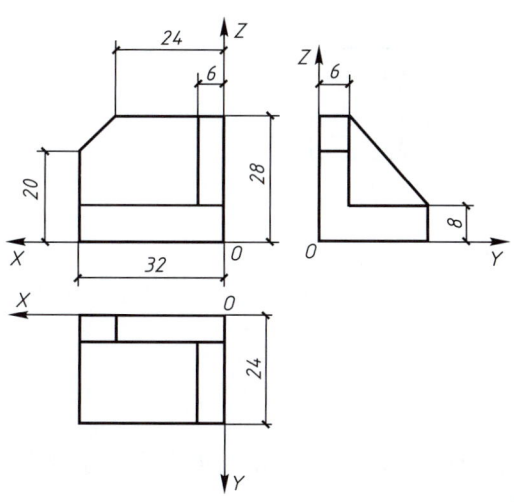

图 3-21   木楔三面投影图

步骤一：

步骤二：

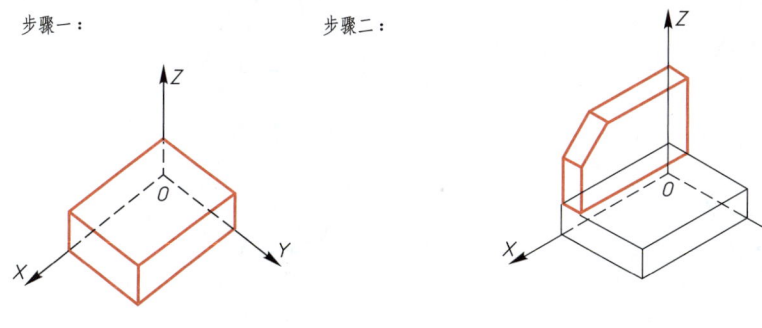

步骤三：

步骤四：加粗图线，擦去作图线

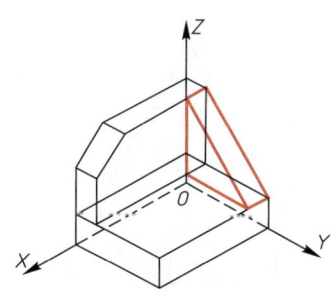

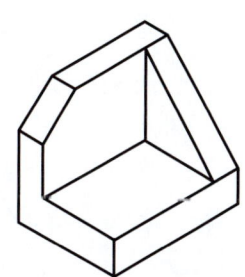

图 3-22   木楔正等轴测图

比较简便。

　　将形体的正立投影平行轴测投影面，进行斜投影得到的投影图，称为正面斜轴测图。此时，o_1x_1 与 o_1y_1 成 90°夹角，o_1y_1 与 o_1x_1 之间的夹角一般为 45°或 135°。轴向变形系数 $p=r=1$，q 随斜投影的倾角不同而改变，为作图方便起见，常采用 $q=0.5$。以这种轴间角和轴向变形系数所作的图，称为正面斜二测，简称斜二测，如图 3-23 所示。

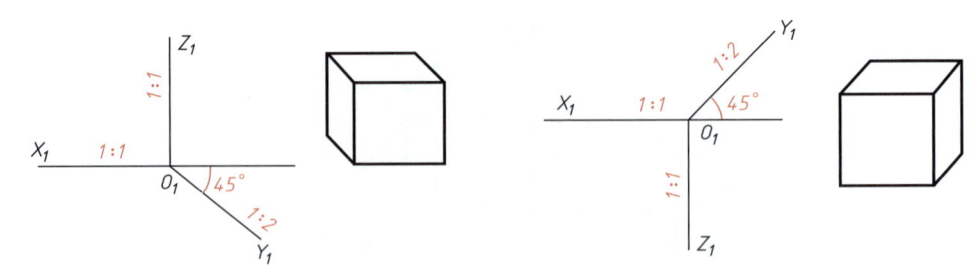

图 3-23　正面斜面二测的轴间角和轴向变形系数

3.3.3　任务拓展

[**实训 1**]　如图 3-24(a)所示,已知正六棱锥的三面投影图,试作其正等测图。

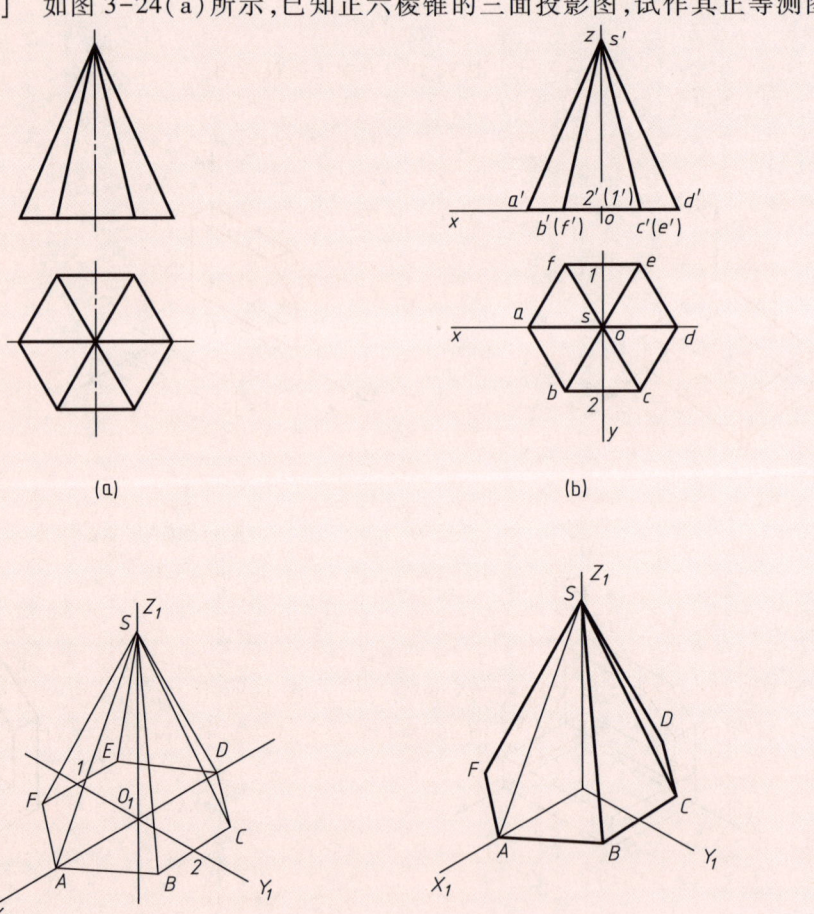

图 3-24　用坐标法作正六棱锥正等测图

作图步骤(坐标法):

(1) 根据已知正六棱锥三投影图,建立直角坐标系,并标注正六棱锥的顶点,如

图 3-24(b)所示。

（2）根据正六棱锥的对称性，将 X、Y 轴作为对称轴，正六棱锥的顶点 A、D 在 X 轴上，正六棱锥的底边 BC、EF 平行于 X 轴，顶点 S 在 Z 轴上，如图 3-24(b)所示。

（3）根据轴测图作图规则，位于坐标轴上的点可直接量取，平行坐标轴的线可作轴的平行线。顶点 A、D、S 分别在 X、Z 轴上，直接量取点的位置。在 Y 轴上量取 o_1、o_2，确定 1、2 点。过 1、2 点作 X 轴平行线，确定底边 BC、EF。依次连接各点，如图 3-24(c)所示。

（4）检查并擦去多余的线，描深轮廓线，如图 3-24(d)所示。

[**实训 2**]　如图 3-25(a)所示，用四心法作圆的正等测轴测图。

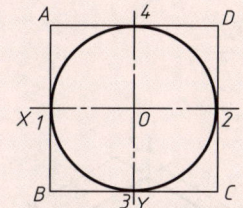

(a) 已知平行于 H 面的圆，作外切正方形

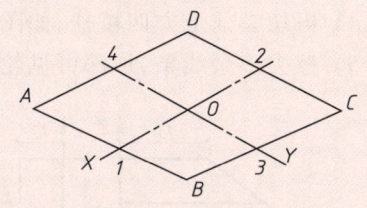

(b) 画投影轴，画棱形

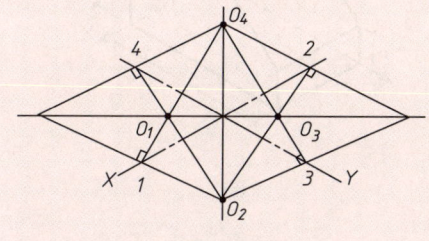

(c) 求两个圆心

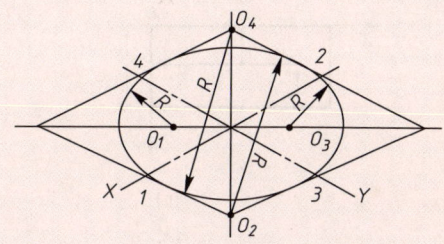

(d) 画四段圆弧

图 3-25　用四心法作圆的正等测轴测图

分析：圆的轴测图，一般情况下是椭圆。画圆的轴测图，常用的方法是用圆的外切正方形作辅助线，先画出外切正方形的轴测图，再用四心法作其内切椭圆，此法仅适用于正等测轴测图。

作图步骤：

（1）如图 3-25(a)所示：已知平行于 H 面的圆，作外切正方形 $ABCD$，正方形与圆相切点得 1、2、3、4 切点。

（2）如图 3-25(b)所示：绘制正等测 X 轴、Y 轴。在轴上确定 1、2、3、4 切点，并过切点分别作 X 轴、Y 轴的平行线，两两相交于 A、B、C、D 点，菱形 $ABCD$ 即为圆外切正方形的正等测图。

（3）如图 3-25(c)所示：菱形短边对角线的顶点 O_2、O_4 是上下两圆弧的圆心。过 1、2、3、4 点分别作各边的垂线，两两垂线相交于 O_1、O_3。

（4）如图 3-25（d）所示：分别以 O_2、O_4 为圆心，$O_2 2$、$O_4 1$ 为半径画上下两个圆弧。再分别以 O_1、O_3 为圆心，$O_1 4$、$O_3 2$ 为半径画左右两个圆弧。四短圆弧分别相切于 1、2、3、4 点，即作出平行于 H 面的圆的正等测轴测图。

[**实训 3**]   图 3-26 为组合体三面投影图，试作其正等测图。
作图步骤（切割法）：
（1）已知组合体的三面投影图，并在图上建立直角坐标系，如图 3-26（a）所示。
（2）作正等测坐标轴，并按长、宽、高，作出组合体的主要轮廓的正等测图。
（3）在组合体上沿 OX 轴量取长度，沿 OY 轴量取宽度，沿 OZ 轴量取高度，通过作图切去左上角的一块三棱柱，如图 3-26（b）所示。
（4）再切去前上方四棱柱，如图 3-26（c）所示。
（5）擦去多余线条，加深可见轮廓线，如图 3-26（d）所示。

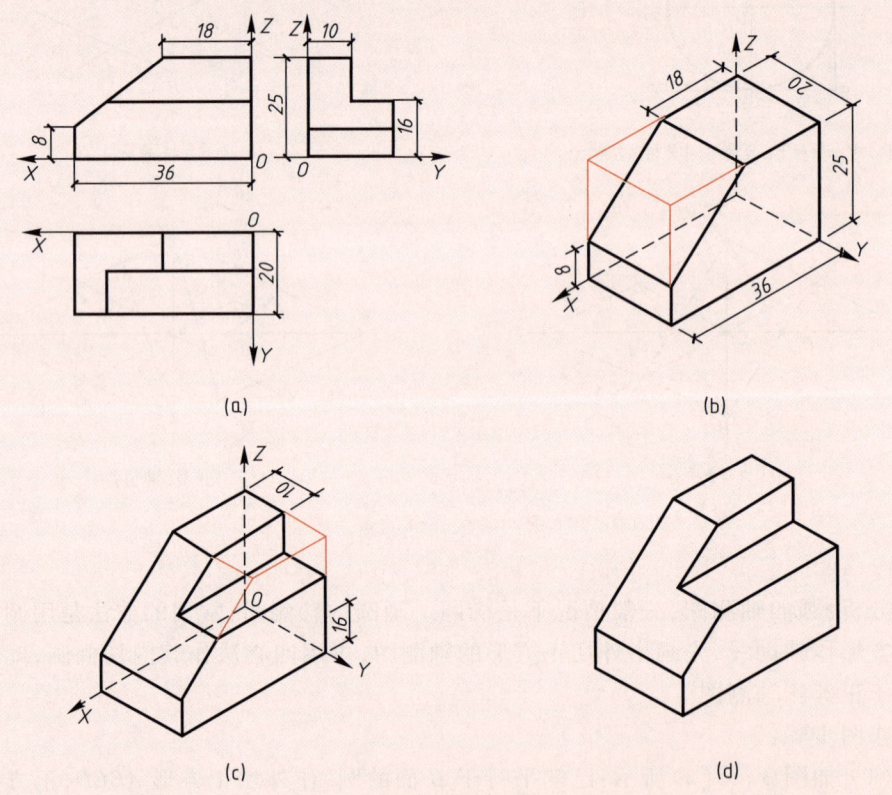

图 3-26   用切割法作组合体正等测图

《房屋建筑制图统一标准》（GB 50001—2010）规定：轴测图线性尺寸，应标注在各自所在的坐标面内，尺寸线应与被注长度平行，尺寸界线应平行于相应的轴测轴，尺寸数字的方向应平行于尺寸线，如出现字头向下倾斜时，应将尺寸线断开，在尺寸线断开处水平方向注写尺寸数字。轴测图的尺寸起止符号宜用小圆点。

[**实训 4**]　如图 3-27 所示,已知组合体的 V、W 面投影图,试作其正等测图。

作图步骤(叠加法):

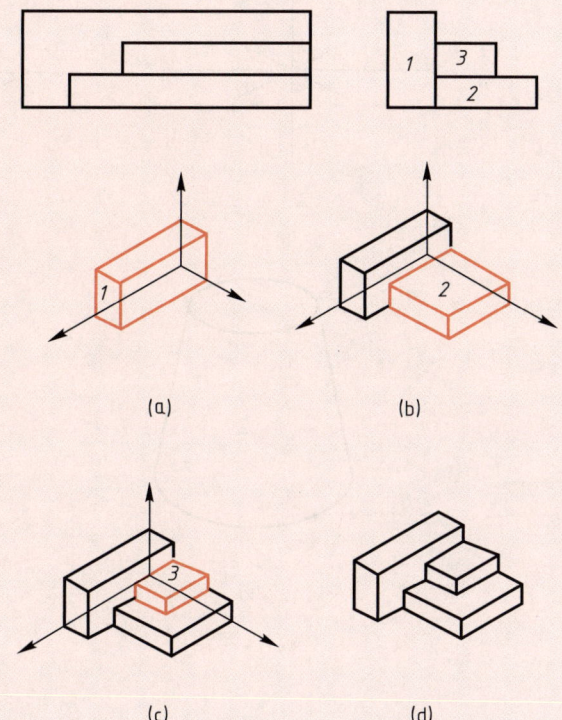

图 3-27　用叠加法作组合体正等测图

(1) 作正等测坐标轴,并作长方体 1 的正等测图,如图 3-27(a)所示。

(2) 在长方体 1 的侧面,量取长方体 2 的尺寸,并作其轴测图,如图 3-27(b)所示。

(3) 用同样方法,作长方体 3 的轴测图,如图 3-27(c)所示。

(4) 加深组合体的可见轮廓线,擦去多余线条,如图 3-27(d)所示。

[**实训 5**]　如图 3-28(a)所示,已知圆台的 V 面、H 面投影,试作圆台的正等测图。

作图步骤:

(1) 作正等测坐标轴,根据圆台 V 面投影确定圆台的高度,如图 3-28(b)所示。

(2) 用四心法绘制上下两圆的轴测图,如图 3-28(c)所示。

(3) 连接上下两圆的外切线,如图 3-28(d)所示。

(4) 加深可见轮廓线,擦去多余线条,如图 3-28(e)所示。

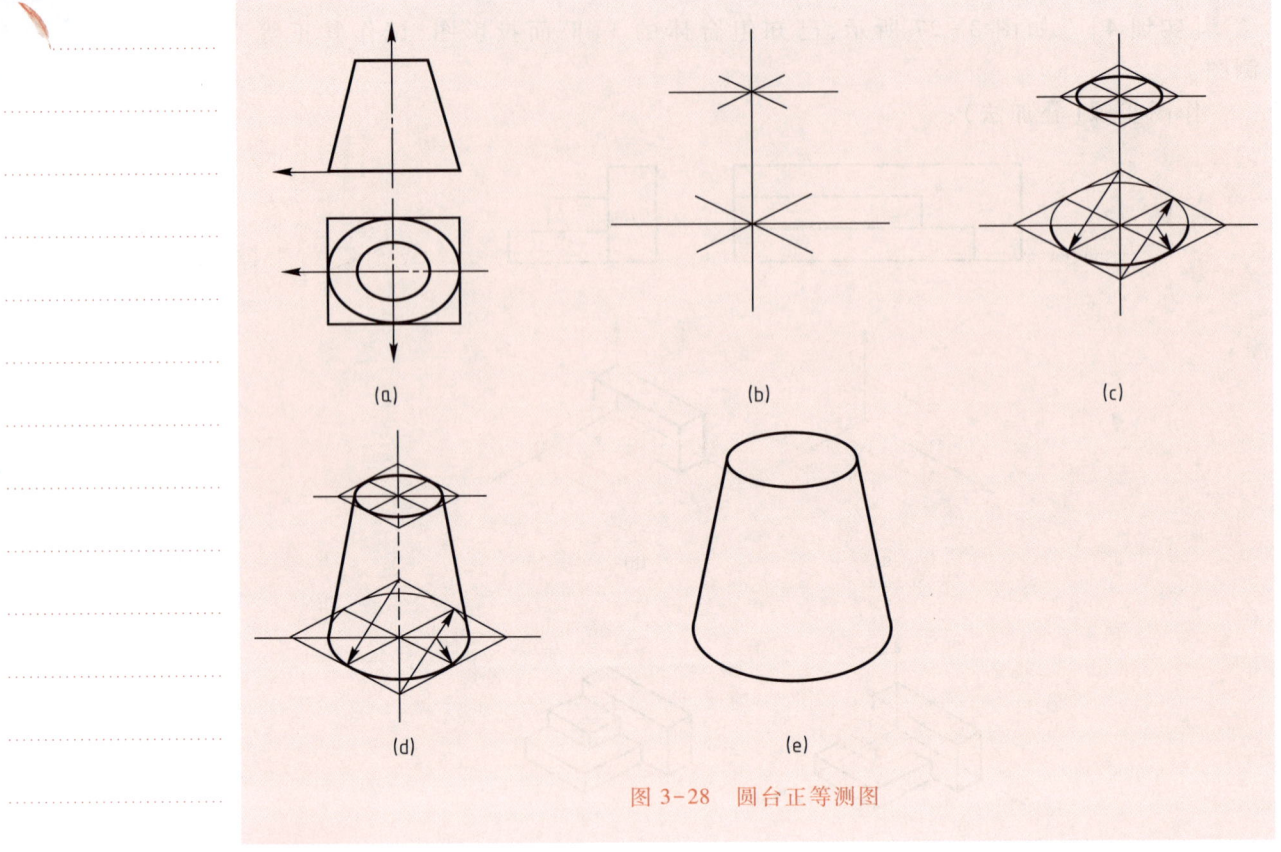

图 3-28   圆台正等测图

3.4   任务 3：图样画法

3.4.1   任务资讯

教学课件
图样画法

　　建筑形体的结构形状是多种多样的，为了能够更完整、清晰地将图样表达出来，就需要采用不同的表达方法。

一、基本视图的形成

　　清楚表达一个形体的视图，应按正投影法并用第一角画法绘制。六个基本投影面组成了一个方箱，把需要表达的形体围在中间，形体在六个基本投影面上的投影称为基本视图，如图 3-29 所示。通过六个方向投射，在六个投影面上得到六个基本视图：自前方投影称为正立面图，自上方投影称为平面图，自左方投影称为左侧立面图，自右方投影称为右侧立面图，自下方投影称为底面图，自后方投影称为背立面图。

　　六个基本投影面展开时，规定正立投影面不动，其余各投影面按图示的方向展开到正立投影面所在的平面上，如图 3-30 所示。

二、基本视图的对应关系

　　正立面图被确定之后，其他基本视图与正立面图的关系也随之确定，作图时可不标注视图的名称。当视图不按规定布图，则必须标明×××图来表达，如图 3-31 所示。

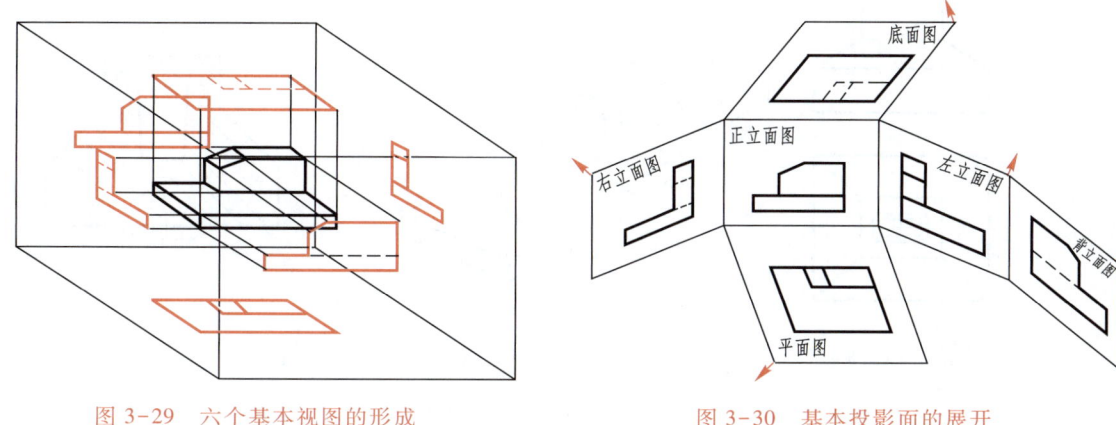

图 3-29　六个基本视图的形成　　　　　　　图 3-30　基本投影面的展开

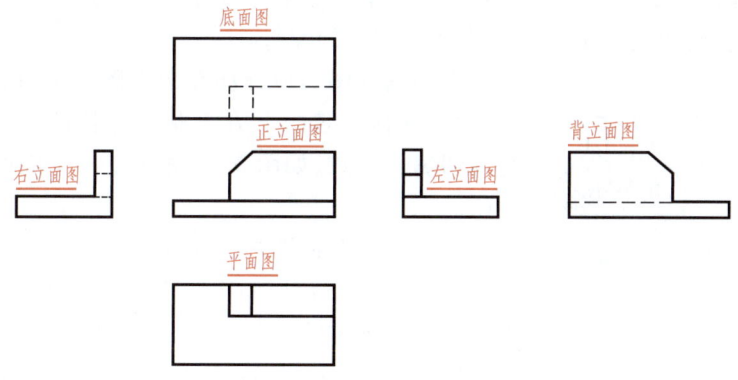

图 3-31　六个视图的对应关系

3.4.2　任务实施

一、剖面图

（一）剖面图的形成

因建筑形体内部比较复杂,为了能清楚地表达形体的内部构造,假设用剖切平面将形体切开,移去不需要投影的部分,把剩下的部分向投影面投射,如图 3-32(b)所示,在投影面上所得的图形称为剖面图,如图 3-32(c)所示。

（二）剖面图的标注

为了读图的方便,需要把所画的剖面图的剖切位置和投射方向在投影图上表示出来,并给剖面图标注编号。根据国家标准规定,剖面图的标注内容主要有以下几点。

（1）剖切位置线。如图 3-33 所示,在投影图外标注剖切位置线,此线宜用长度 6~10 mm两段粗实线表示,该线段不得与投影图相交,两线段位置就是假想的剖切面位置。

（2）投影方向线。用与剖切位置线相垂直,长度为 4~6 mm 的两段粗实线表示。投影方向线画在将要投影的方向一侧。

（3）编号。用阿拉伯数字,按顺序由左至右,由上至下连续编排,并注写投影方向

微课扫一扫
剖面图的绘制

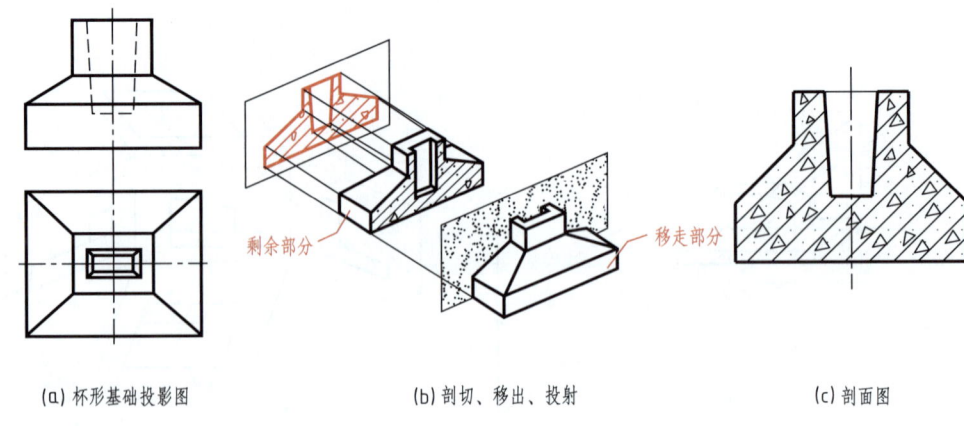

(a) 杯形基础投影图　　　　　(b) 剖切、移出、投射　　　　　(c) 剖面图

图 3-32　剖面图的形成

线的端部。在阶梯剖面图、旋转剖面图的剖切位置线的转折处,为了避免与其他图线发生混淆,可在转角的外侧加注与剖面图相应的编号。

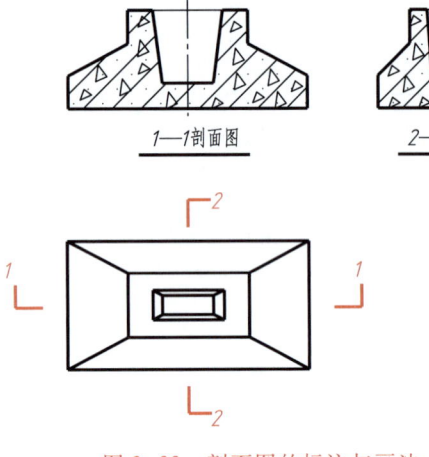

图 3-33　剖面图的标注与画法

剖面图的图名应标注在剖面图的下方,用阿拉伯数字标注,并在图名的下方绘制一等长的粗横线,图名应与剖切编号一致,如图 3-33 所示,1—1 剖面图、2—2 剖面图。

《房屋建筑制图统一标准》(GB 50001—2010)规定:剖面图除应画出剖切面切到部分的图形外,还应画出沿投射方向看到的部分,被剖切面切到部分的轮廓线用粗实线绘制,剖切面没有切到但沿投射方向可以看到的部分,用中实线绘制。

(三)材料图例

为体现被剖切部分的构造做法,常需画出建筑材料,常用建筑材料应按表 3-1 所示图例画法绘制。

表 3-1　常用建筑材料图例

序号	名称	图例	备注
1	自然土壤		包括各种自然土壤
2	夯实土壤		
3	砂砾土、碎砖三合土		
4	石材		

续表

序号	名称	图例	备注
5	普通砖	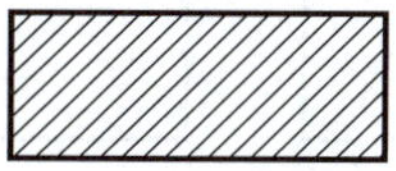	包括实心砖、多孔砖、砌块等砌体,断面较小时不易画出图例线,可涂红
6	耐火砖		包括耐酸砖等
7	空心砖		指非承重砖砌体
8	饰面砖		包括铺地砖、马赛克、陶瓷锦砖、人造大理石等
9	焦渣、矿渣	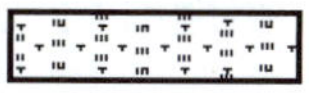	包括与水泥、石灰等混合而成的材料
10	多孔材料	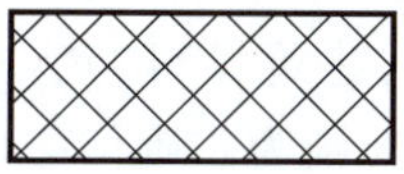	包括水泥珍珠岩、沥青珍珠岩、泡沫混凝土、非承重加气温凝土、泡沫塑料、软木等
11	泡沫塑料材料	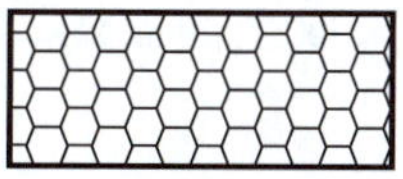	包括聚苯乙烯、聚乙烯、聚氨酯等多孔聚合类材料
12	木材	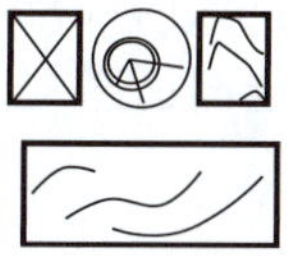	1. 上图为横断面,上左图为垫木、木砖或木龙骨。 2. 下图为纵断面
13	胶合板		应注明胶合板的层数
14	石膏板	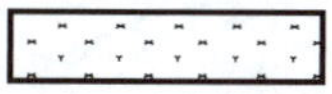	包括圆孔、方孔石膏板,防水石膏板等
15	玻璃		包括平板玻璃、磨砂玻璃、夹丝玻璃、钢化玻璃等

绘图时应注意以下几点。

(1)图例中的斜线一律画成与水平成 45°的细实线。

(2)图例应绘制正确、表示清楚、间隔均匀、疏密适度。

(3)两个相同图例相接时,图例线应错开或倾斜方向相反,如图 3-34 所示。

(4)对于混凝土、钢筋混凝土和金属构件,当图形断面较小时可涂黑表示,两个相邻的涂黑图例间应留有空隙,其宽度不得小于 0.7 mm,如图 3-35 所示。

(5)当构件图例面积过大时,可在断面轮廓线内,沿轮廓线作局部表示,如图 3-36

所示。

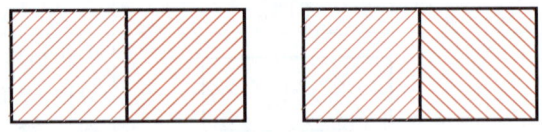

图 3-34　相同图例相接时的画法示意图

图 3-35　相邻涂黑图例的画法

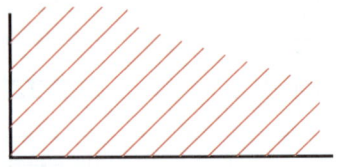

图 3-36　局部表示图例

（6）不同品种的同类材料使用同一图例时（如石膏板有防水的和非防水两种），应在图中附上必要的说明。

（7）同一构件的各个剖面区域，其材料图例的画法应一致。

（8）对国家标准中未包括在内的建筑材料，允许自行编制、补充图例。如果被剖轮廓线范围内的材料尚未确定，也可暂画为砖砌体图例。

（四）剖面图的种类

根据形体特征及设计的需要，可采取全剖面图、半剖面图、阶梯剖面图、旋转剖面图、局部剖面图、分层剖面图。

（1）全剖面图

全剖面图一般用于表达外形比较简单，内部形状比较复杂的形体。假想用一剖切面将形体完全剖开，所得到的视图称为全剖面图，如图 3-37 所示。

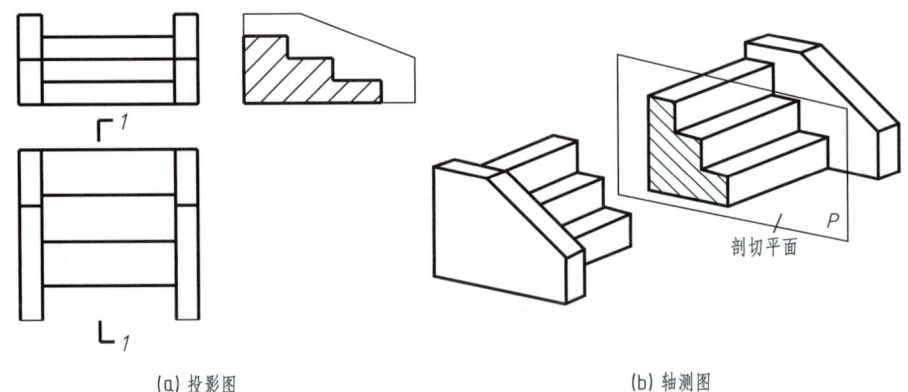

(a) 投影图   (b) 轴测图

图 3-37　全剖面图

（2）半剖面图

当形体具有对称平面时，用一个剖切平面将形体剖开一半，所得到的视图称为半剖面图。以对称线为界，其左半部分画投影图以表示外形，右半部分画剖面图以表达内部结构。图 3-38 所示为壳体基础的半剖面图。

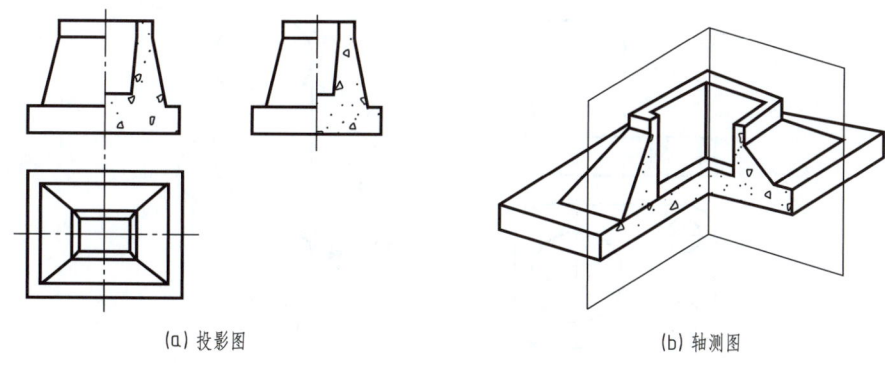

（a）投影图　　　　　　　　　（b）轴测图

图 3-38　半剖面图

（3）阶梯剖面图

用两个或两个以上相互平行的剖切平面剖切物体，所得到的视图称为阶梯剖面图。当形体需要表达的内容不在同一平面，而是处于两个或两个以上相互平行的平面内，用一个剖切平面不能将其内部都剖切到，需用两个或两个以上相互平行的剖切面剖开形体，以不与视图轮廓线重合的直角转折来联系相互平行的剖切面，由于剖切面是假想的，在阶梯剖面图中不应画出两剖切面直角转折处的交线，如图 3-39 所示。

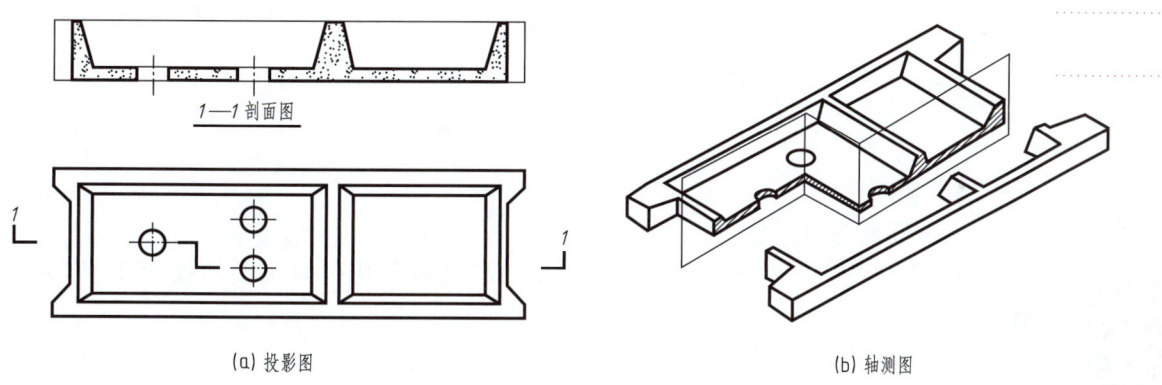

（a）投影图　　　　　　　　　（b）轴测图

图 3-39　阶梯剖面图

（4）局部剖面图

用剖切面局部剖切形体，所得到的视图称为局部剖面图，如图 3-40 所示。局部剖面在投影图上用波浪线作为剖切部分与外形部分的分界线。波浪线表示形体的断裂痕迹，波浪线只能画在形体表面的实体部分，波浪线不得与轮廓线重合，也不能超出视图以外。

（5）分层剖面图

为表示物体内部的构造层次，常用分层剖切的方法表达其内部各层次的构造做法，所得到的视图称为分层剖面图。分层剖面图应用波浪线将各构造层隔开，波浪线不应与任何图线重合。如图 3-41 所示墙体分层剖面图，是以两条波浪线为界，即表达其内部的两个构造层。

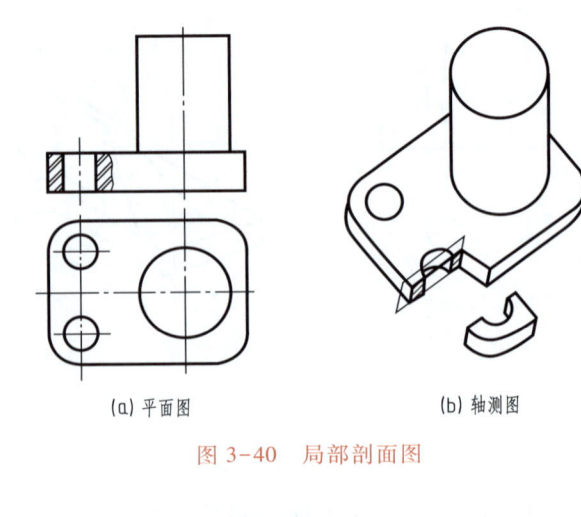

(a) 平面图   (b) 轴测图

图 3-40   局部剖面图

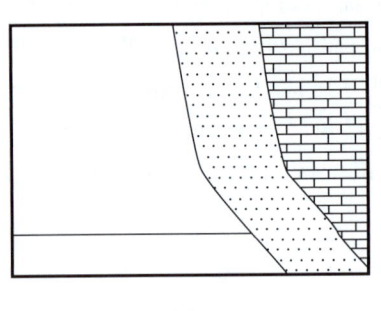   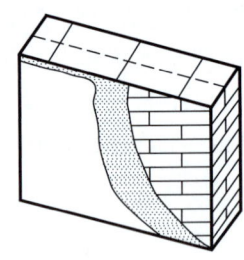

(a) 墙体剖面图   (b) 墙体直观图

图 3-41   分层剖切剖面图

微课扫一扫
断面图的
绘制

二、断面图

（一）断面图的概念

用一个假设的剖切平面将形体剖开之后，仅画出其截面实形的投影图，称为**断面图**。

（二）断面图的标注

断面图的标注内容有以下几点。

（1）剖切位置线。在投影图外标注剖切位置线，此线宜用长度 6~10 mm 两段粗实线表示，该线段不得与投影图相交，两线段位置就是假想的剖切面位置。

（2）编号。用阿拉伯数字，按顺序由左至右，由上至下连续编排，并用编号的注写位置来表示投影方向。如编号写在剖切位置线的下侧，表示向下投射；注写在左侧，表示向左投射。

断面图的图名应标注在断面图的下方，用阿拉伯数字标注，并在图名的下方绘制一等长的粗横线，图名应与编号一致。

《房屋建筑制图统一标准》（GB 50001—2010）规定：断面图只需（用粗实线）画出剖切面切到部分的图形。杆件的断面图可绘制在靠近杆件的一侧或端部处并按顺序依次排列，也可绘制在杆件的中断处。结构梁板的断面图可画在结构布置图上。

如图3-42所示,已知吊车梁的 *V* 面、*W* 面投影,试根据剖切位置作断面图。

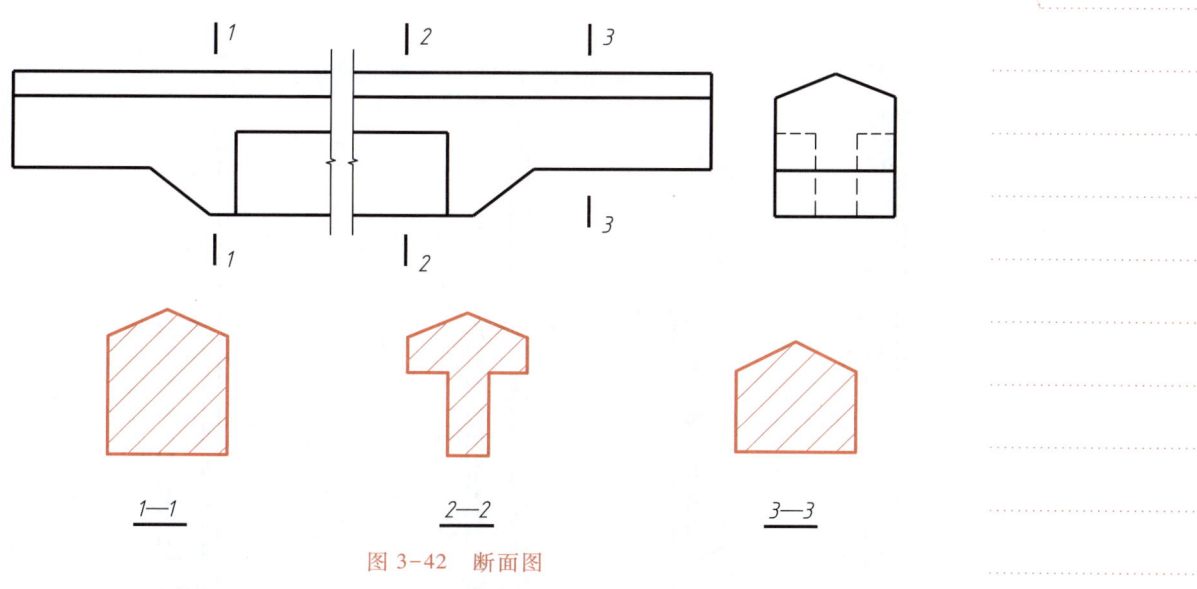

图3-42　断面图

分析:根据吊车梁的侧面投影可知,剖切位置所对应吊车梁的形状特征。作图时应注意剖切位置和投影方向。

（三）断面图的种类

（1）移出断面图

位于视图之外的断面图称为移出断面图。移出断面的轮廓线用粗实线,断面要画材料图例,如图3-42所示。

（2）重合断面图

直接画在视图轮廓线内的断面图称为重合断面图。剖切后将断面图旋转90°与平面图重合在一起即为重合断面,如图3-43所示。当投影图的轮廓线为粗实线时,重合断面的轮廓线用细实线;当投影图的轮廓线为细实线时,重合断面的轮廓线用粗实线。

（3）中断断面图

假想将构件用横截面截开,直接把断面图画在构件断开处的断面图称为中断断面图。这种断面图常用来表示较长而横断面形状不发生变化的杆件,中断断面图不需要标注,如图3-44所示。

图3-43　重合断面图

图3-44　中断断面图

3.4.3　任务拓展

[实训1]　如图3-45(a)所示,已知工字柱的轴测图,试求作柱1—1、2—2剖面图、断面图。

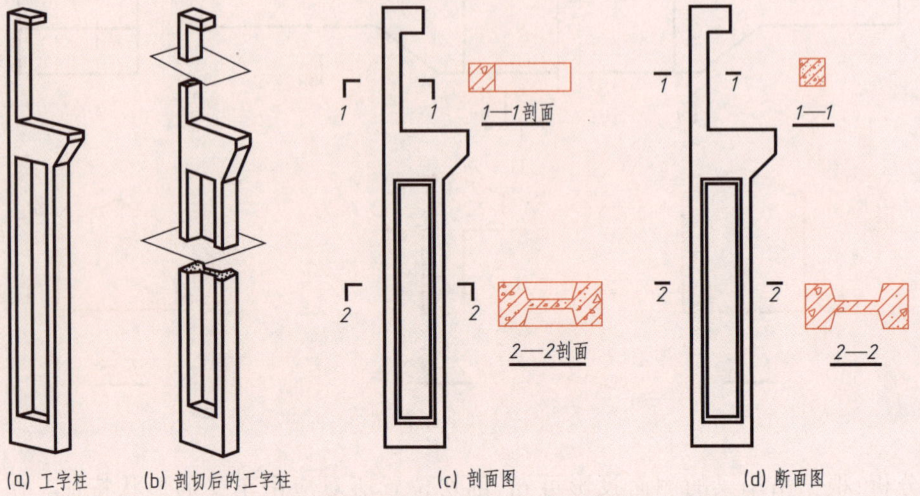

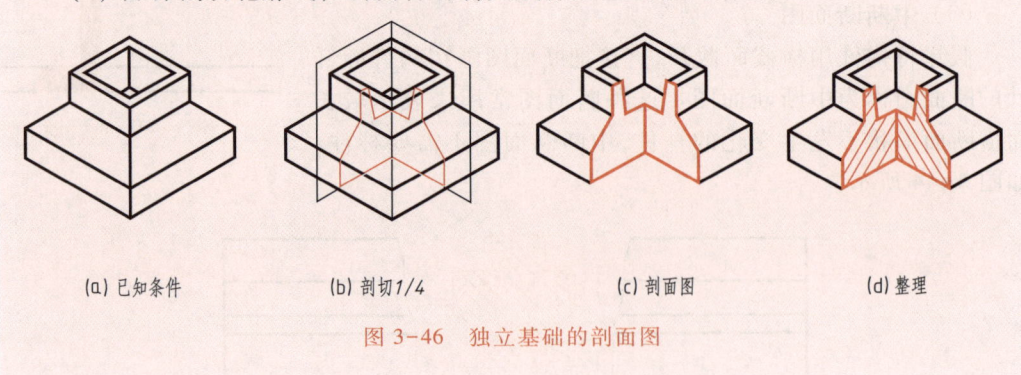

(a) 工字柱　　(b) 剖切后的工字柱　　(c) 剖面图　　(d) 断面图

1—1剖面

2—2剖面

1—1

2—2

图3-45　工字柱的剖面图、断面图

[实训2]　如图3-46(a)所示,已知杯形基础的轴测图,求作其轴测剖面图。

分析:杯形基础左右及前、后对称。剖切1/4后,轴测剖面图可以将杯形基础的外部特征及内部特征都反映出来。

作图步骤:

(1)用正等轴测作杯形基础轴测图。

(2)用假想平面切去1/4,画出截交线,如图3-46(b)所示。

(3)去除被切去部分的投影图线。

(4)加深剖切轮廓线,画材料图例,完成杯形基础轴测剖面图。

(a) 已知条件　　(b) 剖切1/4　　(c) 剖面图　　(d) 整理

图3-46　独立基础的剖面图

学习情境 4

建筑施工图

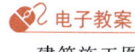
4.1　学习情境描述

4.1.1　学习目标

完成本学习情境后,你应当能:

1. 运用所学知识,熟悉房屋的组成、类型,建筑施工图制图的一般规定、内容、图示方法。

2. 熟悉建筑施工图的组成、内容、图示方法。

3. 在教师指导下,识读建筑施工图,并具备一定的抄绘图示能力。

4.1.2　学习任务

序号	学习任务	任务驱动
1	房屋建筑施工图概述	1. 熟悉民用建筑的构造组成。 2. 熟悉建筑施工图制图的一般规定、内容、图示方法。 3. 参观学院各系教学楼、办公楼、男女生公寓、图书馆楼、教师宿舍楼、辅导员办公楼等建筑物
2	总平面图及建筑设计说明	1. 熟悉图纸目录、建筑设计总说明、建筑节能设计说明和建筑总平面图。 2. 掌握总平面图的内容,图示方法;能熟练识读总平面图并具备一定的抄绘图示能力

续表

序号	学习任务	任务驱动
3	建筑施工图	1. 熟悉建筑平、立、剖面图的内容、图示方法和读图步骤。 2. 熟悉建筑详图的内容、图示方法、读图步骤。 3. 掌握建筑平面图、建筑立面图、建筑剖面图的内容,图示方法,能熟练识读建筑平、立、剖面图,并具备一定的抄绘图示能力。 4. 掌握建筑详图的内容、图示方法,能熟练识读建筑详图,并具备一定的抄绘图示能力

教学课件
房屋建筑
施 工 图
概述

微课扫一扫
民用建筑
的 构 造
要点

4.2　任务1:房屋建筑施工图概述

4.2.1　任务资讯

一、民用建筑的构造组成

民用建筑通常是由基础、墙或柱、楼地层、楼梯、屋顶和门窗六大部分组成,如图4-1所示。建筑除这六大主要部分之外,还有一些附属的构造,如阳台、雨篷、台阶、散水、女儿墙等。

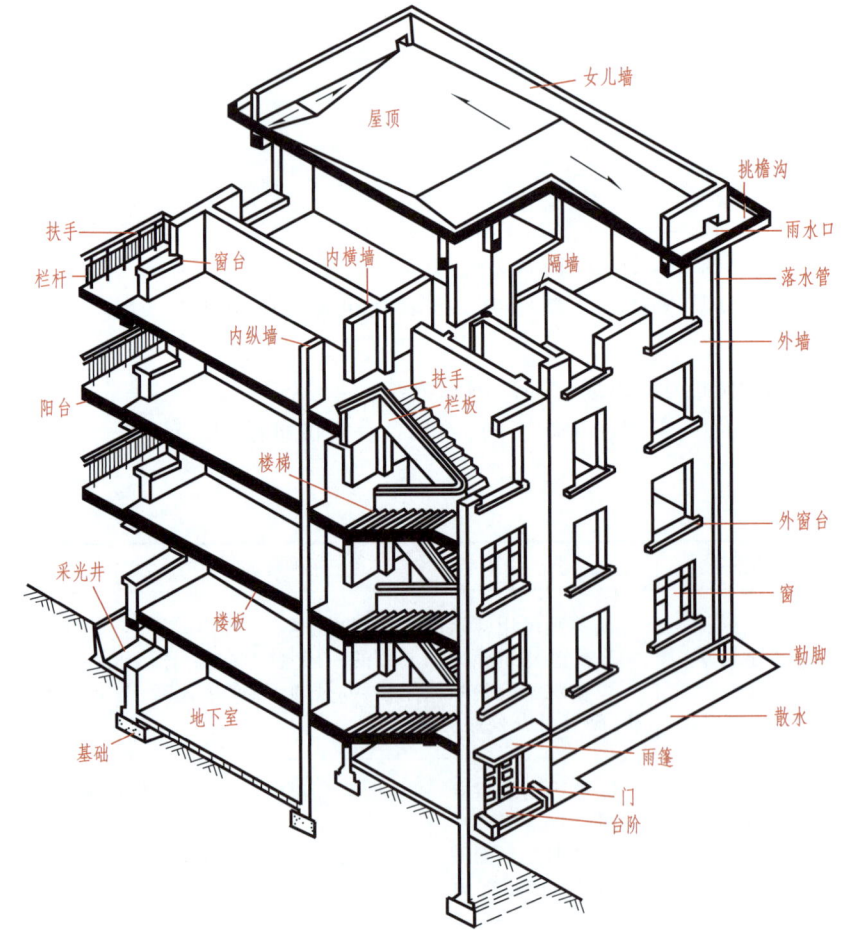

图4-1　民用建筑的构造组成

基础是建筑物最下部的承重构件,其作用是承受建筑物的全部荷载,并将这些荷载传给地基,其特点是坚固、稳定、防水、防冻、防化学腐蚀。

墙柱是建筑物的承重和围护构件。对于承重外墙,其作用是抵御自然界各种因素对室内的侵袭,承重内墙主要起承重和分隔内部空间的作用。在框架或排架结构的建筑物中,柱起承重作用,墙起围护和分隔作用。其特点是坚固、稳定、保温、隔热、隔声、防水、防火。

楼板是楼房建筑水平方向的承重构件,同时还兼作在竖向划分建筑内部空间的功能。楼板层承受建筑的楼面荷载,并将这些荷载传给墙或梁,同时对墙体起水平支撑的作用。因此要求楼板层应具有足够的强度、刚度和隔声、防潮、防水等性能。地坪是底层房间与地基土层相接的构件,起承受底层房间荷载的作用。要求地坪具有耐磨、防潮、防水、防尘和保温的性能。

楼梯是楼房建筑的垂直交通设施,供人们上下楼层和紧急疏散之用,其特点是坚固、安全、有足够的通行能力。

屋顶是建筑物顶部的围护和承重构件。它由屋面、承重结构、保温(隔热)层三部分组成,其中,屋面和保温(隔热)层应具有抵御自然界不利因素侵袭的能力,承重结构要满足承受屋面荷载和自重的要求。故应具有足够的强度、刚度及防水、保温、隔热等性能。屋顶又是建筑体型和立面的重要组成部分,其外观形象应得到足够的重视。

门窗均属非承重构件,也称为配件。门主要供人们出入内外交通和分隔房间之用,窗主要起采光、通风、分隔、眺望等作用。门窗应有足够的宽度和高度,其数量、位置和开启方式也应符合规范的要求。处于外墙上的门窗又是围护构件的一部分,要满足热工、防水的要求。

二、 建筑施工图的组成

工程图纸应按专业顺序编排。顺序为图纸目录、总图、建筑图、结构图、给水排水图、暖通空调图、电气图等。

建筑施工图是表示建筑物的总体布局、外部造型、内部布置、细部构造、内外装饰和施工要求的图样。一套完整的建筑施工图应由封面、图纸目录、建筑设计总说明、节能设计说明、总平面图、平面图、立面图、剖面图及构造详图等几个部分组成。

三、 建筑施工图的作用

建筑施工图可作为施工放线,砌筑墙体、柱,安装门窗,室内装修及编制预算的依据。

4.2.2　任务实施

建筑施工图制图的一般规定:绘制和阅读房屋的建筑施工图,应依据正投影原理并遵守《房屋建筑制图统一标准》(GB/T 50001—2010)。在绘制和阅读总平面图时,还应遵守《总图制图标准》(GB/T 50103—2010)。在绘制和阅读建筑平面图、建筑立面图、建筑剖面图和构造详图时,还应遵守《建筑制图标准》(GB/T 50104—2010)。在这里简单介绍《建筑制图标准》(GB/T 50104—2010)中的一般规定。

一、图线

建筑专业制图采用的各种线型,应符合《建筑制图标准》(GB/T 50104—2010)中的规定。图线的宽度 b,应根据图样的复杂程度和比例,并按现行国家标准《房屋建筑制图统一标准》(GB/T 50001—2010)中的有关规定选用(图 4-2、图 4-3)。绘制较简单的图样时,可采用两种线宽的线宽组,其线宽比宜为 $b:0.25b$。

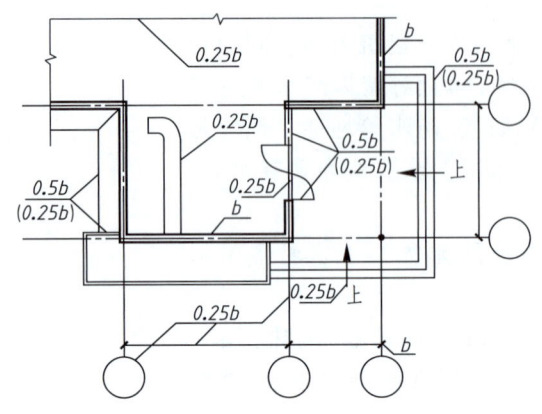

图 4-2　平面图图线宽度选用示例

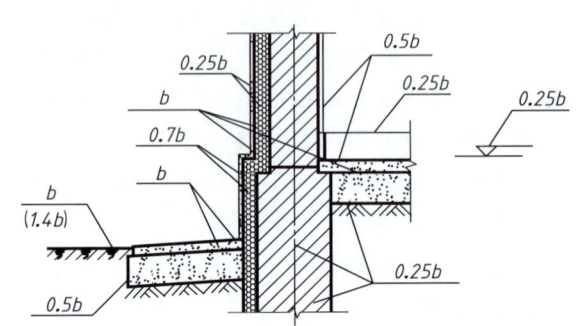

图 4-3　墙身剖面图图线宽度选用示例

建筑专业、室内设计专业制图采用的各种图线,应符合表 4-1 的规定。

表 4-1　建筑专业制图采用的常用图线

名称		线型	线宽	用途
实线	粗	———	b	1. 平、剖面图中被剖切的主要建筑构造(包括构配件)的轮廓线。 2. 建筑立面图或室内立面图的外轮廓线。 3. 建筑构造详图中被剖切的主要部分的轮廓线。 4. 建筑构配件详图中的外轮廓线。 5. 平、立、部面的剖切符号
	中粗	———	$0.7b$	1. 平、剖面图中被剖切的次要建筑构造(包括构配件)的轮廓线。 2. 建筑平、立、剖面图中建筑构配件的轮廓线。 3. 建筑构造详图及建筑构配件详图中的一般轮廓线
	中	———	$0.5b$	小于 $0.7b$ 的图形线、尺寸线、尺寸界线、索引符号、标高符号、详图材料做法引出线、粉刷线、保温层线、地面、墙面的高差分界线等
	细	———	$0.25b$	图例填充线、家具线、纹样线等

续表

名称		线型	线宽	用途
虚线	中粗	 ————————	0.7b	1. 建筑构造详图及建筑构配件不可见的轮廓线。 2. 平面图中的梁式起重机(吊车)轮廓线。 3. 拟建、扩建建筑物轮廓线
	中	 — — — — — —	0.5b	投影线、小于0.5b的不可见轮廓线
	细	 - - - - - - - -	0.25b	图例填充线、家具线等
单点画线	粗	 —— · —— · ——	b	起重机(吊车)轨道线
单点长画线	细	 —— · —— · ——	0.25b	中心线、对称线、定位轴线
折断线	细	 ——∿——	0.25b	部分省略表示时的断开界线
波浪线	细	 ～～～～	0.25b	部分省略表示时的断开界线,曲线形构件断开界线 构造层次的断开界线

二、比例

建筑专业制图选用的比例,按《建筑制图标准》(GB/T 50104—2010)应符合表 4-2 的规定。

表 4-2   建筑专业制图选用的比例

图名	比例
建筑物或构筑物的平面图、立面图、剖面图	1:50、1:100、1:150、1:200、1:300
建筑物或构筑物的局部放大图	1:10、1:20、1:25、1:30、1:50
配件及构造详图	1:1、1:2、1:5、1:10、1:15、1:20、1:25、1:30、1:50

三、构造及配件图例

由于建筑平面图、立面图、剖面图通常选用 1:100 的比例,图样中的一些构配件不可能也不必要按实际投影画出,只需用规定的图例表示。表 4-3 摘录了建筑专业制图中常用的构配件图例。

表 4-3　常用的构配件图例

序号	名称	图例	备注
1	墙体	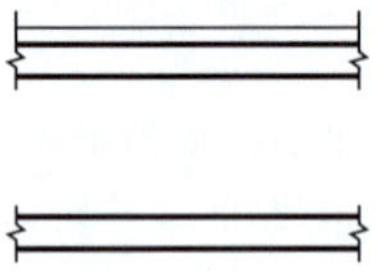	1. 上图为外墙,下图为内墙。 2. 外墙细线表示有保温层或有幕墙。 3. 应加注文字或涂色或图案填充表示各种材料的墙体。 4. 在各层平面图中防火墙宜着重以特殊图案填充表示
2	隔断		1. 加注文字或涂色或图案填充表示各种材料的轻质隔断。 2. 适用于到顶与不到顶隔断
3	玻璃幕墙		幕墙龙骨是否表示由项目设计决定
4	栏杆		
5	楼梯	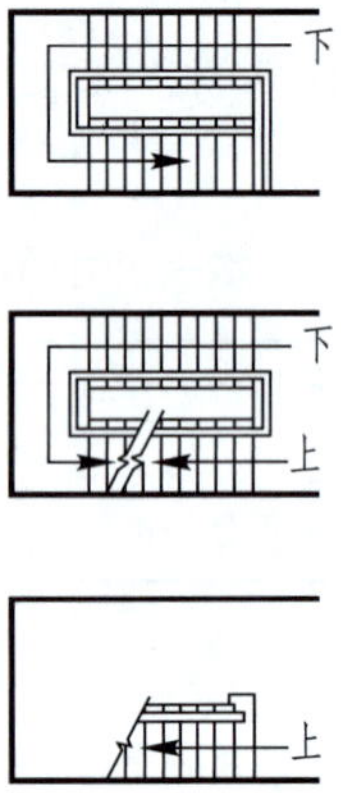	1. 上图为顶层楼梯平面,中图为中间层楼梯平面,下图为底层楼梯平面。 2. 需设置靠墙扶手或中间扶手时,应在图中表示
6	坡道	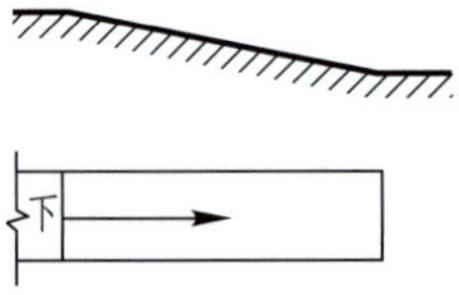	长坡道
		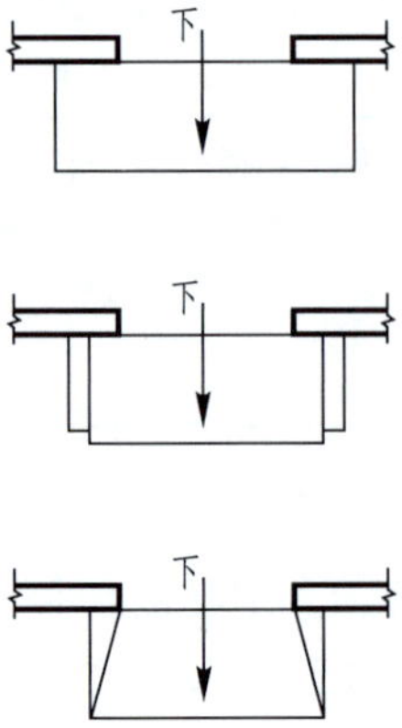	上图为两侧垂直的门口坡道,中图为有挡墙的门口坡道,下图为两侧找坡的门口坡道

续表

序号	名称	图例	备注
7	台阶	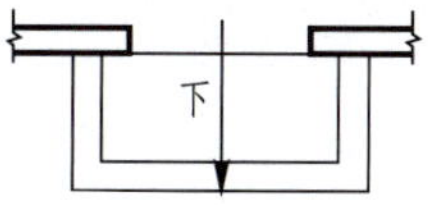	
8	平面高差	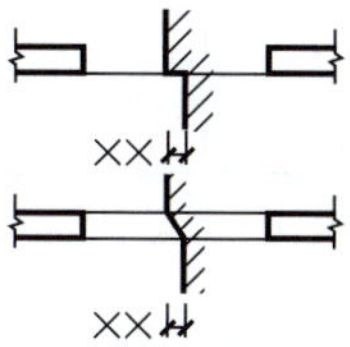	用于高差小的地面或楼面交接处,并应与门的开启方向协调
9	检查口		左图为可见检查口,右图为不可见检查口
10	孔洞		阴影部分也可填充灰度或涂色代替
11	坑槽		
12	墙预留洞、槽	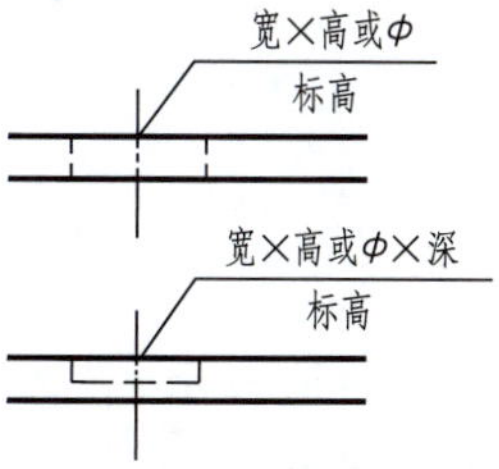	1. 上图为预留洞,下图为预留槽。 2. 平面以洞(槽)中心定位。 3. 标高以洞(槽)底或中心定位。 4. 宜以涂色区别墙体和预留洞(槽)
13	地沟	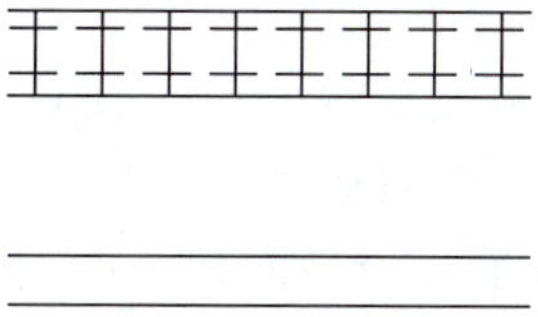	上图为活动盖板地沟,下图为无盖板明沟
14	烟道	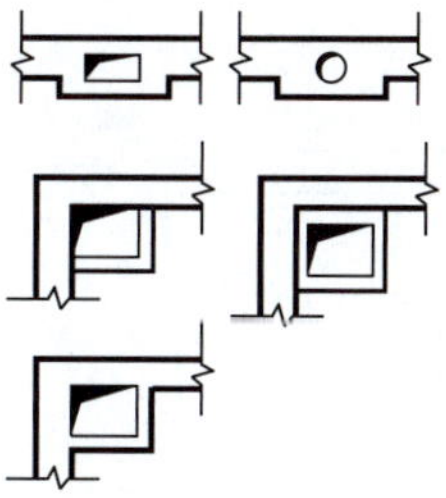	1. 阴影部分也可涂色代替。 2. 烟道、风道与墙体为相同材料,其相接处墙身线应连通。 3. 烟道、风道根据需要增加不同材料的内衬
15	风道	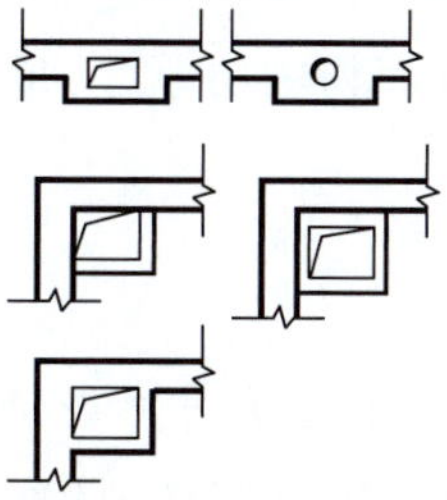	

续表

序号	名称	图例	备注
16	新建的墙和窗		

四、标高

标高是以某一水平面作为基准面,并作零点(水准原点)起算地面(楼面)至基准面的垂直高度。标高符号的画法和数字的注写应按《房屋建筑制图统一标准》(GB/T 50001—2010)规定,应以直角等腰三角形表示,按图 4-4(a)所示用细实线绘制,如标注位置不够,可按图 4-4(b)所示绘制。标高符号具体画法如图 4-4(c)所示。

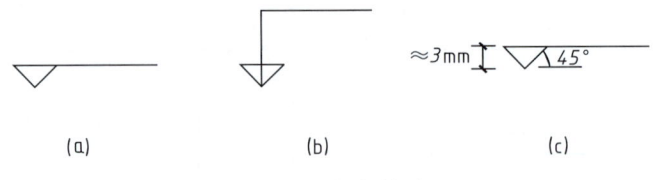

(a)　　　　　　　　(b)　　　　　　　　(c)

图 4-4　标高符号

总平面图室外地坪标高符号,宜用涂黑的三角形表示,具体画法如图 4-5 所示。标高符号的尖端应指至被注高度的位置。尖端宜向下,也可向上。标高数字应注写在标高符号的上侧或下侧,如图 4-6 所示。

标高数字应以米(m)为单位,注写到小数点后第三位。在总平面图中,可注写到小数点后第二位。零点标高应注写成±0.000,正数标高不注"+",负数标高应注"-",例如 3.000、-0.600。在图样的同一位置需表示几个不同标高时,标高数字可按图 4-7 的形式注写。

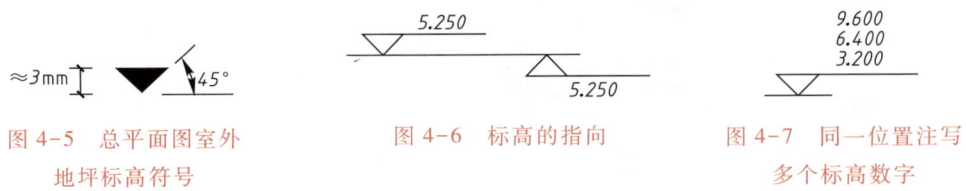

图 4-5　总平面图室外　　　图 4-6　标高的指向　　　图 4-7　同一位置注写
　　地坪标高符号　　　　　　　　　　　　　　　　　　　　多个标高数字

建筑物的标高有建筑标高和结构标高之分。建筑标高是构件包括粉刷层在内的、装修完成后的标高。结构标高则不包括构件表面粉刷层厚度,是构件的毛面标高。

4.2.3　任务拓展

一、建筑工程设计阶段划分

为了保证建筑工程的设计质量,工程设计一般分为方案设计、初步设计、施工图设计三个阶段。简单的工程,可以将方案设计并入初步设计,这样就有初步设计和施工图设计两个阶段。

（一）方案设计

建筑设计人员根据建筑单位的要求，通过调查研究、收集资料、反复构思、作出方案设计图。内容包括：总平面图，主要的建筑平、立、剖面图，设计说明和主要技术经济指标。为了加强图面效果，可用色彩渲染，还可增加透视图，甚至制作建筑模型。方案设计图应报有关部门审批。

（二）初步设计

方案设计确定后，建筑、结构、设备设计人员在方案设计的基础上，进一步完成相应的技术方案，统筹解决好各工种之间的矛盾，为开展下阶段的施工图设计做好准备。

（三）施工图设计

施工图设计是在初步设计批准后进行。施工图设计是为指导建筑工程施工，提供一套完整的、能准确反映建筑工程整体及各细部构造和结构的详细图样，各图样都有详细尺寸、具体的技术要求。

二、施工图的内容

施工图按专业分为不同的图纸。一套房屋建筑施工图一般包括：图纸目录、施工总说明、建筑施工图、结构施工图和设备施工图。

（一）建筑施工图

建筑施工图简称建施，主要反映建筑物的整体布置、外部造型、内部布置、细部构造、内外装饰以及一些固定设备的施工要求等，是房屋施工放线、砌筑、安装门窗、室内外装修和编制施工预算及施工组织计划的主要依据。一套建筑施工图一般包括施工总说明、总平面图、建筑平面图、建筑立面图、建筑剖面图、建筑详图和门窗表等。

（二）结构施工图

结构施工图简称结施，主要反映建筑物承重结构的布置、构件类型、材料、尺寸和构造做法等，是基础、柱、梁、板等承重构件以及其他受力构件施工的依据。结构施工图一般包括结构设计说明、基础图、结构平面布置图和各构件的结构详图等。

（三）设备施工图

设备施工图简称设施，主要反映建筑物的给水排水、采暖通风、电气等设备的布置和施工要求等。设备施工图一般包括各种设备的平面布置图、系统图和详图等。

4.3　任务2：总平面图及建筑设计说明

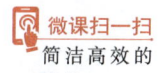
教学课件
总平面图
及建筑设
计说明

4.3.1　任务资讯

一、图纸目录

图纸目录用于说明该套图纸有几类，各类图纸分别有几张，每张图纸的图号、图名、图幅大小等。

二、工程图纸的编号

工程图纸编号应符合相应规定，工程图纸根据不同的子项（区段）、专业、阶段等进行编排，宜按设计总说明、平面图、立面图、剖面图、大样图（大比例视图）、详图、清单、

微课扫一扫
简洁高效的
表达

简图的顺序编号。工程图纸编号应使用汉字、数字和连字符"-"的组合。在同一工程中,应使用统一的工程图纸编号格式,工程图纸编号应自始至终保持不变。

4.3.2　任务实施

一、总平面图

总平面图是拟建建筑基地用地范围的总体布局图。它反映拟建建筑的平面轮廓形状,即建筑物在室外地坪上的墙基外包线和层数、与原有建筑的相对位置、周围环境、标高、室外场地、道路、绿化、地形地貌等情况,是拟建建筑及其他设施的施工定位、土方施工,以及绘制施工总平面图的依据。

总平面图一般采用 1∶500、1∶1 000、1∶2 000 的比例,以图例来表明拟建、原有的建筑物,附近的周围环境、交通、绿化布置等,表 4-4 摘录了《总图制图标准》(GB/T 50103—2010)中建筑总平面图常用图例。

表 4-4　建筑总平面图常用图例

名称	图例	说明
新建的建筑物		① 需要时可用 ▲ 表示出入口,可在图形内右上角用点数或数字表示层数 ② 建筑物外形用粗实线表示,需要时地面以上建筑用中实线表示,地面以下建筑用细实线表示
原有的建筑物		用细实线表示
计算扩建的预留地或建筑物		用中虚线表示
拆除的建筑物		用细实线表示
散状材料露天堆场		需要时可注明材料名称
其他材料露天堆场或露天作业场		
铺砌场地		
树木与花卉		各种不同的树木有多种图例

续表

名称	图例	说明
草坪	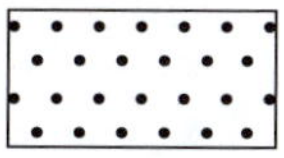	
水池坑槽		
围墙及大门	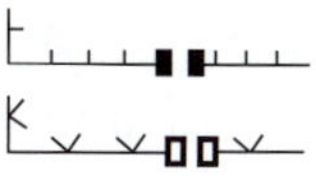	上图为实体性质的围墙,下图为通透性质的围墙,如仅表示围墙时不画大门
烟囱		实线为烟囱下部直径,虚线为基础,必要时可注写烟囱高度和上、下口直径
露天桥式起重机	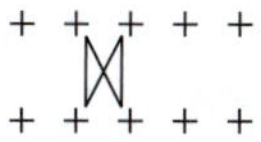	
截水沟或排水沟		"1"表示1%的沟底纵向坡度 "40.00"表示变坡点间距离 箭头表示水流方向
坐标	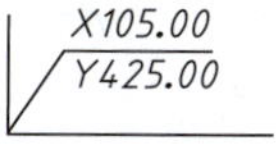 X105.00 Y425.00 A131.51 B278.25	上图表示测量坐标 下图表示建筑坐标
填挖边坡		边坡较长时可在一端或两端局部表示 下边线为虚线时表示填方
护坡		
雨水井		
消火栓井		
室内标高	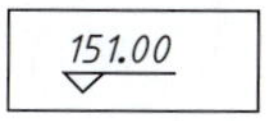 151.00	
室外标高	 ▼143.00	
桥梁	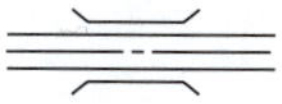	上图为公路桥 下图为铁路桥 用于旱桥时应注明

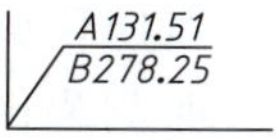

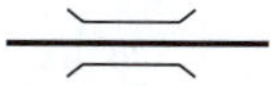

续表

名称	图例	说明
原有道路	———————	
计划扩建的道路	– – – – – –	
新建道路	 101.00 R9 150.00	"R9"表示道路转弯半径为 9 m "150.00"表示路面中心标高 "0.6"表示 0.6%的纵向坡度 "101.00"表示变坡点间距离

二、 总平面图的图示内容

① 图名、图标、图例。

② 工程性质、用地范围、地形地貌和周边环境情况。

③ 新建建筑的位置、朝向、层数及定位情况。

④ 相邻原有建筑、拆除建筑的位置。

⑤ 新建道路和各种管线系统的总体布局。了解建筑物周围的给水、排水、供暖和供电的位置、管线布置走向。

⑥ 新建建筑首层室内地面和室外地面的绝对标高。根据标高及等高线可以看出地形坡向、水流方向,并可计算出施工中土方填挖数量。

⑦ 总平面图应按上北下南方向绘制,根据场地形状或布局,可向左或右偏转,但不宜超过 45°。在总图中应绘制指北针或风向玫瑰图。风向玫瑰图是在极坐标图上绘出一个地方在一年中各种风向出现的频率,因图形与玫瑰花朵相似而得名。风玫瑰图是在一个圆上引出 16 条射线,它们代表 16 个不同的方向,每条线的长度与这个方向风的频率成正比。风玫瑰折线上的点离圆心的远近,表示从此点向圆心方向刮风频率的大小。实线表示常年风向,虚线表示夏季风向。

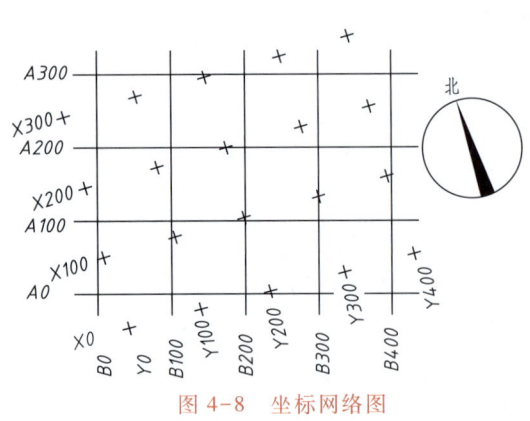

图 4-8　坐标网络图

⑧ 总平面图中为了保证施工放线的正确,往往以坐标标注建筑物、道路或管线的位置,也可根据工程具体情况用相对尺寸定位。总平面图上有测量和建筑两种坐标系统。坐标网络应以细实线表示,一般画成 100 m×100 m 或 50 m×50 m 的方格网。测量坐标网应画成交叉十字线,坐标代号宜用 X、Y 表示,分别表示南北方向、东西方向轴线。建筑坐标网应画成网络通线,自设坐标代号宜用 A、B 表示,分别相当于测量坐标网中的 X、Y 轴。坐标值为负数时,应注"-"号,为正数时"+"号可以省略,见图 4-8。

三、 建筑设计说明

设计说明是对图样中无法表达清楚的内容用文字加以的详细说明,其主要内容有:建设工程概况、建筑设计依据、所选用的标准图集的代号、设计标高、建筑装修、建筑节能、构造要求等。

4.3.3　任务拓展

识读总平面图示例：

图4-9是某小区总平面图，比例为1∶500。从图中可知，拟建工程是小区内两幢相同的住宅。从图中等高线所注写的数值，可知该区地势是自西北向东南倾斜。根据图中所注写的室内地面和等高线的标高，可知该地的地势高低，雨水排泄方向，并可估算开挖土方的数量。

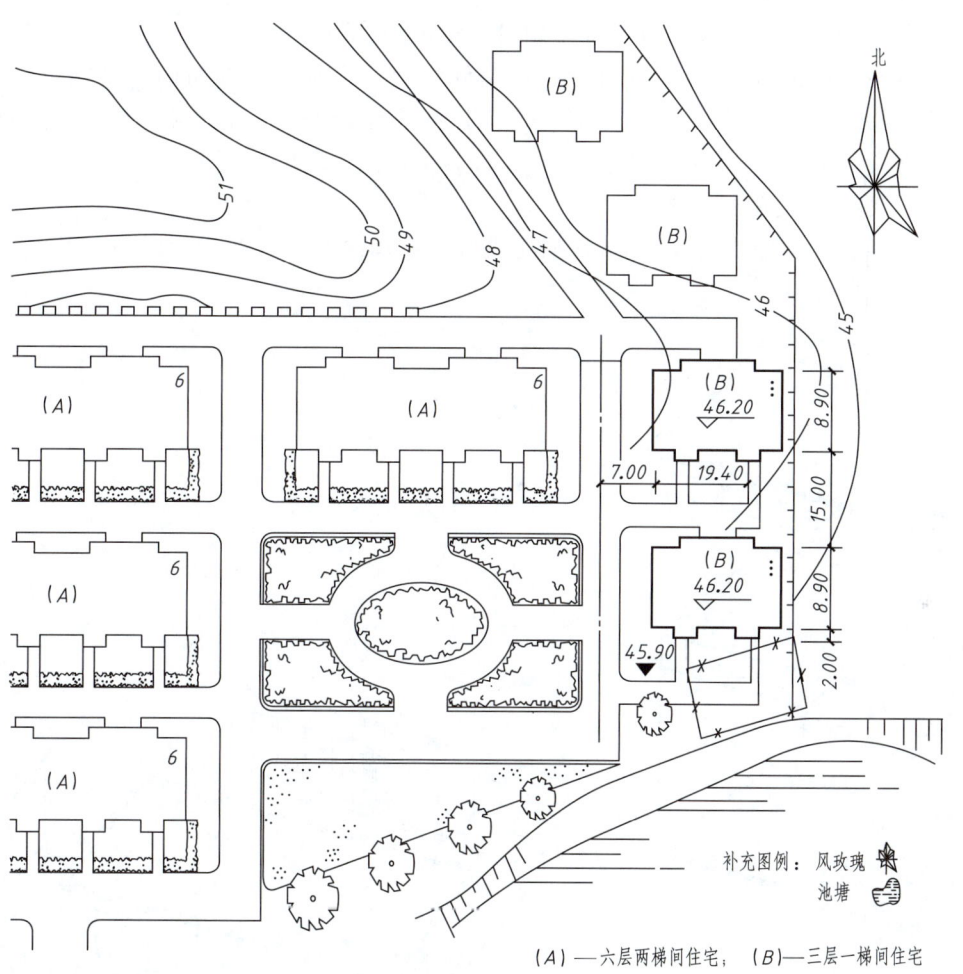

(A)—六层两梯间住宅；　(B)—三层一梯间住宅

图4-9　总平面图示例

明确新建房屋的位置和朝向。房屋的位置可用定位尺寸或坐标确定。定位尺寸应注出与原建筑物或道路中心线的联系尺寸。如图中的7.00、15.00等。用坐标确定位置时，宜注出房屋三角坐标。如建筑与坐标轴平行时，可只注出其对角坐标，因本例比较简单，没有注出坐标网。

了解该地区房屋的风向。根据图示风向玫瑰图，可见该地区全年最大的风向频率为北风。

了解周围环境的情况。由图可知：新建建筑的南边有一池塘，池塘的西边和北边有一护坡，建筑物的东面有一围墙，西面是一道路，东南角有一待拆的房屋。

教学课件
建筑施工图

4.4　任务 3：建筑施工图

4.4.1　任务资讯

微课扫一扫
建筑中的"知行合一"

一、建筑平面图的形成

房屋建筑施工图是按正投影法并用第一角画法绘制。

建筑平面图是房屋的水平剖面图，就是假想用一个水平的剖切面，在窗台以上位置把建筑物水平剖开，移去处于剖切平面以上的房屋，将留下的部分按俯视方向，自上向下投射所得的图样，称为建筑平面图，又称为平面图，如图 4-10 所示。

二、建筑立面图的形成

用平行于建筑外墙的投影面，根据正投影的原理绘制的建筑投影图，称为立面图，如图 4-11 所示。

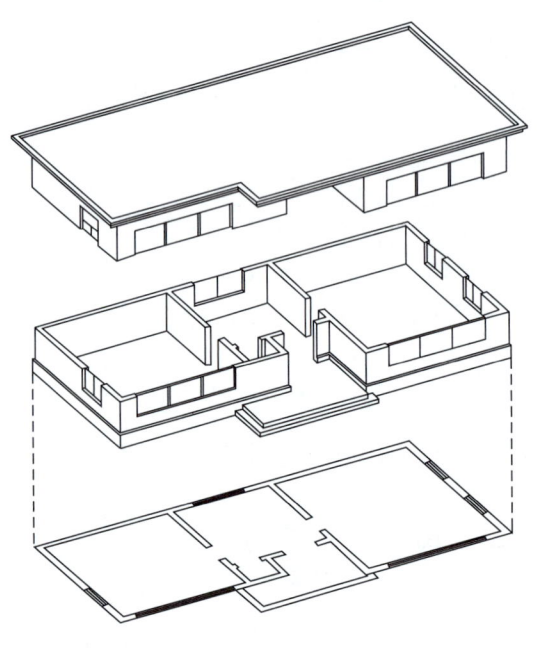

图 4-10　建筑平面图的形成

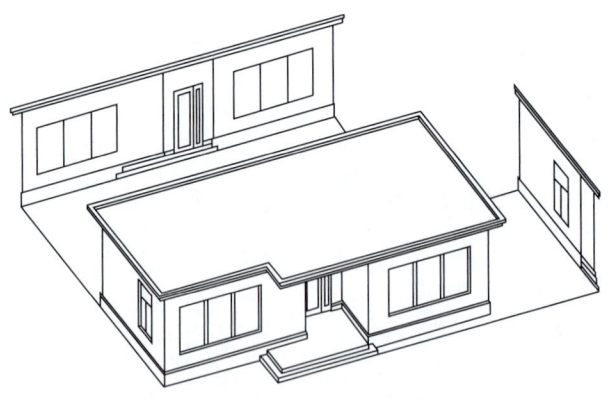

图 4-11　建筑立面图的形成

三、建筑剖面图的形成

假想用一个或多个铅垂面将建筑剖开，移去剖切平面与观察者之间的部分，绘制保留部分的正投影图，称为建筑剖面图，如图 4-12 所示。

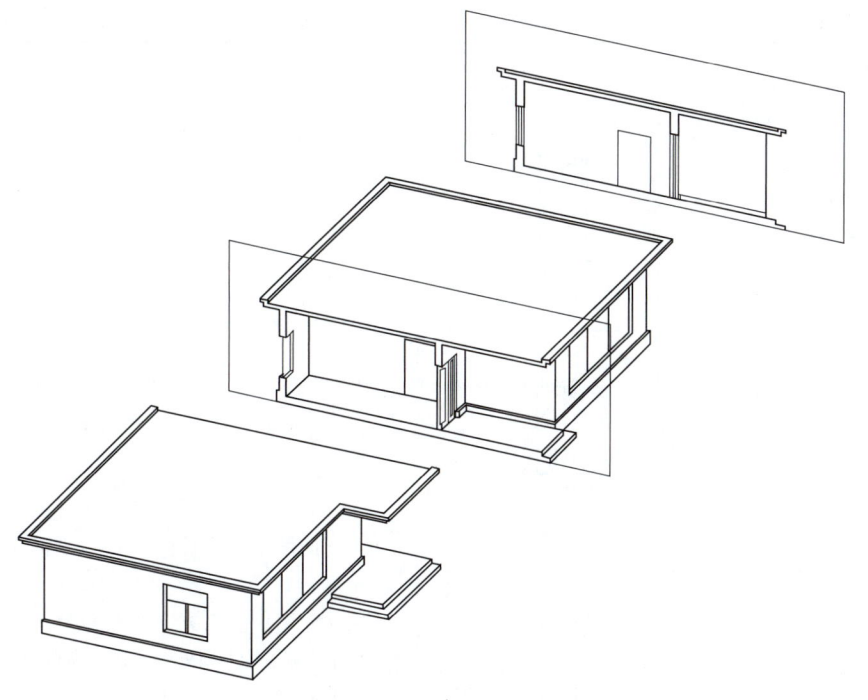

图 4-12　建筑剖面图的形成

4.4.2　任务实施

一、建筑平面图

（一）建筑平面图的作用

建筑平面图反映新建建筑的平面形状、房间的位置和大小及相互关系、墙体的位置及其厚度和材料、柱的截面形状与尺寸大小、门窗位置及类型等情况。它是施工放线、砌筑墙体、安装门窗、室内装修、安装设备及编制预算、施工备料等工作的依据。

一般来说，房屋有几层就应绘制几个平面图，并应在图的下方注明图名和比例，沿底层水平剖开所得图样称底层平面图，沿二层、三层等水平剖开所得的图样称二层平面图、三层平面图……。当一幢建筑物中间若干个楼层构造、布置情况相同时，画一个平面图即可，称为标准层平面图。因此，建筑物的平面图一般应由底层平面图、二层平面图、标准层平面图、顶层平面图等组成。根据《建筑制图标准》(GB/T 50104—2010) 摘录了建筑平面图常用图例，见表 4-5。

建筑故事
古代著名建
筑—山西五
台山佛光寺
大殿

表 4-5　建筑平面图常用图例

名称	图例	说明
空门洞	$h=$	h 为门洞高度

续表

名称	图例	说明
单扇门（包括平开或单面弹簧）		
双扇门（包括平开或单面弹簧）	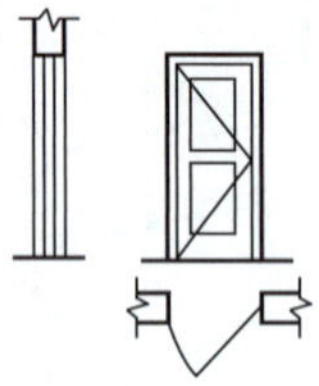	① 门的名称代号用 M 表示。 ② 剖面图中左为外、右为内,平面图中下为外、上为内。 ③ 立面图中开启方向线交角的一侧为安装合页的一侧,实线为外开,虚线为内开。 ④ 平面图中门线应 90° 或 45° 开启,开启弧线宜绘出。 ⑤ 立面图中的开启线在一般设计图中可不表示,在详图及室内设计图中应表示。 ⑥ 立面形式应按实际情况绘制
单扇双面弹簧门		
双扇双面弹簧门		
转门		
竖向卷帘门	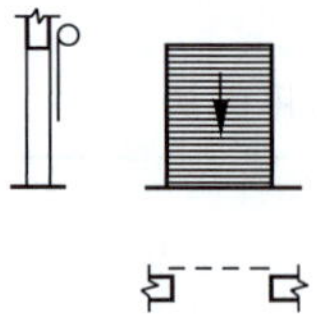	① 门的名称代号用 M 表示。 ② 剖面图中左为外、右为内,平面图中下为外、上为内。 ③ 立面形式应按实际情况绘制
推拉门		

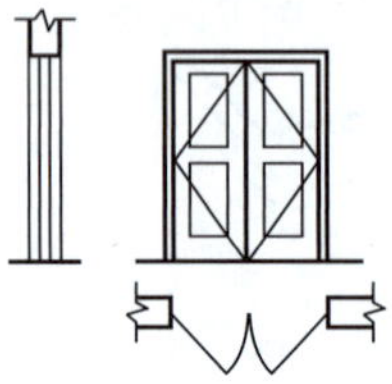

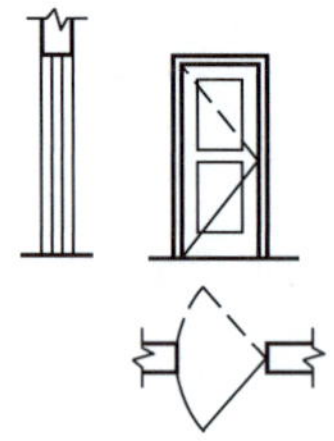

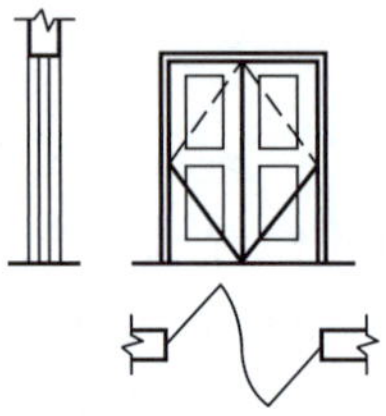

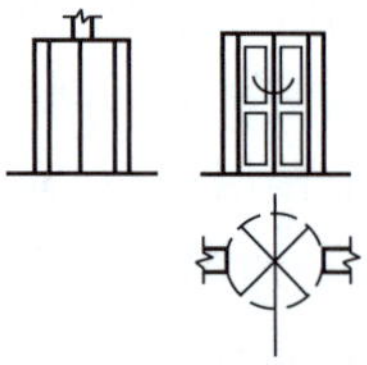

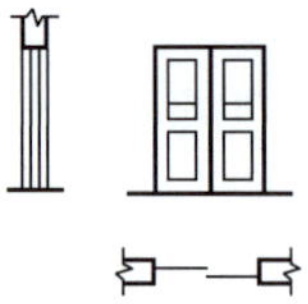

续表

名称	图例	说明
单层固定窗		
单层外开上悬窗		
单层中悬窗		
立转窗	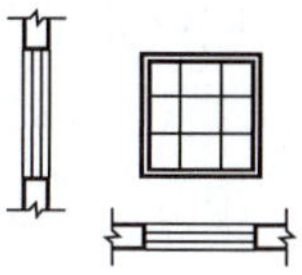	① 窗的名称代号用 C 表示。 ② 立面图中的斜线表示窗的开关方向,实线为外开,虚线为内开;开启方向线交角的一侧为安装合页的一侧,一般设计图中可不表示。 ③ 剖面图中左为外、右为内,平面图中下为外、上为内。 ④ 平、剖面图中的虚线仅说明开关方式,在设计图中不需表示。 ⑤ 窗的立面形式应按实际情况绘制。 ⑥ 小比例绘图时平、剖面的窗线可用单粗实线表示
单层外开平开窗		
单层内开平开窗		
推拉窗		
高窗	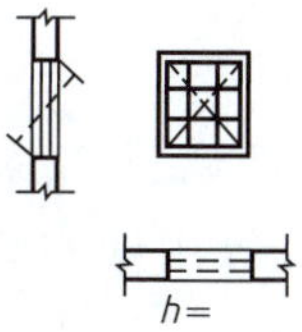 $h=$	

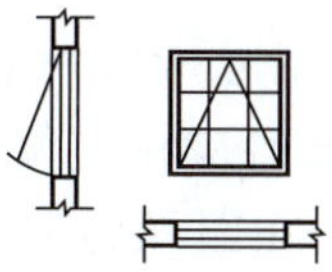

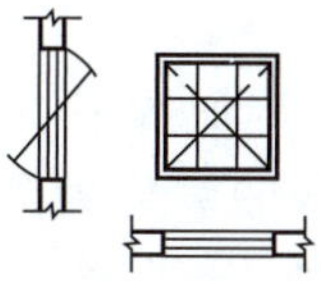

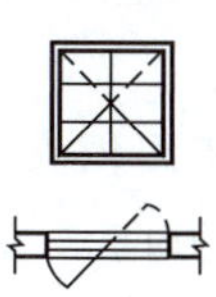

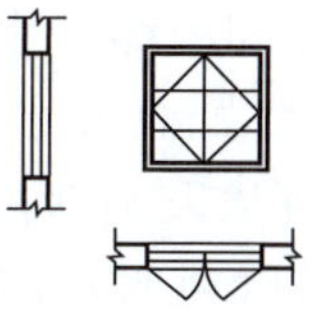

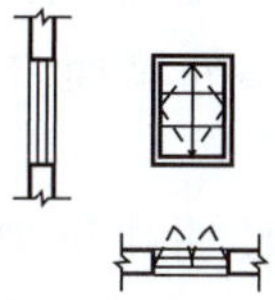

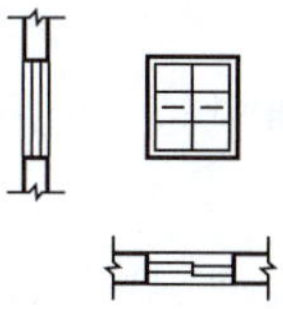

（二）建筑平面图的图示内容

① 图名、比例、建筑朝向。

建筑平面图常用比例 1∶100。在底层平面图上应画指北针，所指方向应与总平面图中风玫瑰的指北针方向一致。指北针圆的直径宜为 24 mm，细实线绘制。指针尾部的宽度宜为 3 mm，指针头部应注"北"或"N"字。需用较大直径绘制指北针时，指针尾部的宽度宜为直径的 1/8。

② 建筑物内、外部尺寸和定位轴线及其编号。

定位轴线应用细单点长画线绘制。定位轴线编号应注写在轴线端部的圆内。圆用细实线绘制，直径为 8~10 mm。定位轴线圆的圆心应在定位轴线的延长线或延长线的折线上。通常平面图上定位轴线的编号，宜标注在图样的下方或左侧。横向编号应用阿拉伯数字从左至右顺序编写。竖向编号应用大写拉丁字母自下而上顺序编写。拉丁字母中的 I、O、Z 不得用作轴线编号。

当字母数量不够使用时，可增用双字母或单字母加数字注脚。在标注非承重的分隔墙或装饰柱时，可采用附加轴线表示。附加轴线的编号为分数形式，并规定两根轴线之间的附加轴线，应以分母表示前一轴线的编号，分子表示附加轴线的编号。编号宜用阿拉伯数字顺序编写。1 号轴线或 A 号轴线之前的附加轴线的分母应以 01 或 0A 表示。

③ 建筑物的平面形状，房屋内各房间的名称和面积大小、平面布置情况。

④ 房间内门窗的位置、编号及大小，门的开启方向。

⑤ 电梯、楼梯的位置及楼梯上下行方向及主要尺寸。

⑥ 各部位尺寸、标高。建筑平面图有外部尺寸和内部尺寸。外部尺寸主要标注在平面图的下方和左侧，其包括细部尺寸、定位轴线尺寸、总尺寸三道。

细部尺寸：表示外墙的墙垛长度，门窗洞口宽度以及细部构造尺寸等。

定位轴线尺寸：表示定位轴线之间的距离，用以说明房间的开间和进深的尺寸。相邻横向定位轴线之间的尺寸称为开间，相邻纵向定位轴线之间的尺寸称为进深。

总尺寸：表示建筑物外轮廓尺寸，即建筑物两端外墙面之间的总尺寸。根据建筑物总长、总宽尺寸可计算建筑物的占地面积。

内部尺寸是指外墙以内的全部尺寸，主要用于注明建筑物内部门窗洞口的位置及宽度、内墙厚度、卫生器具、灶台和洗涤用品等固定设备的位置及尺寸。此外，还应表明楼地面的相对标高。

⑦ 其他构件如阳台、雨篷、台阶、斜坡、烟道、通风道、管井、消防梯、雨水管、散水、排水沟等构配件的位置、形状和尺寸。

⑧ 屋顶平面图应表示屋顶的形状，屋面排水方向、坡度、泛水，以及其他构配件的位置等。

（三）建筑平面图的线型及绘制步骤

建筑平面图实质上是剖面图，绘图时被剖切到的墙、柱等轮廓线用粗实线表示，未切到向下投影看到的部分，如室外台阶、散水、坡道等用细实线表示。门的开启线、厨卫设备、楼梯踏步、尺寸线、尺寸界线等用细实线表示。

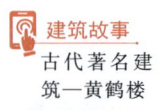

建筑故事
古代著名建
筑—黄鹤楼

　　建筑平面图的绘图步骤主要有:根据房屋开间和进深尺寸,画定位轴线;根据墙厚尺寸画内外墙的基本轮廓线,在墙体上确定门窗、洞口的位置,画楼梯散水等细部构造;检查图示内容,无误后按建筑平面图的线型要求进行加深处理;画尺寸线,标注尺寸;写图名、比例等内容。

二、 建筑立面图

（一）建筑立面图的作用

　　建筑立面图主要用于表达建筑体型和外貌、外墙面门窗位置和形式、外墙面装修、建筑立面上的主要构配件、建筑纵向两端定位轴线、各层层高和必要的尺寸等。

建筑故事

中国援建著名建筑—卢塞尔体育场

　　建筑立面图在施工过程中,主要用于室外装修。

（二）建筑立面图的图示内容

① 图名和比例。

　　有定位轴线的建筑物,宜根据两端定位轴线的编号,编写建筑立面图名称,如①~⑧立面图、⑧~①立面图。无定位轴线的建筑物,可按平面图各面的朝向确定名称,如南立面图、北立面图。

　　建筑立面图通常采用与平面图相同的比例,常用 1∶100。

② 建筑物在室外地坪线以上建筑外轮廓线、墙面线脚、构配件、墙面做法及必要的尺寸和标高等。在建筑物立面图上,外墙表面分格线应表示清楚,应用文字说明各部位所用面材及色彩。

③ 立面图上相同的门窗、阳台、外檐装修、构造做法等可在局部重点表示,绘出其完整图形,其余部分可只画轮廓线。

④ 标高尺寸。

　　建筑立面图上的高度尺寸主要用标高形式标注,包括室内外地面、楼面、平台、阳台、门窗洞口、檐口、雨篷等处的标高,也可标注相应的高度尺寸。如有需要还可标注一些局部尺寸,如补充建筑构造、设施或构配件的定位尺寸和定形尺寸。

⑤ 索引符号。

　　在建筑立面图中需要索引出详图时,应加索引符号。索引符号是由直径为 8 ~10 mm 的圆和水平直径组成,圆及水平直径应以细实线绘制。

（三）建筑立面图的线型及绘制步骤

　　建筑立面图的外形轮廓用粗实线表示,室外地坪线用 1.4 倍的加粗实线表示,门窗洞口、檐口、阳台、雨篷、台阶等用中实线表示,其余如墙面分割线、门窗格线、雨水管、引出线等细部构造均用细实线表示。

　　建筑立面图的绘图步骤主要有:选定比例和图幅。画室外地坪线、定位轴线、室内地坪线、楼面线、屋顶线和建筑物外轮廓线。画凹凸墙面、门窗洞口、构配件的轮廓线。画墙面细部构造,如阳台、楣线、窗台、雨篷、壁柱、门窗细部分格、室外台阶、花池等。检查图示内容,无误后按建筑立面图的线型要求进行图线加深。标注标高、定位轴线、标注尺寸。写墙面装修文字、图名、比例等内容。

三、 建筑剖面图

（一）建筑剖面图的作用

　　建筑剖面图用来表示建筑物内部垂直方向的高度、内部分层、简单的结构形式及构造方式、各部位间的联系等。它与建筑平面图、立面图相配合,采用比例相一致。

建筑剖面图常用一个剖切平面剖切,也可用一次转折剖切,还可采取两个平行的剖切平面剖切。剖面图的数量根据建筑的复杂程度及施工实际需要而定。通常剖面图不绘制基础,而在基础墙部位用折线断开。其剖切位置应选在能反映建筑全貌、有代表性的地方,如在层高不同、层数不同、内外空间分割、构造比较复杂处,通常在楼梯间、门窗洞口位置剖切。建筑剖面图是建筑施工中不可缺少的重要图样之一。

(二)建筑剖面图的图示内容

① 图名、比例和定位轴线。

图名、剖切到的外墙定位轴线和编号,应分别与底层平面图中标注的剖切位置编号、轴线编号一一对应。建筑剖面图的比例通常选用 1∶100 或 1∶50。

② 剖切到的构配件及构造。

在建筑剖面图中,应绘制建筑物室内外地面以上各部位被剖切到的构配件,如室内外地面、楼面、屋顶,内外墙及墙身内的构配件(包括门窗、墙内的过梁、圈梁、防潮层等)。剖切到的各种梁、楼梯梯段及楼梯平台、阳台、雨篷、孔道、水箱等的位置和形状。

③ 按剖视方向看到的可见构配件及构造。

按剖视方向看到的墙面、梁、柱、阳台、雨篷、门窗、楼梯段(包括栏杆与扶手)和各种装饰线、装饰物等的位置和形状。

④ 建筑的竖向尺寸及标高。

建筑剖面图中必须标注竖向尺寸和标高,如室内外地面、各层楼面、楼梯平台面、檐口或女儿墙顶面、高出屋面的构筑物等位置尺寸及标高。

外墙的竖向尺寸通常标注三道,细部尺寸即门窗洞及窗间墙等高度尺寸,层高尺寸即各层的高度尺寸,总尺寸即室外地面到顶部女儿墙压顶抹灰完成后顶面的总高度。

⑤ 局部尺寸需补充注明细部构配件的高度、形状、位置尺寸。

对室外地坪、楼地面、阳台、平台、楼梯等处的高度尺寸及标高,应注写完成面的标高及高度方向尺寸(及建筑标高或包括粉刷层的高度尺寸),屋顶标高一般注在结构层表面。

⑥ 详图索引符号与某些用料、做法的文字注释。

在需要绘制详图的部位,应画出索引符号。楼地面、屋顶的构造做法可在建筑剖面图中用引出线从所指的部位引出,按其多层构造的层次顺序,逐层用文字说明,也可用文字说明内墙的材料和做法。若另有详图或者在施工总说明中已阐述清楚,则在建筑剖面图中可以不必标注。

(三)建筑剖面图的线型及绘制步骤

室内外地坪线用加粗实线表示,剖切到的建筑构件用粗实线表示,未剖切到但看到的建筑构件用细实线表示。

建筑剖面图的绘图步骤主要有:根据进深尺寸,画出墙身的定位轴线。根据标高尺寸确定室内外地坪线、楼面、屋面及女儿墙的高度位置。画出墙身、楼面、屋面轮廓线。确定门窗、楼梯位置,画出梯段、台阶、阳台、雨篷等细部构造。检查图示内容,无误后按建筑剖面图的线型要求进行图线加深。画材料图例,标注标高、定位轴线、尺寸、图名、比例等内容。

四、 建筑详图

（一）建筑详图概述

建筑平面、立面、剖面图表达建筑的平面布置、外部形状和主要尺寸，但往往因反映的内容范围大、比例小，对建筑的细部构造难以表达清楚。为满足施工要求，对建筑的细部构造用较大的比例详细地表达出来的图样，称为建筑详图，又称为大样图。详图常用的比例有 1∶50、1∶20、1∶10、1∶5 等。

在施工图设计过程中，常常按实际需要，在建筑平面图、立面图、剖面图等基本图样的相关部位标注索引符号外，还应绘制对应详图，并在详图上标注详图符号或名称。在详图中，如需画出定位轴线，定位轴线端部注写编号的细实线圆的直径为 8～10 mm。当一个详图适用几根定位轴线时，应同时注明各有关轴线的编号，但对通用详图的定位轴线，应只画圆不注编号。

建筑详图的画法与绘图步骤，与建筑平面图、立面图、剖面图的画法基本相同，仅是它们的一个局部而已。建筑详图的表达方法应视所绘的细部构造和构配件的复杂程度，按清晰表达的要求来确定。如墙身节点详图用一个剖面详图表达；楼梯详图用几个楼梯间平面图、一个剖面详图、几个节点详图表达。门窗详图一般用一个立面详图、几个剖面或断面详图来表达。建筑详图如由几个图样组成时，可以按照实际情况采用不同的比例绘制。

建筑详图一般应表达构配件的详图构造、所用材料及其规格，表达各部位、细部的详细尺寸，材料及做法，各部位的连接方法和相应的位置关系等。而对于套用标准或通用图集的建筑构配件和节点构造，只需注明所套用的图集名称、图集号、页码及图号，不需要另画详图。建筑详图是对建筑基本图样的深化和补充，是房屋细部施工、构配件制作与编制预算的依据。

（二）外墙构造详图

外墙构造详图是将外墙剖面从基础到屋顶的各主要节点的构造和做法，用较大比例清楚地表达出来的图样。画图时，常将各节点剖面图连在一起，中间用折断线断开，各个节点详图分别注明详图符号和比例。

外墙构造详图主要绘制一层窗台及以下部分，包括散水、防潮层、勒脚、室内外地面、踢脚、窗台等部位的构造做法；绘制楼板层、窗过梁、圈梁的形状、材料、大小及构造做法，同时表达楼板与外墙的关系；绘制屋顶、檐口、雨水口、女儿墙及压顶的形状、大小、材料及构造做法。

（三）楼梯构造详图

楼梯是多层房屋上下各层的垂直交通设施。楼梯通常由楼梯段（简称梯段）、楼梯平台（包括休息平台和楼层平台）、栏杆（或栏板）和扶手等组成。梯段是联系两个不同标高平台的倾斜构件。梯段由踏步组成，踏步包括踏面和踢面两部分。踏步的水平面称踏面，踏步的垂直面称踢面。楼梯平台起休息和转换梯段的作用。栏杆扶手则是保证人们在上下楼梯时的交通安全。

楼梯的构造比较复杂，因而需要画出详图。楼梯详图主要表达楼梯的类型、结构形式以及踏步、栏杆扶手、防滑条等的详细构造、尺寸和装修做法。楼梯详图一般由楼梯平面图、楼梯剖面图和楼梯踏步、栏杆、扶手节点详图组成。

楼梯平面图的形成与建筑平面图相同,是将建筑平面图中的楼梯间按比例放大后画出的图样,比例通常为 1∶50。其平面图通常有底层平面图、二层平面图、标准层平面图和顶层平面图。

楼梯平面图的图示内容有以下几点。

① 楼梯间的开间、进深,墙体的厚度,门窗的位置。

② 楼梯段、楼梯井和休息平台的平面形式、位置、踏步的宽度和数量。

③ 楼梯的走向及上下行的起步位置。

④ 楼梯段各层平台的标高。

⑤ 在楼梯底层平面图中,应注出楼梯剖面图的剖切符号、门洞位置及室内踏步等。

⑥ 在二层平面图中,应绘出楼梯间雨篷形式、排水方式等。

⑦ 在顶层平面图中,应绘出楼梯扶手的收头处理构造。

楼梯剖面图是按楼梯底层平面图中的剖切位置及剖视方向,用假想的铅垂面通过各层楼梯间进行剖切所作出的投影图。楼梯剖面图主要表达楼地面构造、剖切到的楼梯梁、梯段、平台的构造、栏杆的形状以及相关尺寸。如果各层楼梯构造相同,且踏步尺寸和数量相同,楼梯剖面图可只画底层、中间层和顶层剖面图,其余部分用折断线将其省略,比例一般为 1∶50。

楼梯剖面图的图示内容有:各层楼地面及平台面标高;各梯段、踢面的高度、踏步的数量;栏杆、扶手的构造及细部做法。

4.4.3　任务拓展

微课扫一扫
建筑平面图的识读

一、　识读图 4-13 底层平面图示例

（一）图名、比例、朝向

图名是底层平面图,说明这个平面图是在该建筑物的底层窗台以上、底层通向二层的楼梯平台之下处水平剖切后,按俯视方向投射所得的水平剖面图,反映出该建筑物的底层平面布置和房间大小。比例为 1∶100。在底层平面图上画出指北针,由指北针可以看出建筑物的朝向。

（二）定位轴线及相应尺寸

建筑平面图中绘制的定位轴线用来确定建筑物各承重构件的位置。该图横向定位轴线从左到右顺序是 1~8 号,对应此开间尺寸除 4~5 号轴线间的尺寸是 3 500 mm 外,其余均为 4 000 mm。纵向编号自下而上是 A~C 号,房屋 A~B 号进深尺寸是 7 000 mm,在4~5 号轴线处 B~C 号进深尺寸是 2 000 mm。

（三）墙柱、门窗、楼梯间及房间名称

读图时通常按从左到右、自下而上的顺序。本图可先阅读 A 号定位轴线上墙体、门窗细部的情况。1~2 号轴线间 C1 窗宽度尺寸 3 595 mm。2~3 号轴线间 M1 门,结合门窗表可知 M1 铝合金玻璃门,洞口宽 2 650 mm,高 2 700 mm。3~4 号轴线间 C1 窗宽 3 595 mm。4~5 号轴线是楼梯间,该楼梯为平行双跑楼梯,梯段宽 1 670 mm,楼梯井宽 160 mm。楼梯间室内地面标高 -0.450 m,室内台阶 3 步,台阶宽度 280 mm,高150 mm。从第一、二梯段上 22 步到二层楼面。5~6 号轴线间有宽 1 000 mm 的 M5 门,

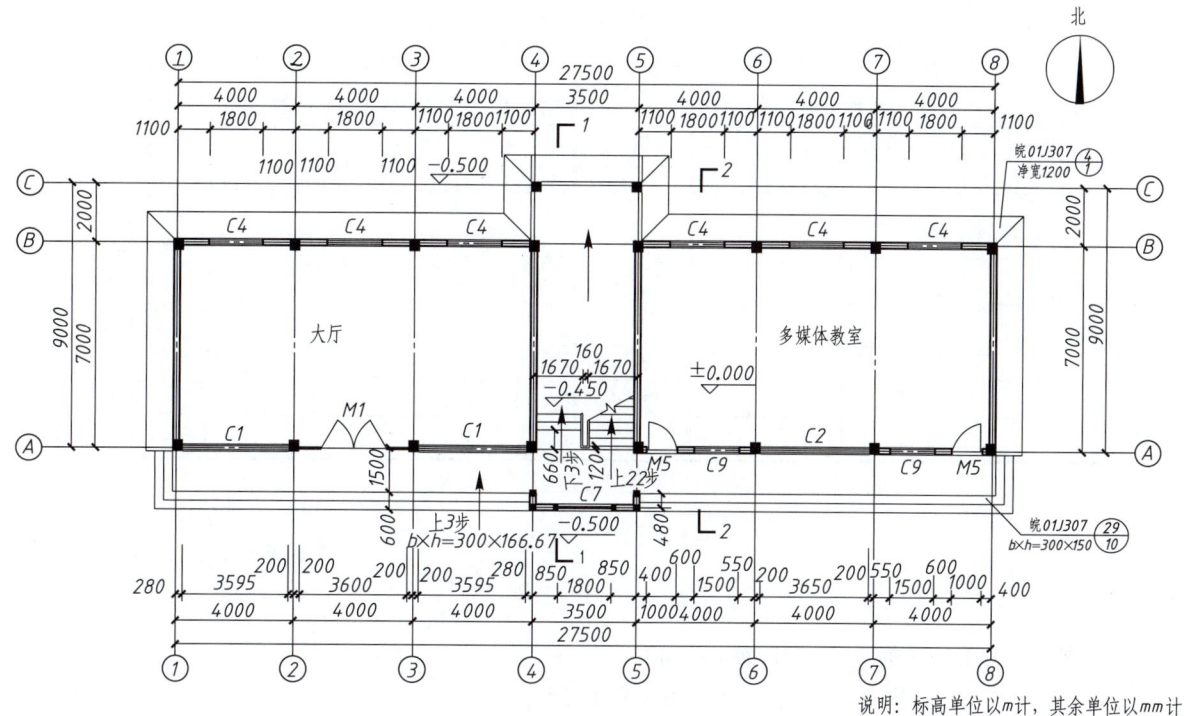

图 4-13　底层平面图

说明：标高单位以m计，其余单位以mm计。

1 500 mm宽的 C9 窗，二者之间是 600 mm 宽墙段，5 号轴线到 M5 门边尺寸为 400 mm，6 号轴线到 C9 窗边尺寸为 550 mm。6~7 号轴线间 C2 窗宽度尺寸为 3 650 mm。7~8 号轴线间 C9 窗、M5 门及墙段尺寸与 5~6 号轴线相同。

阅读 B 号定位轴线上墙体、门窗细部的情况。1~4 号、5~8 号轴线间均为两侧 1 100 mm墙段、中间 1 800 mm 宽的 C4 窗。4~5 号轴线间是开间 3 500 mm 的楼梯间入口门洞。

从底层平面图可见，1~4 号轴线房间是建筑物的大厅、5~8 号轴线间房屋是多媒体教室。房间室内地面标高±0.000。

（四）其他构配件、固定设施的图例及有关符号

本图在 A 号定位轴线以南是外走廊，走廊宽 1 500 mm。室外地面标高-0.500 m，从室外上 3 个台阶到外走廊，台阶踏步宽 300 mm、高 166.67 mm，其构造做法见皖 01J307 标准图册第 10 页，编号是 29 的详图。该建筑物外墙勒脚处设散水，散水坡宽 1 200 mm，其构造做法见皖 01J307 标准图册第 1 页，编号为 4 的详图。

在 4~5 号、5~6 号轴线间分别用粗实线标注 1—1，2—2 剖切符号，均采取全剖切形式，剖视方向均向右。

二、识读图 4-14 立面图示例

（一）图名、比例

图名①~⑧轴立面图，对照底层平面图（图 4-13）①~⑧轴线位置，可见①~⑧轴立面图所表达的是建筑物朝南的立面，也可称为南立面图，就是将建筑物由南向北投射所得的正投影图。

微课扫一扫
建筑立面图
的识读

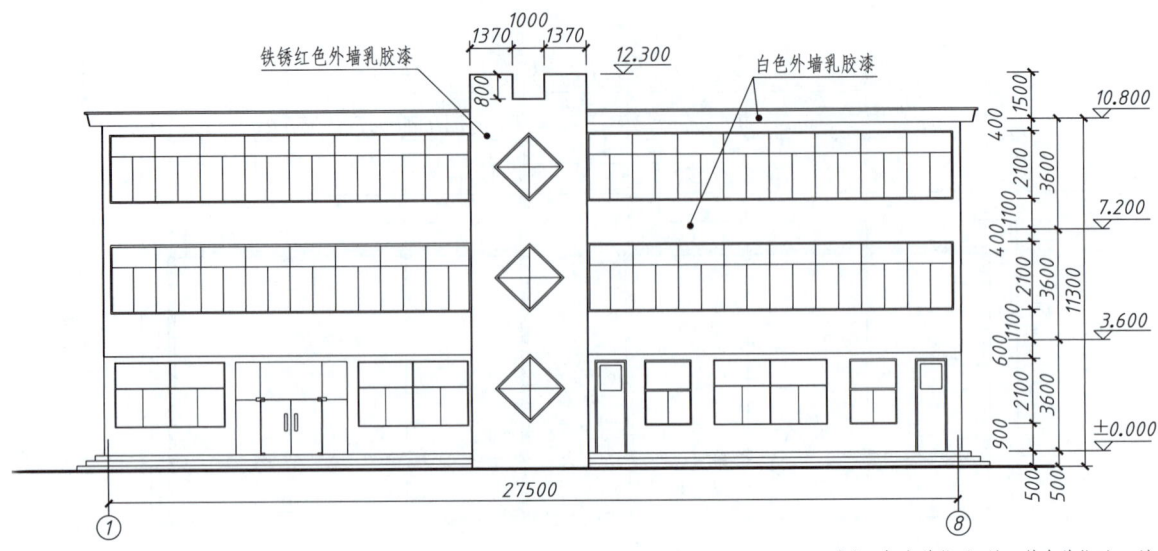

说明：标高单位以 m 计，其余单位以 mm 计。

图 4-14　①～⑧轴立面图

①～⑧轴立面图比例 1∶100。

（二）建筑物室外地坪线以上的构配件

外轮廓线所包围的范围显示出建筑物的总长、总高。该建筑共三层。一层通过室外台阶可直接到室内。二层、三层朝南设外走廊，走廊安装铝合金推拉窗。

南立面在楼梯间位置砌筑墙体，顶部为 U 形，楼梯间楼层平台位置设置菱形固定铝合金窗。

（三）外墙面装修的构造做法

从南立面图可见：楼梯间位置外墙面装修采用铁锈红色外墙乳胶漆，檐口、二三层走廊外侧装修采用白色外墙乳胶漆。

（四）标高、尺寸

建筑立面图通常标注室内外地面、楼面、阳台、檐口、门窗等处的标高，也可标注相应的高度尺寸。该建筑物室外地坪线标高-0.500 m，室内一层地面标高±0.000，二层楼面标高 3.600 m，三层楼面标高 7.200 m，屋面标高 10.800 m，楼梯间顶部标高12.300 m。

标注一层窗台高度 900 mm，窗高 2 100 mm，窗顶到二层楼面高度 600 mm；二层楼面到窗台高度 1 100 mm，窗高 2 100 mm，窗顶到三层楼面高度 400 mm；三层与二层相关尺寸相同。

三、识读图 4-15 剖面图示例

（一）图名、比例和定位轴线

微课扫一扫
建筑剖面
图的识读

图名是 1—1 剖面图。对照底层平面图（图 4-15）查找编号为 1—1 的剖切符号，由剖切位置线可知：1—1 剖面图是用侧平面采用全剖切方式剖切得到的。剖切面在楼梯间的室内三级台阶处剖切，剖切到二、四梯段。从剖视方向线可知是向右剖视，也就是向东剖视。

1—1 剖面图比例为 1∶100。该剖面图中定位轴线的相对位置与底层平面图中剖视方向投射后所得的投影相一致，为 C～A 号定位轴线。

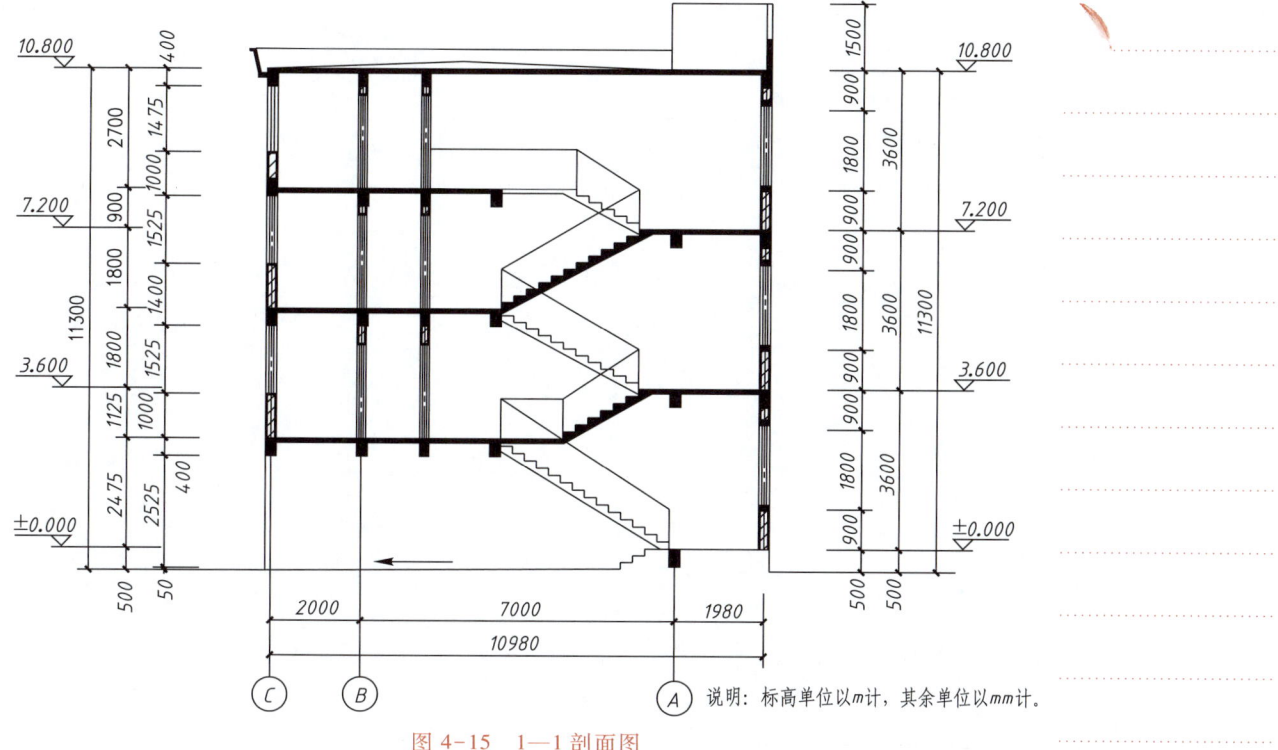

说明：标高单位以m计，其余单位以mm计。

图 4-15 1—1 剖面图

（二）剖切到的构配件

图示可见室内外地面线，楼梯间地面找坡，室内台阶。各层楼板、屋面板、钢筋混凝土梁用涂黑表示。图中示出被剖切到的外墙、内墙及门窗、过梁、挑檐等构配件的断面形状。

楼梯间楼梯形式为平行双跑楼梯，共五个梯段，其中第二、四梯段为剖切到的梯段，用涂黑表示。第一、三、五梯段为投射看到的梯段，用细实线表示。楼梯平台、平台梁用涂黑表示，楼梯栏杆、扶手用细实线绘制。

（三）标高、尺寸

建筑剖面图通常标注室内外地面、楼面、阳台、檐口、门窗等处的标高，也可标注相应的高度尺寸和横向尺寸。所注的尺寸与标高，应与建筑平面图、立面图中所注的相吻合。

该建筑物室外地坪线标高-0.500 m，楼梯间地面标高-0.500 m。室内一层地面标高±0.000，二层楼面标高3.600 m，三层楼面标高7.200 m，屋面标高10.800 m。

图中可见：C号定位轴线所对应的楼梯间门洞高度2 525 mm，过梁高400 mm；窗下墙高1 000 mm，窗洞口高1 525 mm。

图中可知：楼梯间各梯段竖向投影高度，第一梯段高度2 475 mm，第二梯段高度1 125 mm，第三、四梯段高度1 800 mm，第五梯段高度900 mm。

图中标注楼梯间外走廊一层窗台高度900 mm，窗高1 800 mm，窗顶到二层楼面高度900 mm；二层楼面到窗台高度900 mm，窗高1 800 mm，窗顶到三层楼面高度900 mm；三层与二层相关尺寸相同。

学习情境 5

市政施工图

5.1　学习情境描述

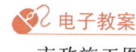
5.1.1　学习目标

完成本学习情境后,你应当能:

1. 掌握室外给水管道平面图、纵断面图和大样图的图示内容及识图方法。

2. 掌握室外排水管道平面图、纵断面图和构筑物施工图的图示内容及识图方法。

3. 掌握城市道路工程图中道路平面图、纵断面图、横断面图的图示内容及识图方法。

4. 掌握桥梁工程图中桥位平面图、地质断面图的图示内容及识图方法。

5. 掌握桥梁的总体布置图中立面图、平面图和横断面图的图示内容及识图方法。

5.1.2　学习任务

序号	学习任务	任务驱动
1	给排水工程施工图	1. 通过识读室外给水管道平面图、纵断面图和大样图,准确判断给水管道平面及纵向布置情况。 2. 通过识读室外排水管道平面图、纵断面图和大样图,准确判断排水管道平面及纵向布置情况

续表

序号	学习任务	任务驱动
2	城市道路工程施工图	1. 通过识读城市道路工程图中道路平面图、纵断面图和横断面图,准确判断道路平面、纵向及横向布置情况。 2. 通过识读城市道路路面结构图,准确判断道路结构形式及材料组成
3	桥梁工程施工图	1. 通过识读桥位平面图桥、地质断面图,准确判断桥梁与路线所连接的平面位置,以及桥位处的地形、地物、地质等情况。 2. 通过识读桥梁的总体布置图,明确桥梁的形式、跨径、孔数、总体尺寸、桥面宽度、桥梁各部分的标高等参数。 3. 通过识读桥梁构件结构图,准确判断桥梁构件的结构形式

教学课件
给排水工程施工图

5.2　任务 1：给排水工程施工图

5.2.1　任务资讯

一、给排水工程简介

给水排水系统是为了系统地供给生活、生产、消防用水以及排除生活或生产废水而建设的一整套工程设施的总称。它包括室外给水工程、室外排水工程及室内给水排水工程。给水工程是指水源取水、水质净化、净水输送、配水使用工程。排水工程是指污水排除、污水处理、污水排放等工程。给水与排水工程通常简称给排水工程。给排水工程系统的组成表示如下。

（1）室外给水工程

水源地：取水 —一级泵站加压→ 水厂：给水处理 —二级泵站加压→ 配水管网：输配水 → 建筑物

（2）室内给水排水工程

给水 → 建筑物 → 排水

（3）室外排水工程

建筑物、雨水 → 排水管网：排水 → 污水处理厂：污水处理 —排放→

给排水工程施工图按其内容大致可分为以下几种。

（1）室内给排水施工图

表示一幢房屋的给水和排水系统,如民用建筑当中的厨房、卫生间的给水和排水。主要包括:给排水平面图、给排水工程系统图、设备安装详图和其他详图等。

（2）室外给排水工程施工图

表示一个区域的给水和排水系统,由室外给排水平面图、管道纵断面图以及构筑物(如泵站、检查井、闸门)等施工图组成。

（3）水处理构筑物及工艺图

主要包括水厂、污水处理厂等各种水处理构筑物(如澄清池、过滤池、蓄水池等)的全套施工图。包括平面布置图、流程图及工艺设计图和详图。

其中,室外给排水工程施工图和水处理构筑物及工艺图属于市政工程范畴,而水处理构筑物及工艺图涉及专业知识比较深,所以,在这里主要介绍室外给排水工程施工图。

二、 给排水工程施工图的一般规定

（一）图线

图线的宽度 b,应根据图纸的类别、比例和复杂程度,按《房屋建筑制图统一标准》(GB/T 50001—2010)中第 3.0.1 条规定选用。线宽 b 宜为 0.7 或 1.0 mm。给排水专业制图,常用的各种线型宜符合表 5-1 的规定。

表 5-1 给排水工程制图常用各种线型

名称	线型	线宽	用途
粗实线	———————	b	新设计的各种排水和其他重力流管线
粗虚线	— — — — — —	b	新设计的各种排水和其他重力流管线的不可见轮廓线
中粗实线	———————	$0.7b$	新设计的各种给水和其他压力流管线;原有的各种排水和其他重力流管线
中粗虚线	— — — — — —	$0.7b$	新设计的各种给水和其他压力流管线及原有的各种排水和其他重力流管线的不可见轮廓线
中实线	———————	$0.5b$	给水排水设备、零(附)件的可见轮廓线;总图中新建的建筑物和构筑物的可见轮廓线;原有的各种给水和其他压力流管线
中虚线	— — — — — —	$0.5b$	给水排水设备、零(附)件的不可见轮廓线;总图中新建的建筑物和构筑物的不可见轮廓线;原有的各种给水和其他压力流管线的不可见轮廓线
细实线	———————	$0.25b$	建筑物的可见轮廓线;总图中原有的建筑物和构筑物的可见轮廓线;制图中各种标注线
细虚线	— — — — — —	$0.25b$	建筑物的不可见轮廓线;总图中原有的建筑物和构筑物的不可见轮廓线
单点长画线	—— · —— · ——	$0.25b$	中心线、定位轴线
折断线	—— ╱╲ ——	$0.25b$	断开界线
波浪线	∿∿∿∿∿	$0.25b$	平面图中水面线

（二）比例

给排水工程制图常用的比例,宜符合表 5-2 的规定。

表 5-2　给排水工程制图常用的比例

名称	比例	备注
区域规划图、区域位置图	1∶50 000;1∶25 000;1∶10 000;1∶5 000;1∶2 000	宜与总图专业一致
总平面图	1∶1 000;1∶500;1∶300	宜与总图专业一致
管道纵断面图	纵向:1∶200;1∶100;1∶50; 横向:1∶1 000;1∶500;1∶300	—
水处理厂(站)平面图	1∶500;1∶200;1∶100	—
水处理构筑物,设备间、卫生间,泵房平、剖面图	1∶100;1∶50;1∶40;1∶30	—
建筑给水排水平面图	1∶200;1∶150;1∶100	宜与总图专业一致
建筑给水排水轴测图	1∶150;1∶100;1∶50	宜与总图专业一致
详图	1∶50;1∶30;1∶20;1∶10;1∶5;1∶2;1∶1;2∶1	—

(三) 图例

给排水工程制图常用的图例,见表 5-3~表 5-8 的规定。

表 5-3　管 道 图 例

序号	名称	图例	序号	名称	图例
1	给水管	——— J ———	10	冷却循环回水管	——— XH ———
2	排水管	——— P ———	11	冲箱水给水管	——— CJ ———
3	污水管	——— W ———	12	冲箱水回水管	——— CH ———
4	废水管	——— F ———	13	蒸汽管	——— Z ———
5	消火栓给水管	——— XH ———	14	雨水管	——— Y ———
6	自动喷水灭火给水管	——— ZP ———	15	空调凝结水管	——— KN ———
7	热水给水管	——— RJ ———	16	暖气管	——— N ———
8	热水回水管	——— RH ———	17	排水明沟	坡向 ⟶
9	冷却循环给水管	——— XJ ———	18	排水暗沟	坡向 ⟶

表 5-4　管道附件、管件图例

序号	名称	图例	序号	名称	图例
1	清扫口	○ ⊤	3	圆形地漏	⊘ ▽
2	雨水斗	⦶ ⸸	4	方形地漏	▥ ⊡

续表

序号	名称	图例	序号	名称	图例
5	存水弯		9	自动冲洗水箱	
6	通气帽		10	淋浴喷头	
7	异径管		11	管道立管	JL1　JL1
8	偏心异径管		12	立管检查口	

表 5-5　常见管道连接图例

序号	名称	图例	序号	名称	图例
1	管道伸缩器		11	法兰连接	
2	方形伸缩器		12	承插连接	
3	弧形伸缩器		13	活接头	
4	刚性防水套管		14	管堵	
5	柔性防水套管		15	法兰管堵	
6	软管		16	盲板	
7	可挠曲橡胶接头		17	弯折管	
8	保温管		18	管道丁字上接	
9	波纹管		19	管道丁字下接	
10	管道固定支架		20	法兰管堵	

表 5-6　阀门图例

序号	名称	图例	序号	名称	图例
1	闸阀		11	电磁阀	
2	截止阀		12	止回阀	
3	球阀		13	消声止回阀	
4	隔膜阀		14	自动排气阀	
5	液动阀		15	电动阀	
6	气动阀		16	湿式报警阀	
7	减压阀		17	法兰止回阀	
8	旋塞阀		18	消防报警阀	
9	温度调节阀		19	浮球阀	
10	压力调节阀				

表 5-7 给水排水设备、构筑物图例

序号	名称	图例	序号	名称	图例
1	泵		8	水泵接合器	
2	离心水泵		9	化粪池	HC
3	管道泵		10	隔油池	YC
4	潜水泵		11	水封井	
5	室外消火栓		12	阀门井、检查井	
6	室内消火栓（单口）		13	水表井	
7	室内消火栓（双口）		14	雨水口（单算）	

表 5-8 给水排水仪表图例

序号	名称	图例	序号	名称	图例
1	自动记录流量表		5	水表	
2	温度计		6	除垢器	
3	水流指示器		7	疏水器	
4	压力表		8	开水器	

（四）标高

管道应标注起点、转角点、连接点、边坡点、交叉点的标高，单位为 m。压力管道宜标注管道中心标高。室内外重力管道宜标注管底标高。必要时，室内架空重力管道可标注管中心标高，但图中应加以说明。室内管道应标注相对标高，室外管道宜标注绝对标高，无资料时可标注相对标高，但应与总图专业一致。标注方法如图 5-1 所示。

建筑故事
中国著名
水电站——
白鹤滩水
电站

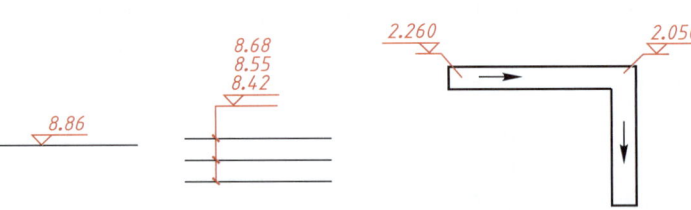
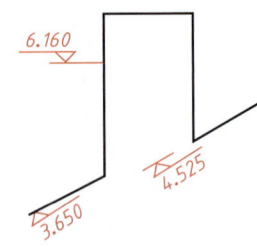

（a）平面图中管道标高表示方法　　（b）平面图中沟渠标高表示方法　　（c）轴测图管道标高表示方法

图 5-1 标高的表示方法

（五）管径

管径单位为 mm。管径的表示方法如图 5-2、图 5-3 所示。要注意的是，水煤气输送钢管（镀锌和非镀锌）、铸铁管等管材，管径宜以公称直径 DN 表示。无缝钢管、焊接钢管(直缝或螺旋缝)等管材,管径宜以外径 $D×$壁厚表示。复合管、结构壁塑料管等管材,管径宜按产品标准的方法表示。钢筋混凝土(或混凝土)管等,管径宜以内径 d 表示。

图 5-2　单管管径表示法　　　　　图 5-3　多管管径表示法

（六）编号

当建筑物的给水引入管或排水排出管的数量超过一根时,应用阿拉伯字母进行编号,如图 5-4 所示。建筑物内穿越楼层的立管,其数量超过一根时,应进行编号,如图 5-5所示。

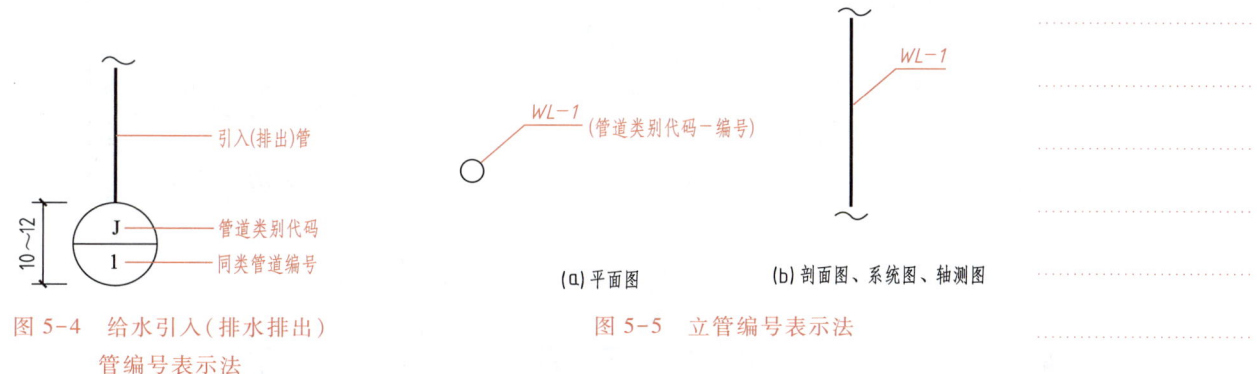

图 5-4　给水引入（排水排出）　　　　　图 5-5　立管编号表示法
　　　　管编号表示法

给水排水附属构筑物(阀门井、检查井、水表井、化粪池等)超过一个时应进行编号。给水阀门井的编号顺序宜从水源到干管,再从干管到支管,最后到用户。排水检查井的编号顺序宜从上游到下游,先干管后支管。

5.2.2　任务实施

一、室外给水工程施工图

室外给水工程施工图主要表示给水管道的平面及高程布置情况,它包括给水管道带状平面图、给水管道纵断面图和给水管道节点大样图等。

（一）给水管道带状平面图

给水管道带状平面图是在管网规划的基础上进行设计,通常采用 1:500 ~ 1:1 000的比例,带状图的宽度应根据标明管道相对位置的需要而定,一般在 30 ~ 100 m 范围内。由于带状图是截取地形图的一部分,因此图上的地物、地貌的标注方法应与相同比例的地形图一致,并按管道图的有关要求在图示中包括以下内容。

（1）现状道路或规划道路中心线及折点坐标。

（2）管道代号、管道与道路中心线或永久性地物间的相对距离、间距、节点号、管距、管道转弯处坐标及管道中心线的方位角、穿越障碍物的坐标等。

（3）与本管道相交或相近平行的其他管道的状况及相对关系。

图 5-6 为一管道带状平面图。

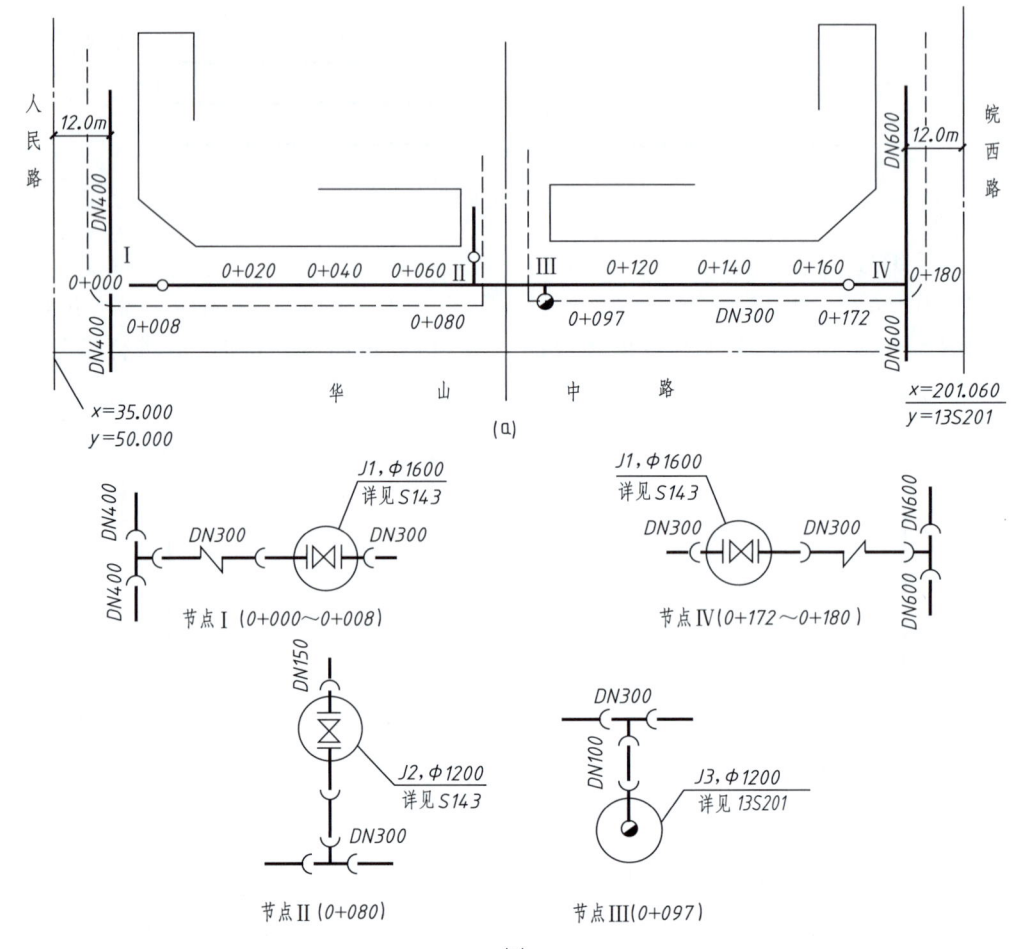

图 5-6 管道带状平面图和节点大样图

（二）给水管道纵断面图

管道纵断面图是反映管道埋设情况的主要技术资料之一，如图 5-7 所示。一般给水管道均绘纵断面图，只有在地势平坦、交叉少且管道较短时，才允许不画纵断面图，但需在管线平面图上标注各节点及管线交叉处的管道标高等。

绘制管道纵断面图时，常以水平距离为横轴，以标高为纵轴。一般横轴比例常与带状平面图一致，纵轴比例常为横轴的 5~20 倍，常采用 1∶50~1∶1∶1 000。图中设计地面标高用细实线，原地面标高用细虚线绘出，并在纵断图下面的图标栏内，将有关数据逐项填入。如图 5-7（b）所示，第一栏从左向右按比例标注各里程桩（节点）的位置和编号；第二栏为地面标高，若设计地面与原地面不同，可将此栏分两行分别填写；

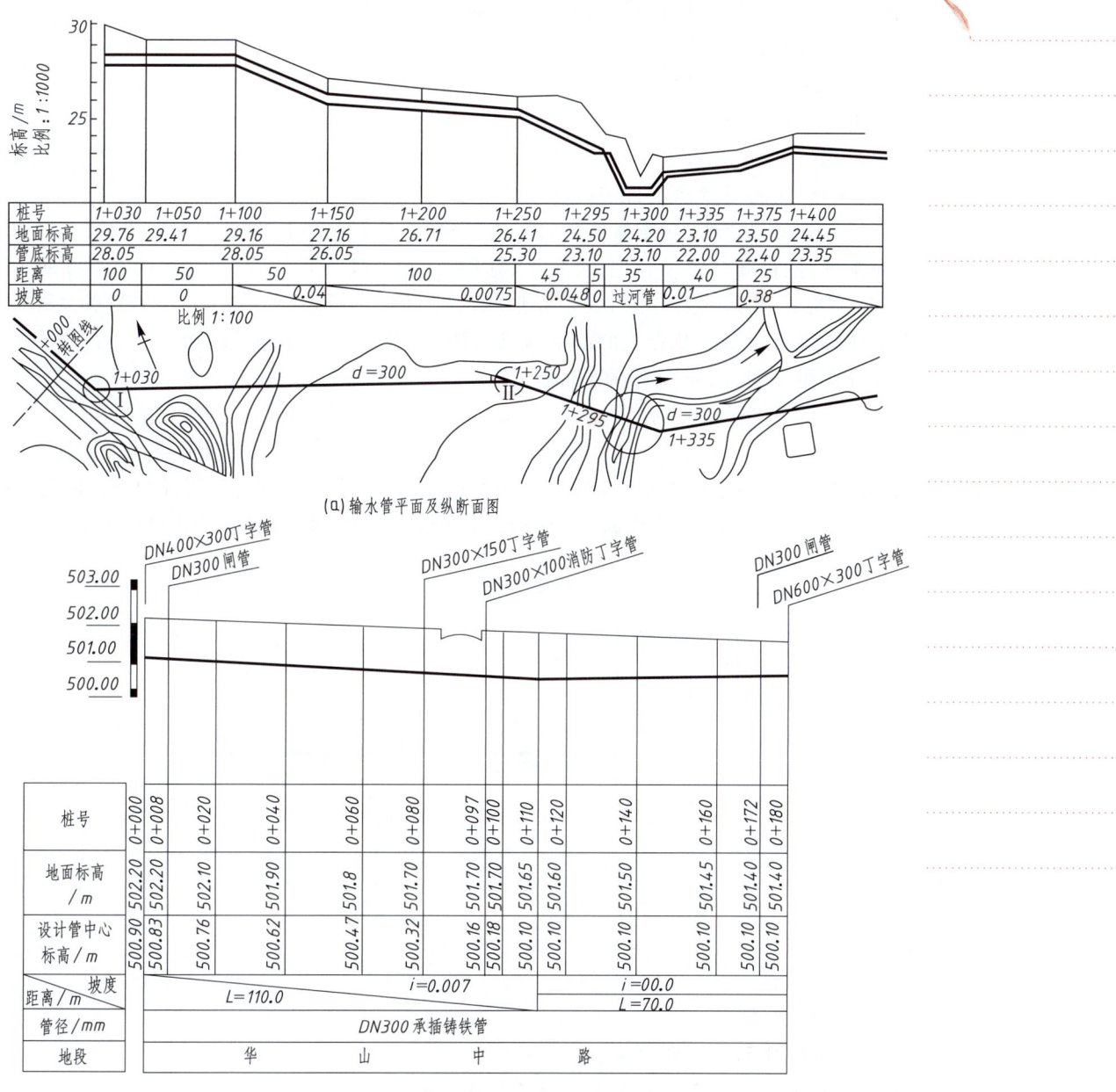

(a) 输水管平面及纵断面图

(b) 配水干管纵断面图

图 5-7 管道纵断面图

第三栏为设计管中心标高；第四栏为管道坡向、坡度和水平距离；第五栏为管道管径及管材；第六栏为地段名称。若管线全部采用统一的基础形式，可在说明中注明。若与基础不完全相同，应将基础形式与采用的标准图号等分别注明在该地段管道断面图上。

纵断面图中的管线可按管径大小画成双线或单线，一般以粗实线绘制。与本管道交叉的地下管线、沟槽等应按比例绘出截面位置，并注明管线代号、管径、交叉管管底或管顶标高、交叉处管道的标高及距节点或井的距离。

（三）给水管道节点大样图

在施工图中应绘出大样图。大样图可分为管件组合的节点大样图、附属设施（各种井类、支墩等）的施工大样图、特殊管段（穿越河谷、铁路、公路等）的布置大样图。

给水管网中的管线相交点称为节点。在节点上设有三通、四通、弯头、渐缩管、闸门、消火栓、短管等管道配件和附件。

给水管网设计时，选定管线的管径和管材后，应进行管网节点大样图设计，使各节点的配件、附件布置紧凑合理，以减小阀门井尺寸。画出井的外形，并注明井的平面尺寸、井号及索引详图号。井的大小和形状应尽量统一，形式不宜过多。在节点大样图上应用标准符号绘出节点上的配件、附件，如消火栓、弯管、渐缩管、阀门等。特殊的配件应在图中注明，以便编制预算和加工订货。

节点大样图不按比例绘制，其大小根据节点上配件和附件的多少和节点构造的复杂程度而定。但管线的方向和相对位置应与管网总平面图一致。节点大样图一般附注在带状平面图上［图 5-6(b)］，或将带状平面图上相应节点放大标注配件和附件的组合情况，不另设节点大样图，图的大小根据节点构造的复杂程度而定，如图 5-8 节点大样图示例。

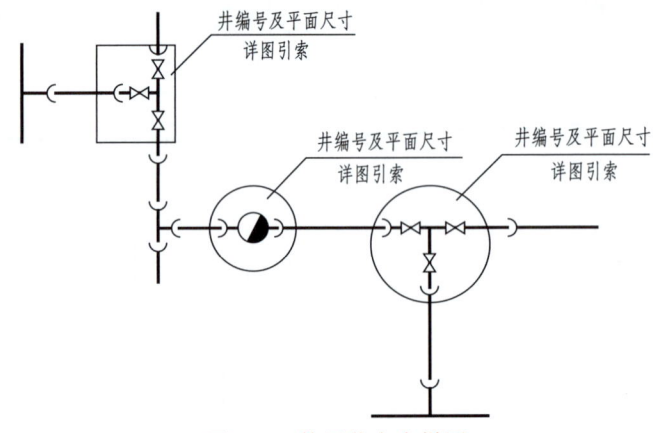

图 5-8　管网节点大样图

想一想

1. 分析图 5-6 给水管道平面布置情况。

2. 图 5-7 配水管纵断面图中管径和坡度分别为多少？

3. 分析图 5-8 给水管道节点处的管道连接方式。

二、室外排水工程施工图

室外排水工程图主要表示排水管道的平面及标高布置情况，一般由排水工程平面图、断面图和构筑物图组成。

（一）排水工程平面图

排水工程平面图是以道路平面图的内容为基础，表明城区、厂区等一条道路的排水管道平面布置情况的图样，是排水管道设计的重要组成部分。排水平面图的绘图比例通常与道路平面设计图一致，一般为 1∶500 或 1∶1 000。其图示内容如下。

（1）排水管道及其附属设施的具体位置、设计参数及与现有管道、建筑和道路的相互关系等。

（2）排水管道的设计管径、管长、坡度、排水方向及与道路中心线的间距等。

（3）排水检查井的中心桩号、设计地面标高、上下游管内底标高和雨水口位置等。

如图 5-9 所示，排水平面图中表现的主要内容有：排水管道布置位置、管道标高、检查井布置情况等。图中雨水管采用粗双点长画线、污水等采用粗虚线表示，并在检查井边标注"Y""W"分别表示雨水、污水井代号。排水平面图上画的管道均为管道中心线，其平面定位即管道中心线的位置。图中标注应表明检查井的桩号、编号及管道直径、长度、坡度、流向和检查井相连的各管道的管内底标高，如图 5-10 所示。

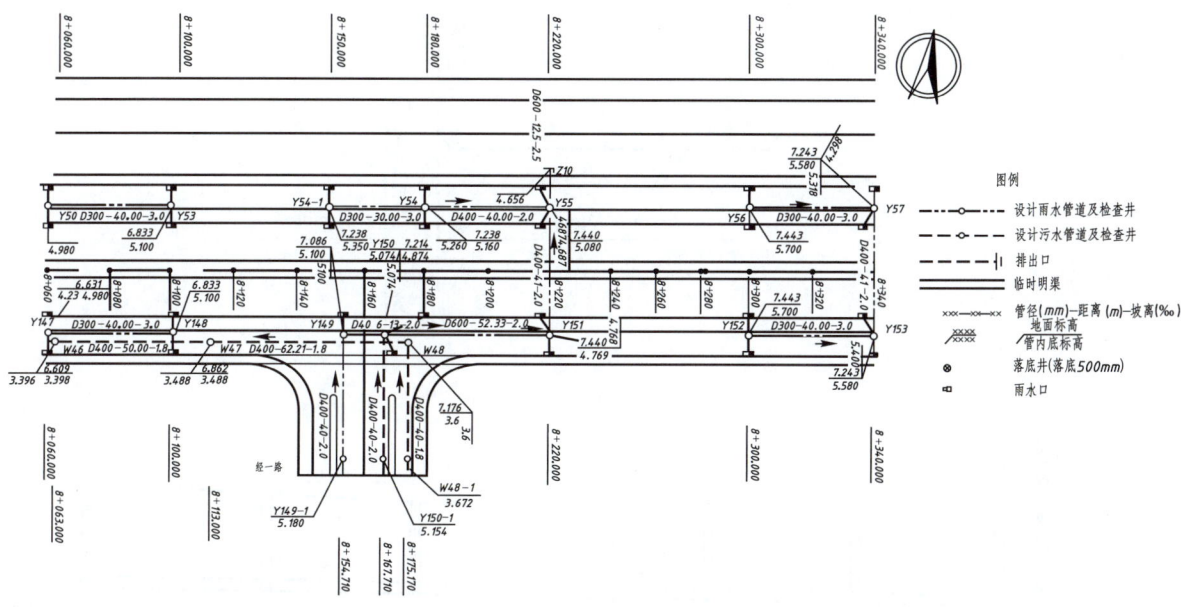

说明：1. 本图尺寸：距离、标高以 m 计（黄海标高系），其余以 mm 计。
　　　2. 本图所标排水管标高均为管内底标高。

图 5-9　排水平面图

（二）排水工程纵断面图

雨、污水纵断面图是排水管道设计的重要组成部分，是对排水平面图的进一步说明和补充。主要表示排水管道沿道路纵向剖面的情况，表明管道的坡向、埋深和交叉管道的管径与标高等。雨、污水纵断面图主要包括管线、自然地面线、设计地面线、检查井、交叉管道、表格、表头、标高标尺和相关文字等内容。

如图 5-11、图 5-12 所示，排水工程纵断面图中主要表示：管道敷设的深度、管道管径及坡度、路面标高及相交管道情况等。纵断面中水平方向表示管道的长度、垂直方向表示管道直径及标高，通常纵断面图中纵向比例比横向比例放大 10 倍。图中横向粗实线表示管道、细实线表示设计地面线、两根平行竖线表示检查井，雨水纵断面图中如竖线延伸至管内底以下的则表示落底井。从图中可了解检查井支管接入情况以及与管道交叉的其他管道管径、管内底标高、与相近检查井的相对位置等，如支管标注中"SYD400"表示"方位（由南向接入）、代号（雨水）、管径（400 mm）"。

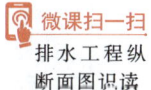
微课扫一扫
排水工程纵断面图识读

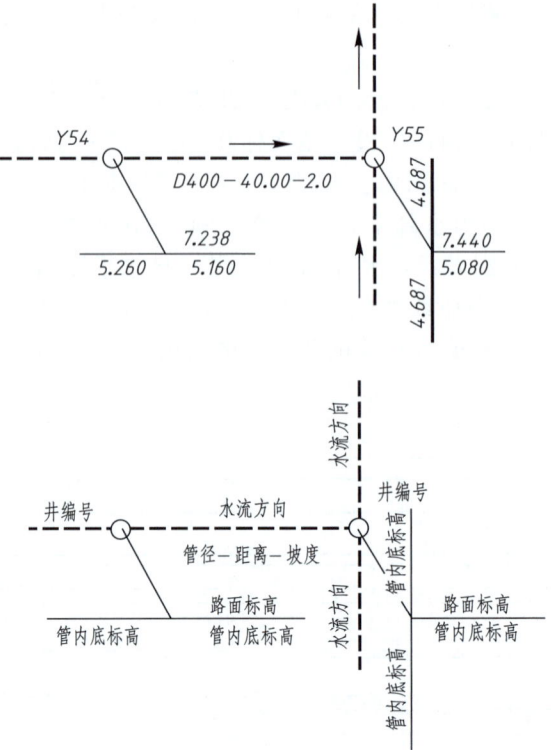

图 5-10 管道、检查井标注

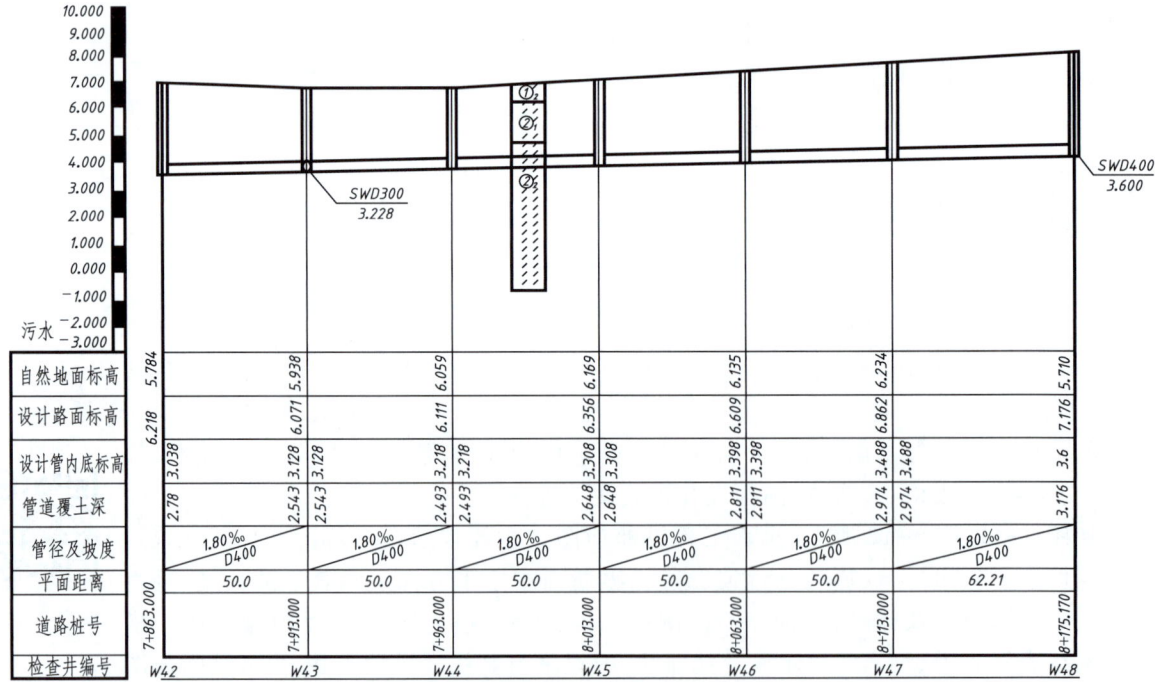

图 5-11 污水管道纵断面图

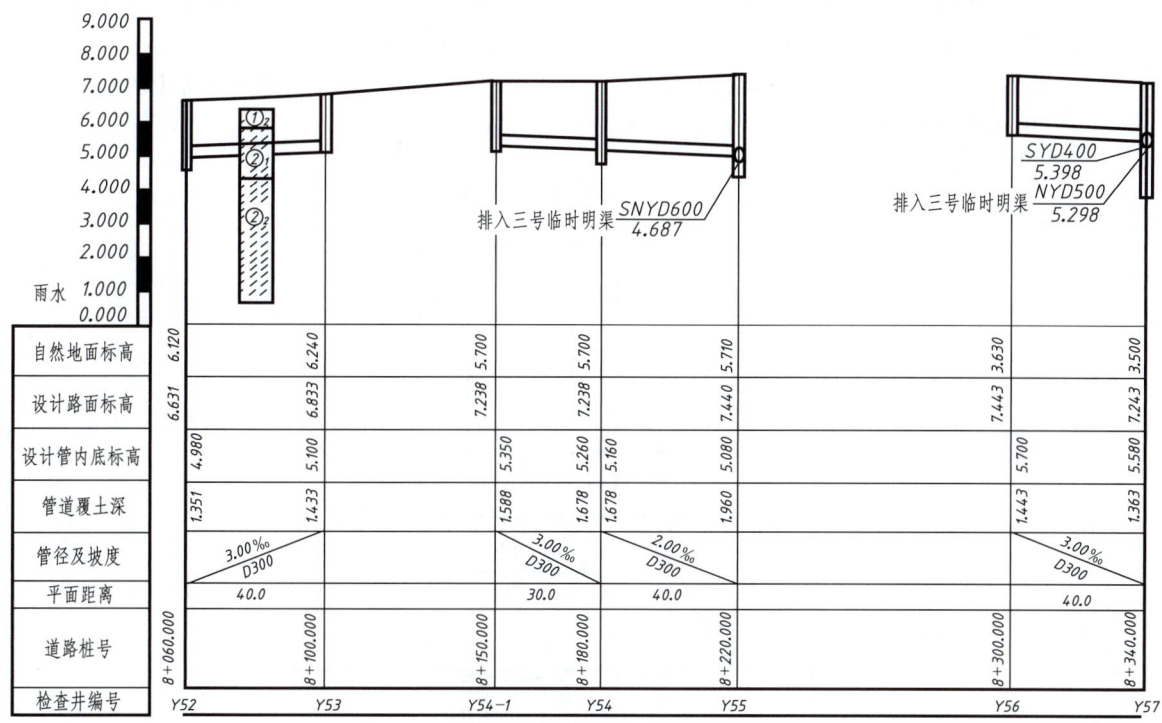

图 5-12　雨水管道纵断面图

下面以雨水纵断面图中 Y54～Y55 管段为例说明图中所示内容。

（1）自然地面标高。指检查井盖处的原地面标高，Y54 井自然地面标高为 5.700 m。

（2）设计路面标高。指检查井盖处的设计路面标高，Y54 井设计路面标高为 7.238 m。

（3）设计管内底标高。指排水管道在检查井处的管内底标高，Y54 井的上游管内底标高为 5.260 m，下游管内底标高为 5.160 m，为管顶平接。

（4）管道覆土深。指管顶至设计路面的土层厚度，Y54 处管道覆土深为 1.678 m。

（5）管径及坡度。指管道的管径大小及坡度，Y54～Y55 管段管径为 300 mm，坡度为 2‰。

（6）平面距离。指相邻检查井的中心间距，Y54 和 Y55 的平面距离为 40 m。

（7）道路桩号。指检查井中心对应的桩号，一般与道路桩号一致，Y54 井道路桩号为 8+180.000。

（8）检查井编号。Y54、Y55 为检查井编号。

（三）排水构筑物图

为保证及时有效地收集、输送、排除城市污水及天然降雨，保证排水系统正常的工作，还需要在排水系统中设置一些必要的构筑物。常见的构筑物有检查井、跌水井、水封井、溢流井、倒虹管、雨水口、排放口等。

图 5-13 所示为一矩形排水检查井，检查井内由两部分组成，井室尺寸为 1 100 mm

×1 100 mm,壁厚为 370 mm;井筒直径为 700 mm,壁厚 240 mm。井盖座采用铸铁井盖、井座。图中检查井为落底井,落底深度为 50 cm。井室及井筒为砖砌,基础采用 C20 钢筋混凝土底板及 C10 素混凝土垫层。管上 200 mm 以下用 1∶2 水泥砂浆抹面,厚度为 20 mm;管上 200 mm 以上用 1∶2 水泥砂浆勾缝。

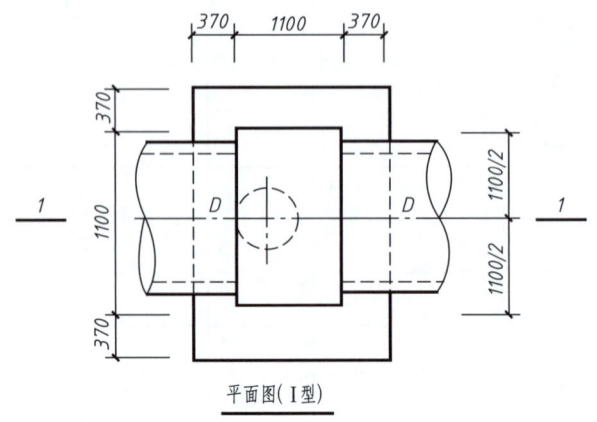

平面图(Ⅰ型)

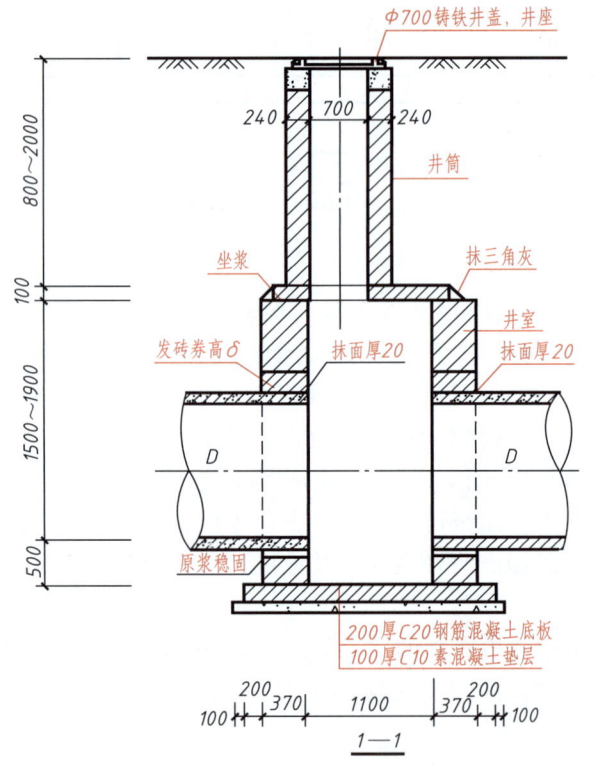

图 5-13　矩形排水检查井

想一想

1. 图 5-9 排水平面布置图中 Y55 表示什么?

2. 图 5-11 污水排水管道纵断面图中管径和坡度分别为多少?

5.2.3　任务拓展

[实训]　识读图 5-14~图 5-18 某室外给排水平面图、管道纵断面图、给水管节点大样图。

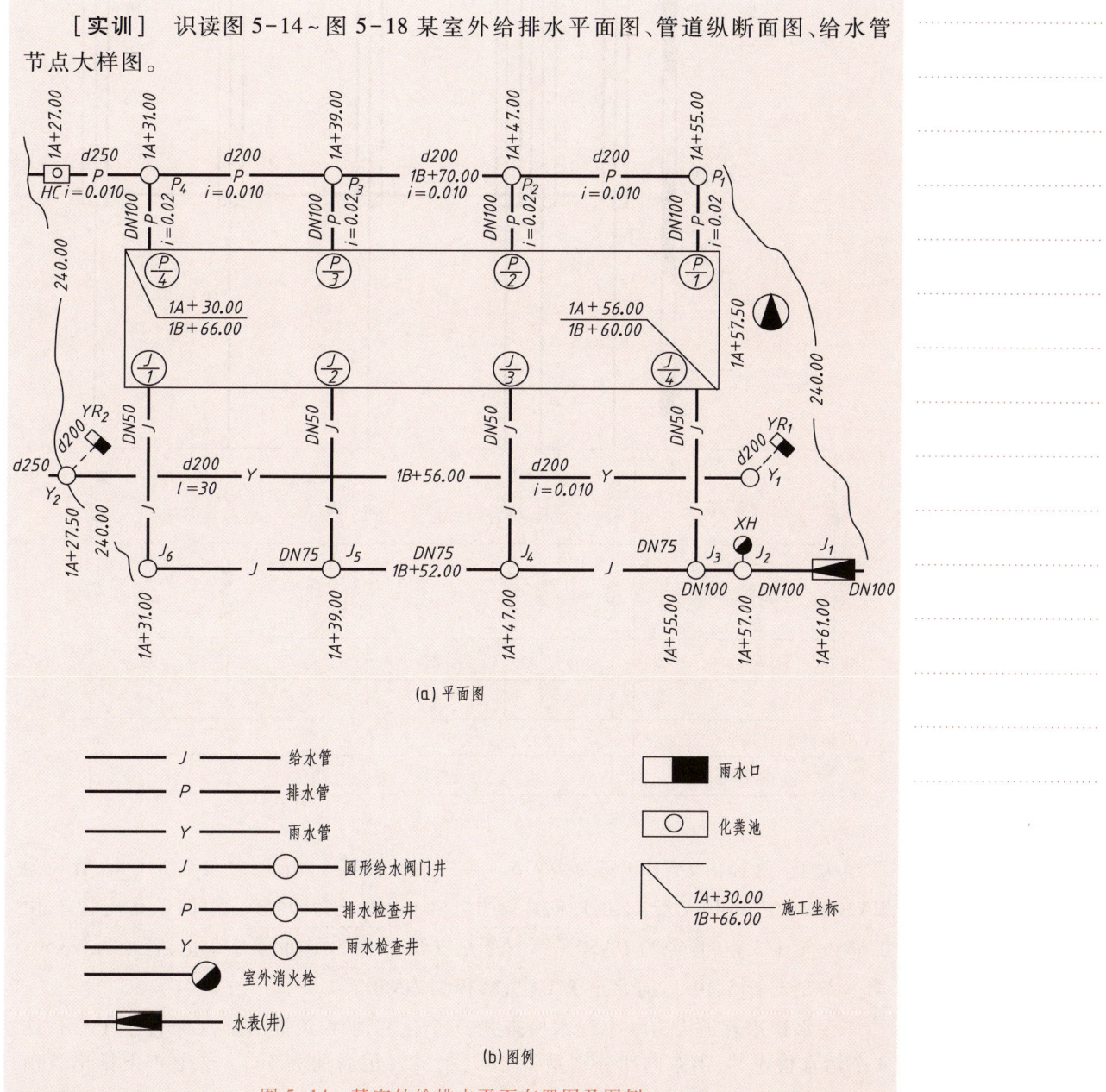

(a) 平面图

(b) 图例

图 5-14　某室外给排水平面布置图及图例

识图分析:

(1) 图 5-14 表示了三种管道:给水管道、污水排水管道和雨水排水管道的平面布置情况。从图上可以看出,给水管道设有 6 个节点,6 条管道。这 6 个节点是:J_1 为水表井;J_2 为消火栓井;$J_3 \sim J_6$ 为阀门井。这 6 条管道是:第一条是干管,由 J_1 向

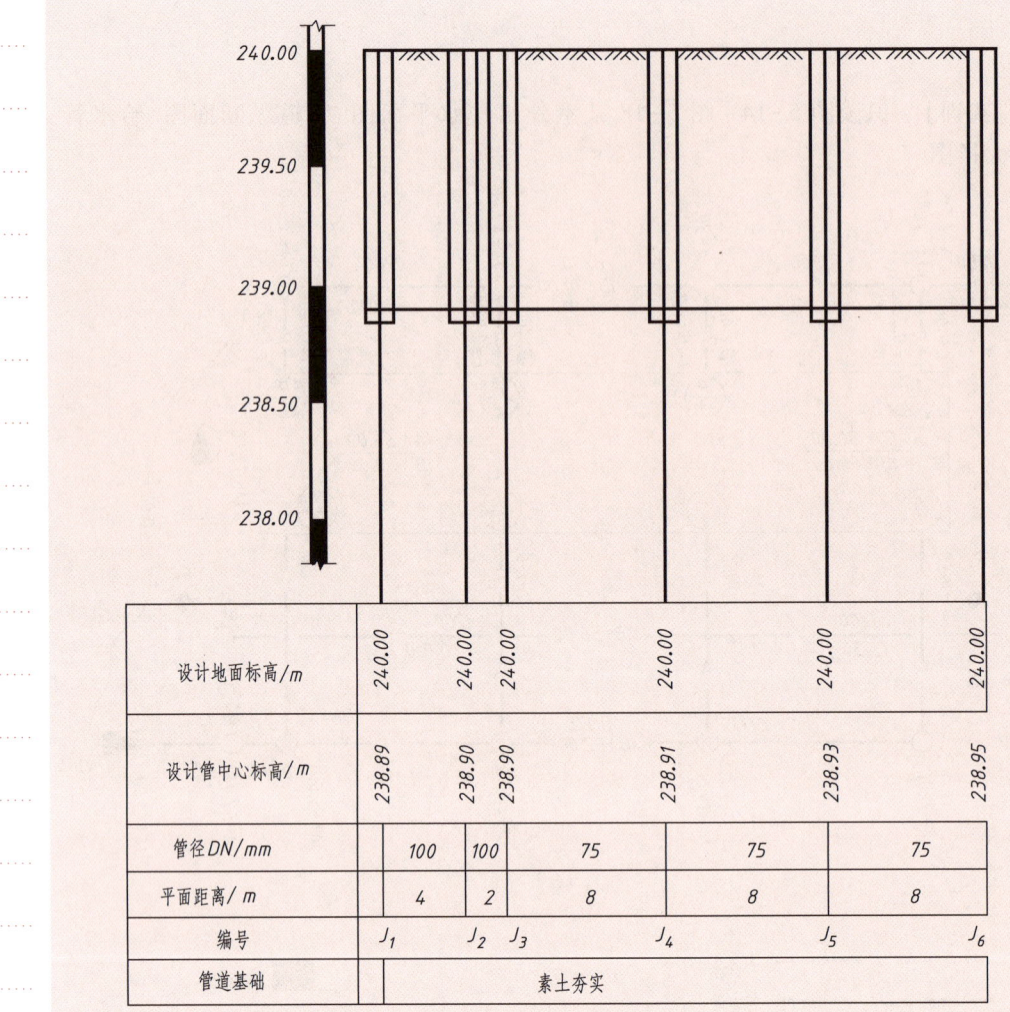

图 5-15 给水管道纵断面图

设计地面标高/m		240.00	240.00	240.00	240.00	240.00	240.00
设计管中心标高/m		238.89	238.90	238.90	238.91	238.93	238.95
管径 DN/mm		100	100	75		75	75
平面距离/m		4	2	8		8	8
编号		J_1	J_2	J_3	J_4	J_5	J_6
管道基础		素土夯实					

西至 J_6 止,管径由 $DN100$ 变为 $DN75$。第二条是支管 1,由 J_2 向北至 XH 止,管径为 $DN100$。第三条是支管 2,由 J_3 向北至井 J/4 止,管径为 $DN50$。第四条是支管 3,由 J_4 向北至 J/3 止,管径为 $DN50$。第五条是支管 4,由 J_5 向北至 J/2 止,管径为 $DN50$。第六条是支管 5,由 J_6 向北至 J/1 止,管径为 $DN50$。

污水排水管道设有 4 个污水检查井,1 个化粪池,4 条排出管,1 条排水干管。这 4 个污水检查井,由东向西分别是 P_1、P_2、P_3、P_4;化粪池为 HC。这个 4 条排出管由东向西分别是:第一条排出管由 P/1 向北至 P_1 止,管径为 $DN100$,$L=4.00$,$i=0.02$。第二条排出管由 P/2 向北至 P_2 止,管径为 $DN100$,$L=4.00$,$i=0.02$。第三条排出管由 P/2 向北至 P_3 止,管径为 $DN100$,$L=4.00$,$i=0.02$。第四条排出管由 P/4 向北至 P_4 止,管径为 $DN100$,$L=4.00$,$i=0.02$。这一条排水干管是由 P_1 向西经 P_2、P_3、P_4 至 HC,$i=0.010$,其中 P_1 至 P_4 管径为 $d200$;$L=24.00$;P_4 至 HC 管径为 $d250$,$L=4.00$。

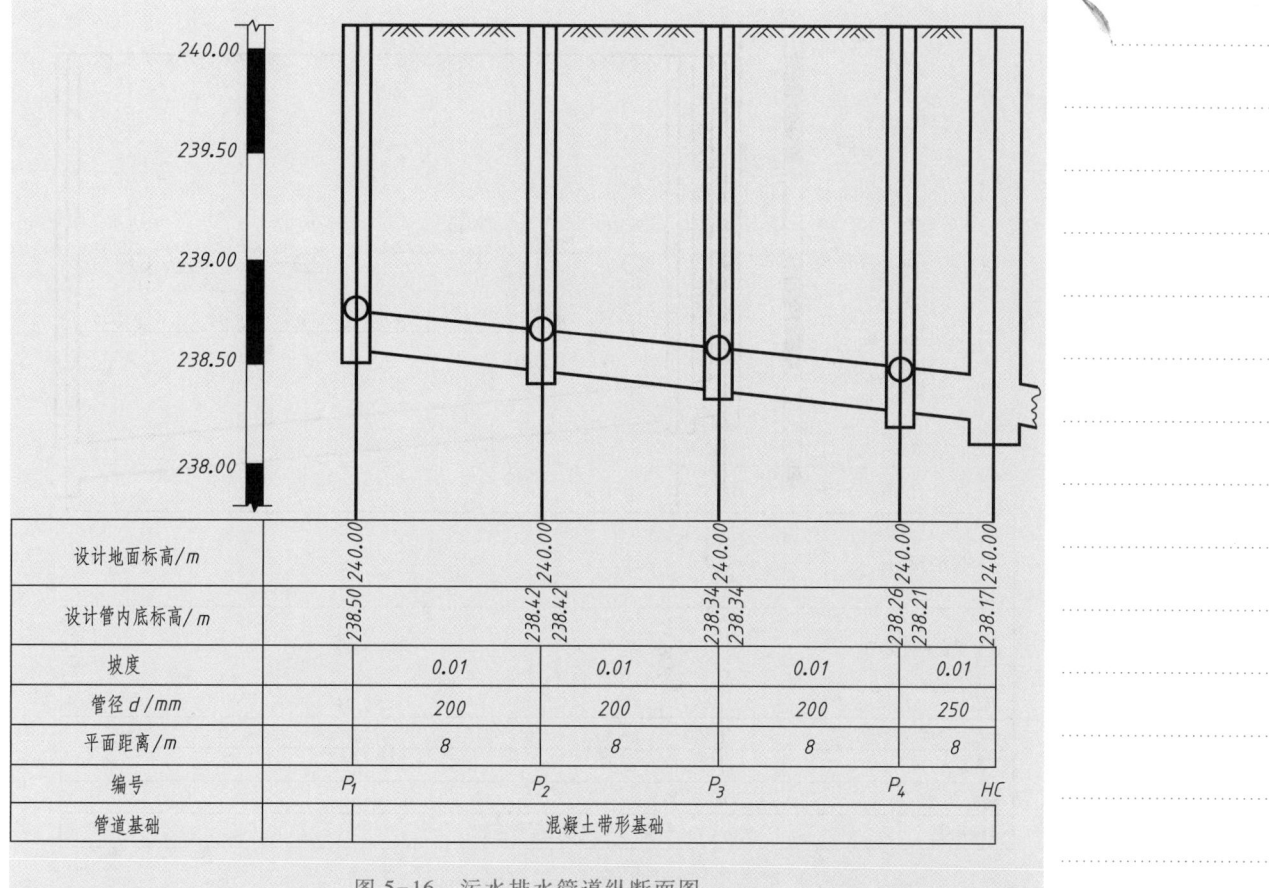

设计地面标高/m		240.00	240.00	240.00	240.00	240.00
设计管内底标高/m		238.50	238.42 / 238.42	238.34 / 238.34	238.26 / 238.21	238.17
坡度		0.01	0.01	0.01	0.01	
管径 d/mm		200	200	200	250	
平面距离/m		8	8	8	8	
编号		P_1	P_2	P_3	P_4	HC
管道基础		混凝土带形基础				

图 5-16 污水排水管道纵断面图

雨水管道设有两个雨水口,两个雨水检查井,两条雨水支管和一条雨水干管。这两个雨水口是 YR_1 和 YR_2;这两个雨水检查井是 Y_1 和 Y_2。这两条雨水支管是:雨水支管 1,由 YR_1 向西南 450 方向至 Y_1 止,管径为 $d200$。雨水支管 2,由 YR_2 向西南 450 方向至 Y_2 止,管径为 $d200$。这一条雨水干管:由 Y_1 向西至 Y_2,管径为 $d200$,$L = 30.00$,$i = 0.010$。

(2)管道纵断面图的识读步骤分为三步。

① 看是哪种管道的纵断面图,然后看该管道纵断面图形中有哪些节点。

② 在相应的室外给水排水平面图中查找该管道及其相应的各节点。

③ 在该管道纵断面图的数据表格内查找其管道纵断面图形中各节点的有关数据。

图 5-15 所示为室外给水管道纵断面图的识读。该图从节点 J_1 至 J_6 共 6 个节点,其中节点 J_1 的设计地面标高为 240.00 m,设计管中心标高为 238.89 m,管径为 $DN100$,节点 J_6 的设计地面标高为 240.00 m,设计管中心标高为 238.95 m,管径为 $DN75$。

(3)室外给水管道节点图的识读方法有两种:一种是对照法,就是将室外给水

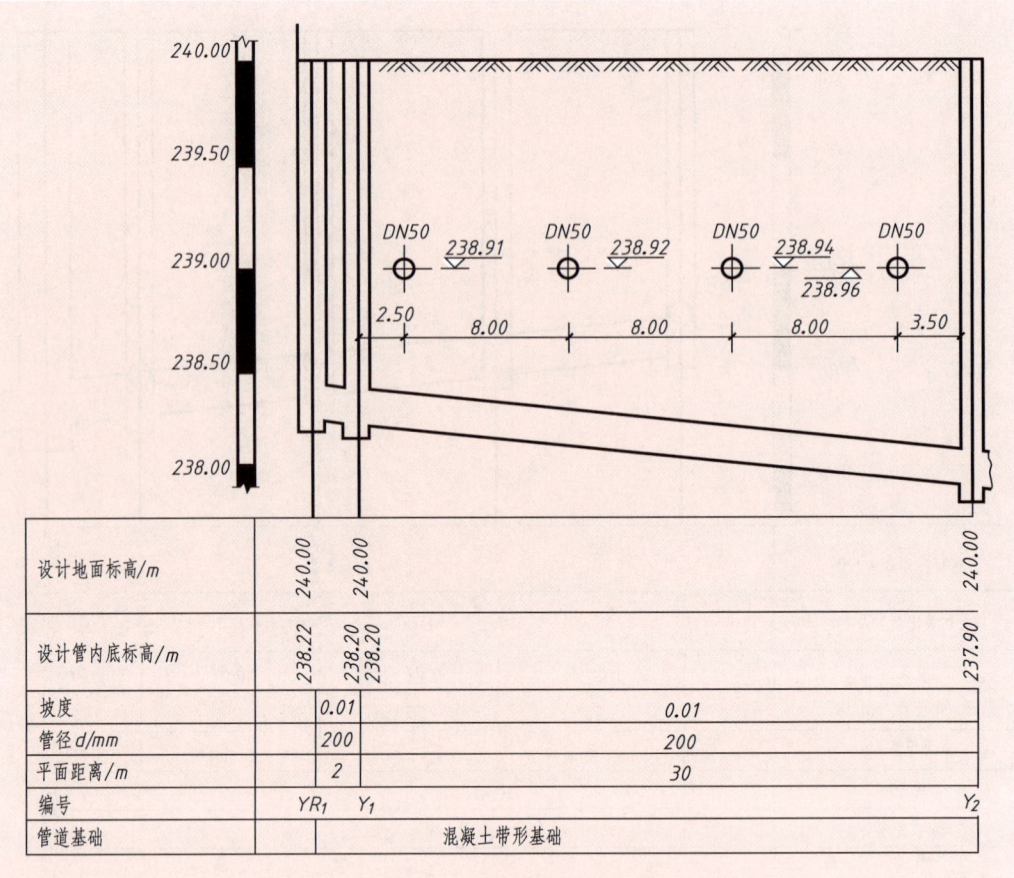

图 5-17　雨水管道纵断面图

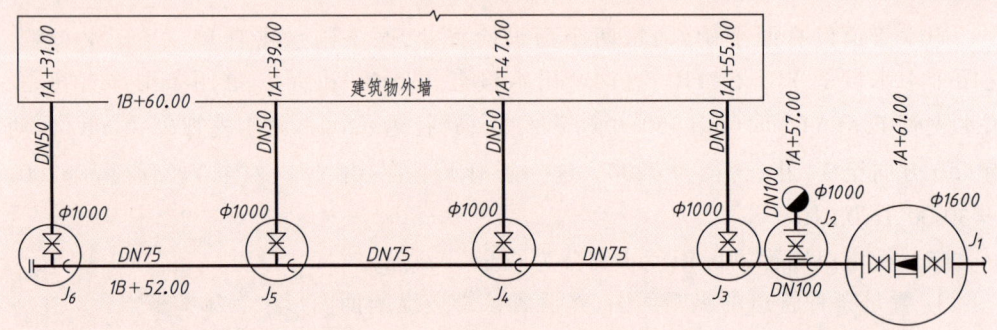

图 5-18　给水管道节点大样图

管道节点图与室外给水管道平面图对照看；另一种是顺序法，就是由第一个节点开始，顺次看至最后一个节点止。图 5-18 中从 J_1 至 J_6 共 6 个节点，其中节点 J_1 为城市给水管道的水表井，内井内设有 $DN100$ 法兰式水表 1 块和 $DN100$ 的法兰式闸阀 2 个；节点 J_2 是室外消火栓的阀门井，井内设有 $DN100$ 的法兰式闸阀 1 个和 $DN100 \times 100 \times 100$ 的给水三通 1 个，井外设有 $DN100$ 的地上式消火栓 1 个；节点 J_3、J_4、J_5 为阀门井，井内设有 $DN80 \times 80 \times 50$ 的异径三通 1 个和 $DN50$ 的闸阀 1 个；节点 J_6 为阀门井，井内设有 $DN80 \times 80 \times 50$ 的异径三通、堵板 1 块和 $DN50$ 的闸阀 1 个。

教学课件
城市道路工程施工图

5.3 任务 2：城市道路工程施工图

5.3.1 任务资讯

一、城市道路工程简介

道路是一种供车辆行驶和行人步行的带状结构物,其主要结构包括:路基、路面和排水结构等,如图 5-19 所示。道路根据它们不同的组成和功能特点,可分为公路和城市道路两种。位于城市郊区和城市以外的道路称为公路,位于城市范围以内的道路称为城市道路。

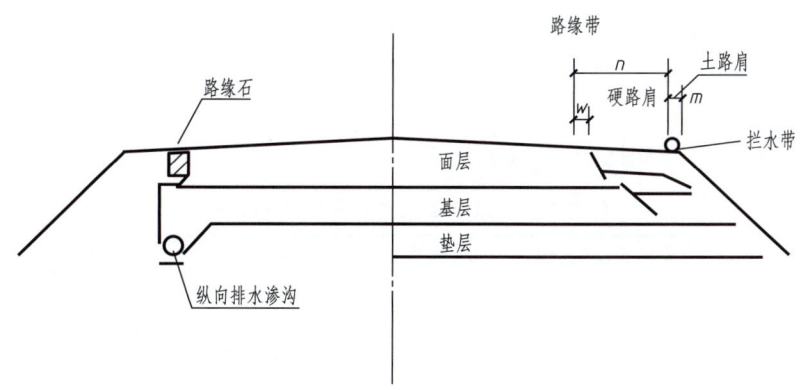

图 5-19　道路的结构组成

城市道路是城市中组织城市交通运输的基础设施,是市区范围内的交通路线,主要起到安全、迅速、舒适的通行车辆和行人,为城市工业生产和居民生活提供服务保障;是连接城市各个组成部分,并与郊区公路相贯通的交通枢纽。城市道路是城市市政设施的重要组成部分。

城市道路工程施工图主要包括道路工程图、道路路面结构图、道路交叉口工程图、灯光照明和绿化工程图四类。其中道路工程图包括道路平面图、道路纵断面图和道路横断面图。

想一想

城市道路中,我们常见的有哪些材料的路面?

二、城市道路工程施工图的一般规定

（一）图线

（1）道路平面图中用双点画线表示规划红线,细点画线表示道路中心线,粗实线表示道路各条车道及分隔带。

（2）道路纵断面图中细实线画出的折线表示地面线,设计线采用粗实线画出,设计纵坡变更处变坡点,用直径为 2 mm 的中粗线圆圈表示。

（3）道路横断面图中路面线、路肩线、边坡线、护坡线采用粗实线表示,路面厚度

采用中粗实线表示,原有地面线采用细实线表示,设计或原有道路中心线采用细点画线表示。

（二）比例

（1）根据不同的地形地物特点,地形图采用不同的比例。一般采用的比例为1∶1 000。由于城市规划图的比例通常为 1∶500,所以道路平面图的比例多为1∶500。

（2）纵断面图的水平横向长度表示路线的里程,铅垂纵向高度表示地面线及设计线的标高。在同一张路线纵断面图中纵横方向采用不同的两种比例。纵向比例比横向比例放大 10 倍。这样画出的地面线和设计线虽然不符合实际,但它清楚地显示地面线的起伏和设计线纵向坡度的变化。一般山岭地区横向采用 1∶2 000、纵向采用1∶200;丘陵和平原地区横向采用 1∶5 000、纵向采用 1∶500;横向比例标注在图样部分左侧的竖向尺寸处。

（3）道路横断面图一般采用1∶100 或 1∶200 的比例绘制。

（三）图例及符号

道路平面图中常用图例和符号见表5-9。

表 5-9　道路平面图中常用图例和符号

名称	图例	名称	图例	名称	图例	名称	符号
浆砌块石		房屋	独立 成片	用材料	松	转角点	JD
						半径	R
水准点	BM编号 高程	高压电线		围墙		切线长度	T
						曲线长度	L
导线点	编号 高程	低压电线		堤		缓和曲线长度	L
						外距	E
转角点	JD编号	通信线		路堑		偏角	α
						曲线起点	ZY
铁路		水田		坟地		第一缓和曲线起点	ZH
						第一缓和曲线终点	HY
公路		旱地		变压器		第二缓和曲线起点	YH
大车道		菜地				第二缓和曲线终点	HZ

📱建筑故事
现代著名桥梁—港珠澳大桥

续表

名称	图例	名称	图例	名称	图例	名称	符号
桥梁及涵洞		水库鱼塘	塘	经济林	油茶	东	E
						西	W
水沟		坎		等高线冲沟		南	S
						北	N
河流		晒谷坪	谷	石质陡崖		横坐标	X
						纵坐标	Y
图根点		三角点		冲沟		圆曲线半径	R
						切线长	T
机场		指北针		房屋		曲线长	L
						外矢距	E

道路工程常用图例见表 5-10。

表 5-10 道路工程常用图例

项目	序号	名称	图例	项目	序号	名称	图例
平面	1	涵洞		平面	6	隧道	
	2	通道			7	养护机构	
	3	分离式立交 a. 主线上跨 b. 主线下穿			8	管理机构	
	4	桥梁 （大、中桥梁按实际长度绘）			9	防护网	
					10	防护栏	
	5	互通式立交（按采用形式绘）			11	隔离墩	

续表

项目	序号	名称	图例	项目	序号	名称	图例
纵断	12	箱涵		材料	20	细粒式沥青混凝土	
	13	管涵			21	中粒式沥青混凝土	
	14	盖板涵			22	粗粒式沥青混凝土	
	15	拱涵			23	沥青碎石	
	16	箱型通道			24	沥青贯入碎砾石	
	17	桥梁			25	沥青表面处理	
					26	水泥混凝土	
					27	钢筋混凝土	
	18	分离式立交 a. 主线上跨 b. 主线下穿			28	水泥稳定土	
					29	水泥稳定砂砾	
					30	水泥稳定碎砾石	
					31	石灰土	
	19	互通式立交 a. 主线上跨 b. 主线下穿			32	石灰粉煤灰	
					33	石灰粉煤灰土	
					34	石灰粉煤灰砂砾	
					35	石灰粉煤灰碎砾石	

续表

项目	序号	名称	图例	项目	序号	名称	图例
材料	36	泥结碎砾石		材料	44	木材　横　纵	
	37	泥灰结碎砾石					
	38	级配碎砾石			45	金属	
	39	填隙碎石			46	橡胶	
	40	天然砂砾			47	自然土壤	
	41	干砌片石			48	夯实土壤	
	42	浆砌片石			49	防水卷材	
	43	浆砌块石					

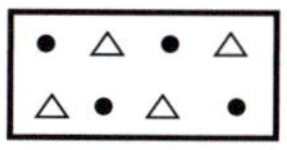

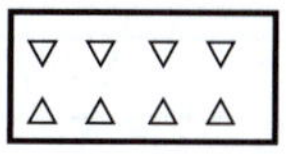

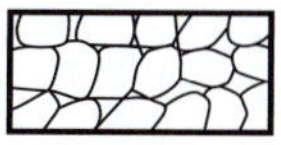

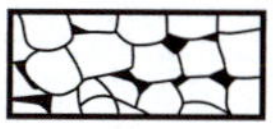

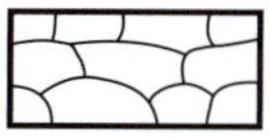

5.3.2　任务实施

一、城市道路工程图

（一）道路平面图

道路平面图表示道路的走向、平面线型、两侧地形和地物情况、路幅布置、路线定位等内容，如图 5-20 所示。道路平面设计部分内容包括道路红线、道路中心线、里程桩号、道路坐标定位、道路平曲线的几何要素、道路路幅分幅线等内容。道路红线规定道路的用地界限，用双点长画线表示；里程桩号反映道路各段长度和总长度，一般在道路中心线上，也可向垂直道路中心线上引一细直线，再在同样边上注写里程桩号。如 1+580，即距路线起点为 1 580 m；如里程桩号直接注写在道路中心线上，则"+"号位置即为桩的位置。道路定位一般采用坐标定位；在图样中绘出坐标图，并注明坐标，例如，其 X 轴向为南北方向（上为北），Y 轴向为东西方向；道路分幅线分别表示机动车道、非机动车道、人行道、绿化隔离带等内容。

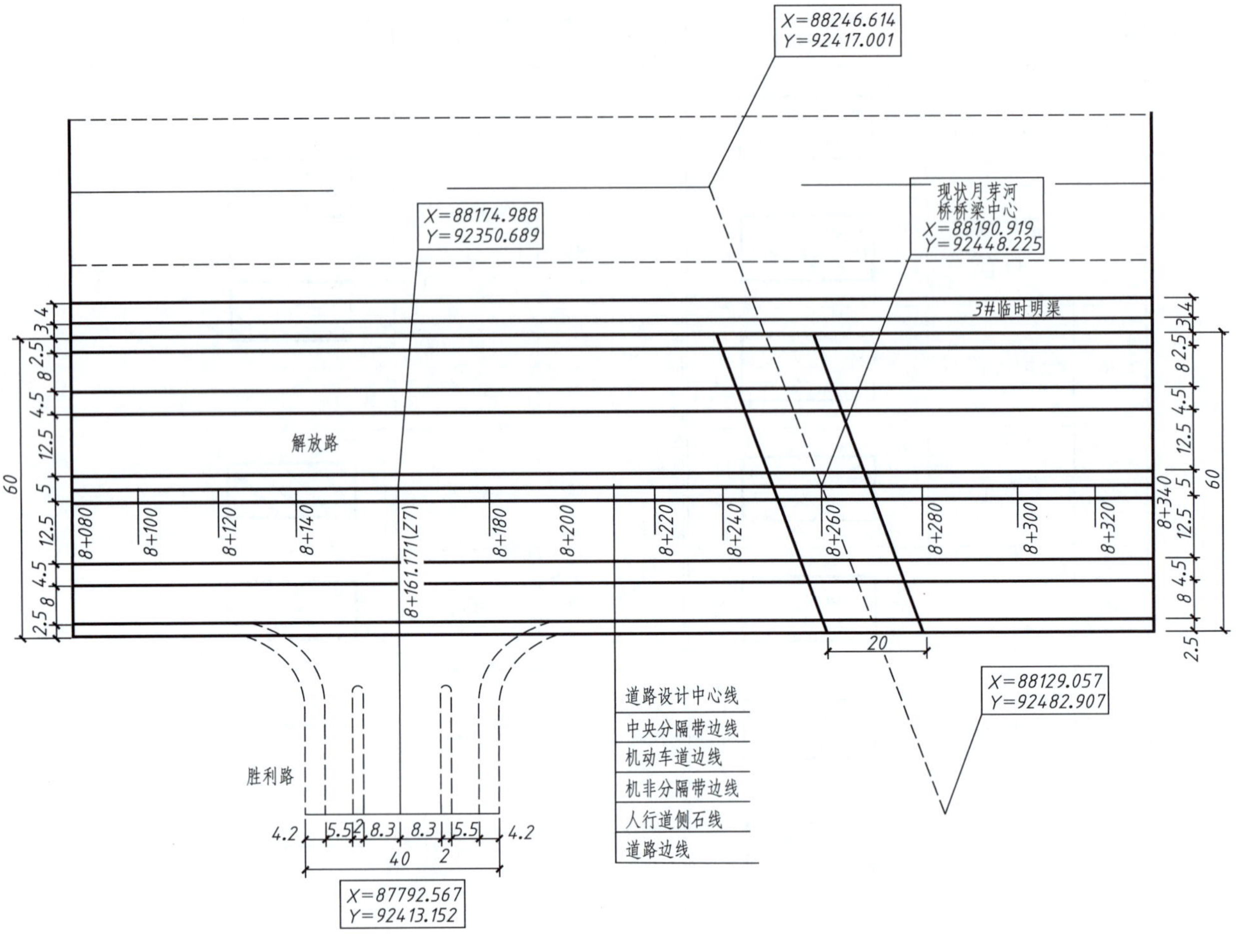

X=88246.614
Y=92417.001

X=88174.988
Y=92350.689

现状月芽河
桥桥梁中心
X=88190.919
Y=92448.225

3#临时明渠

解放路

8+080
8+100
8+120
8+140
8+161.177(ZY)
8+180
8+200
8+220
8+240
8+260
8+280
8+300
8+320

60

2.5 8 4.5 12.5 5 12.5 4.5 8 2.5 3 4

3 4 2.5 8 4.5 12.5 8+340 12.5 4.5 8 2.5
60

20

胜利路

4.2 5.5 8.3 8.3 5.5 4.2
40 2

X=87792.567
Y=92413.152

道路设计中心线
中央分隔带边线
机动车道边线
机非分隔带边线
人行道侧石线
道路边线

X=88129.057
Y=92482.907

图 5-20   道路平面图

　　道路平曲线的几何要素的表示及控制点位置的图示如图 5-21 所示,*JD* 点表示路线转点 α 角为路线转向的折角,它是沿路线前进方向向左或向右偏转的角度。*R* 为圆曲线半径,*T* 为切线长,*L* 为曲线长,*E* 为外矢距。图中曲线控制点:*ZH*"直缓"为曲线起点,*HY* 为缓圆交点,*QZ* 为曲线中点,*YH* 为圆缓交点,*HZ* 为缓直交点。当只设圆曲线而不设缓和曲线时,控制点:*YZ* 为"圆直点",*ZY* 为"直圆点",*QZ* 为"曲中点"。

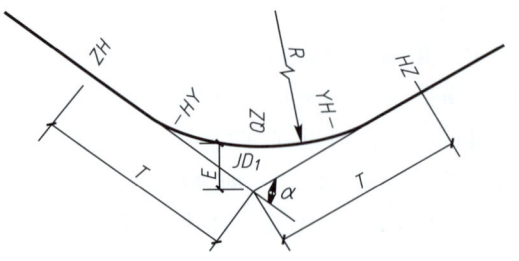

图 5-21   道路平曲线要素示意图

（二）道路工程纵断面图

道路纵断面图主要反映道路沿纵向（即道路中心线前进方向）的设计高程变化、道路设计坡长和坡度、原地面标高、地质情况、填挖方情况、平曲线要素、竖曲线等。

微课扫一扫
道路工程纵
断面图识读

如图 5-22 所示，图中水平方向表示道路长度，垂直方向表示标高。图中粗实线表示路面设计标高线，反映道路中心标高；不规则细折线表示沿道路中心线的原地面线，根据中心桩号的地面标高连接而成，与设计路面线结合反映道路大的填挖情况。设计路面纵坡变化处，两相邻坡度之差的绝对值超过一定数值时，需在变坡点处设置凸或凹形竖曲线。在设计高程线上方用"┴"表示的是凹形竖曲线，用"┌┬┐"表示的是凸形竖曲线，如图 5-22 所示，某城市道路纵断面图中所设置的竖曲线：$R = 6\,960.412$ m，$T = 35.000$ m，$E = 0.088$ m，竖曲线符号的长度与曲线的水平投影等长。图中为凸形竖曲线，符号处注明竖曲线各要素（竖曲线半径 R、切线长 T、外矢距 E）。

图 5-22 中纵断图主要表示内容如下。

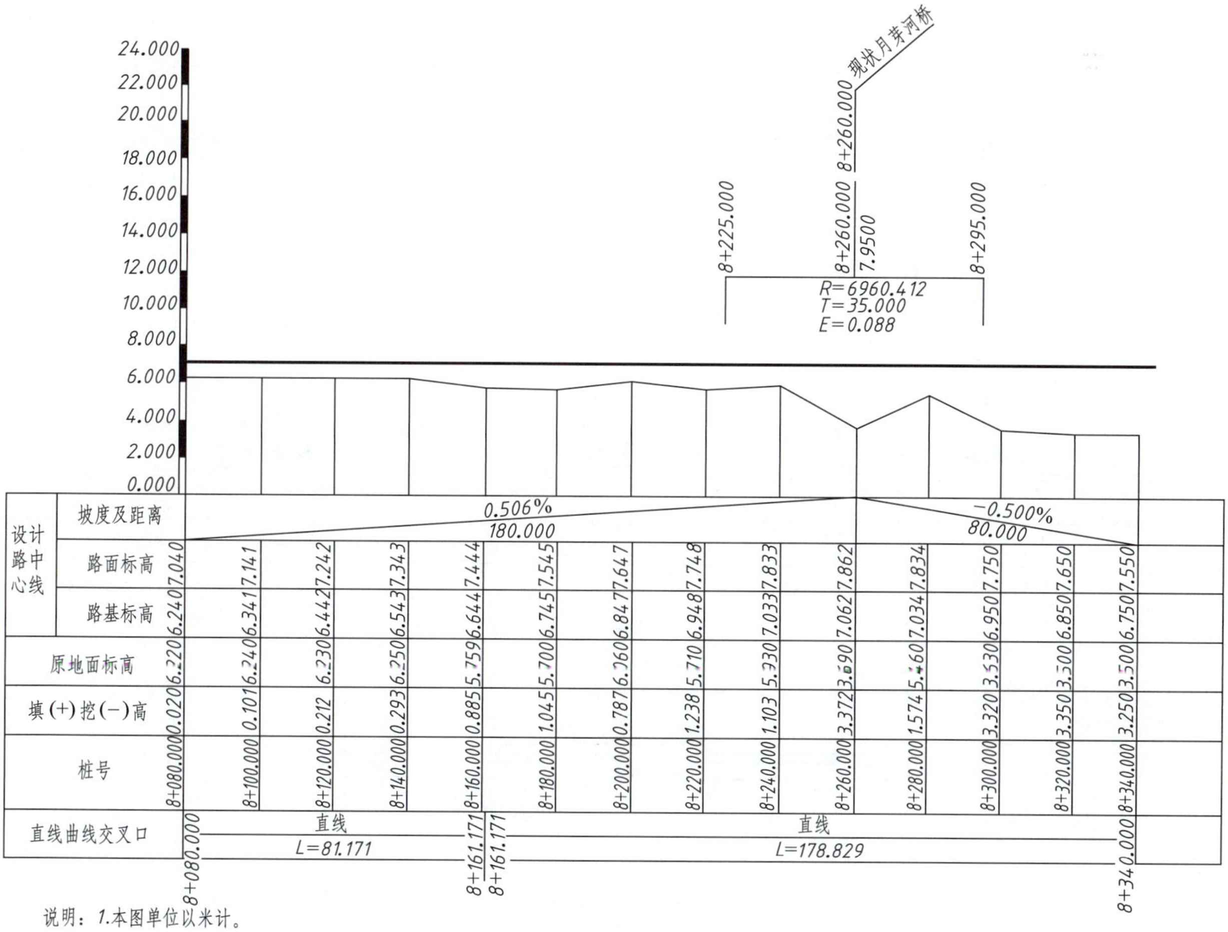

说明：1.本图单位以米计。

　　　2.本图比例横向为1:2000，纵向为1:200。

图 5-22　道路纵断面图

（1）**坡度及距离。**是指设计标高线的纵向坡度和其水平距离。表中对角线表示坡度方向，由下至上表示上坡，由上至下表示下坡，坡度表示在对角线上方，距离在对角线下方，使用单位为"米"。

（2）**路面标高。**注明各里程桩号的路面中心设计标高，单位为"米"。

（3）**路基标高。**为路面设计标高减去路面结构层厚度。

（4）**原地面标高。**根据测量结果填写各里程桩号处路面中心的原地面标高，单位为"米"。

（5）**填挖情况。**反映设计路面标高与原地面标高的高差。

（6）**里程桩号。**按比例标注里程桩号，一般设 km 桩号、100 m 桩号（或 50 m 桩号）、构筑物位置桩号及路线控制点桩号等。

（7）**直线与曲线。**表示该路段的平面线型，通常画出道路中心线示意图，如"———"表示直线段，平曲线的起止点用直角折线表示，如"⌐_」"表示右偏转的平曲线，"_」⌐_"表示左偏转的平曲线，并注明平曲线几何要素。

（三）道路工程横断面图

道路横断面图是指垂直于道路中心线方向的断面图，一般采用 1：100 或 1：200 的比例绘制，表示各组成部分的位置、宽度、横坡及照明等情况，反映机动车道、非机动车道、人行道、分隔带、绿化带等部分横向布置及路面横向坡度情况。

根据机动车道和非机动车道的布置不同，道路横断面布置形式有：单幅路（一块板）、双幅路（二块板）、三幅路（三块板）、四幅路（四块板）等。图 5-23 中所示断面为四幅路（四块板）布置形式。用机非分隔带分隔机动车道和非机动车道，再用中央分隔带分隔机动车道，机非分离、分向行驶。

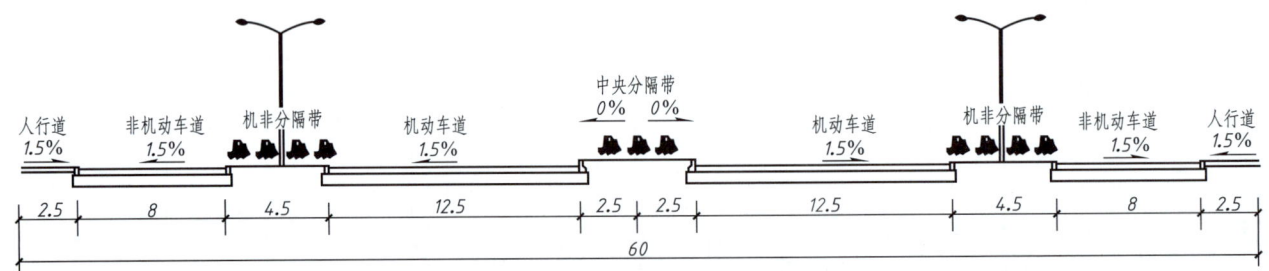

解放路标准横断面

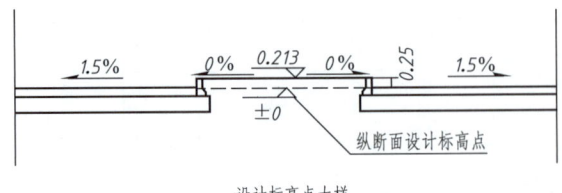

设计标高点大样

图 5-23　道路标准横断面

二、　道路路面结构图

路面是用各种筑路材料铺筑在路基上直接承受车辆荷载作用的构筑物。道路路面结构按路面的力学特性及工作状态,分为柔性路面(沥青混凝土路面等)和刚性路面(水泥混凝土路面等)。路面结构分为面层、基层、底基层、垫层等。结构图中需注明每层结构的厚度、性质、标准等内容,并标注必要的尺寸(如平侧石尺寸)、坡向等。

图5-24所示为沥青混凝土路面结构图,沥青面层可由单层、双层或三层沥青混合料组成。选择沥青面层,至少有一层是密级配沥青混凝土,防止雨水下渗。图中机动车道面层由三层沥青混合料组成,非机动车道由双层沥青混合料组成,其中最上层均为密级配沥青混凝土。

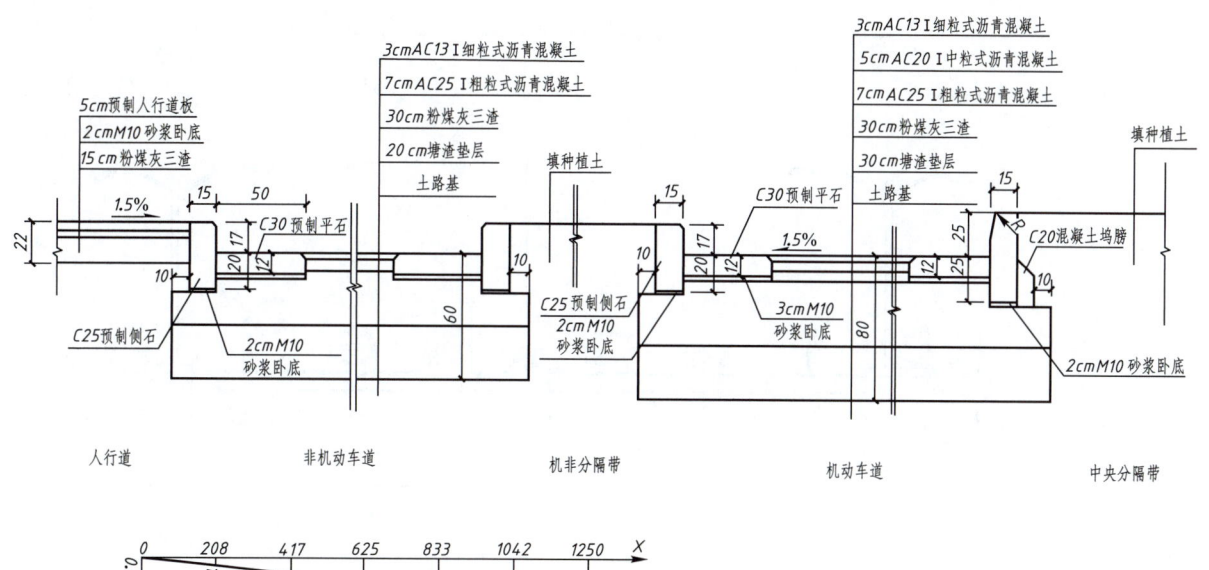

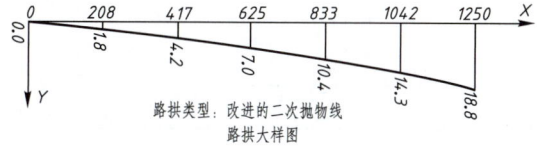

说明: 1. 本图尺寸以cm计。
　　　2. 机动车道沥青混凝土路面顶面允许弯沉值为0.048cm,基层顶面允许弯沉为0.06cm。
　　　3. 非机动车道沥青混凝土路面顶面允许弯沉值为0.056cm,基层顶面允许弯沉值为0.07cm。
　　　4. 粉煤灰三渣基层配合比(重量比)为粉煤灰:石灰:碎石=32:8:60。
　　　5. 土基模量必须大于或等于25MPa,塘渣顶面回弹模量必须大于或等于35MPa,塘渣需有较好级配,最大粒径小于或等于10cm。
　　　6. 中央绿带采用高侧石,机非隔离带采用普通侧石。

图5-24　沥青混凝土路面结构

5.3.3　任务拓展

[实训]　如图5-25所示的(a)、(b)、(c)三种道路横断面图,分析它们分别为几幅路。

识图分析:图5-25(a)为单幅路、图5-25(b)为机非混行双幅路、图5-25(c)为四幅路。

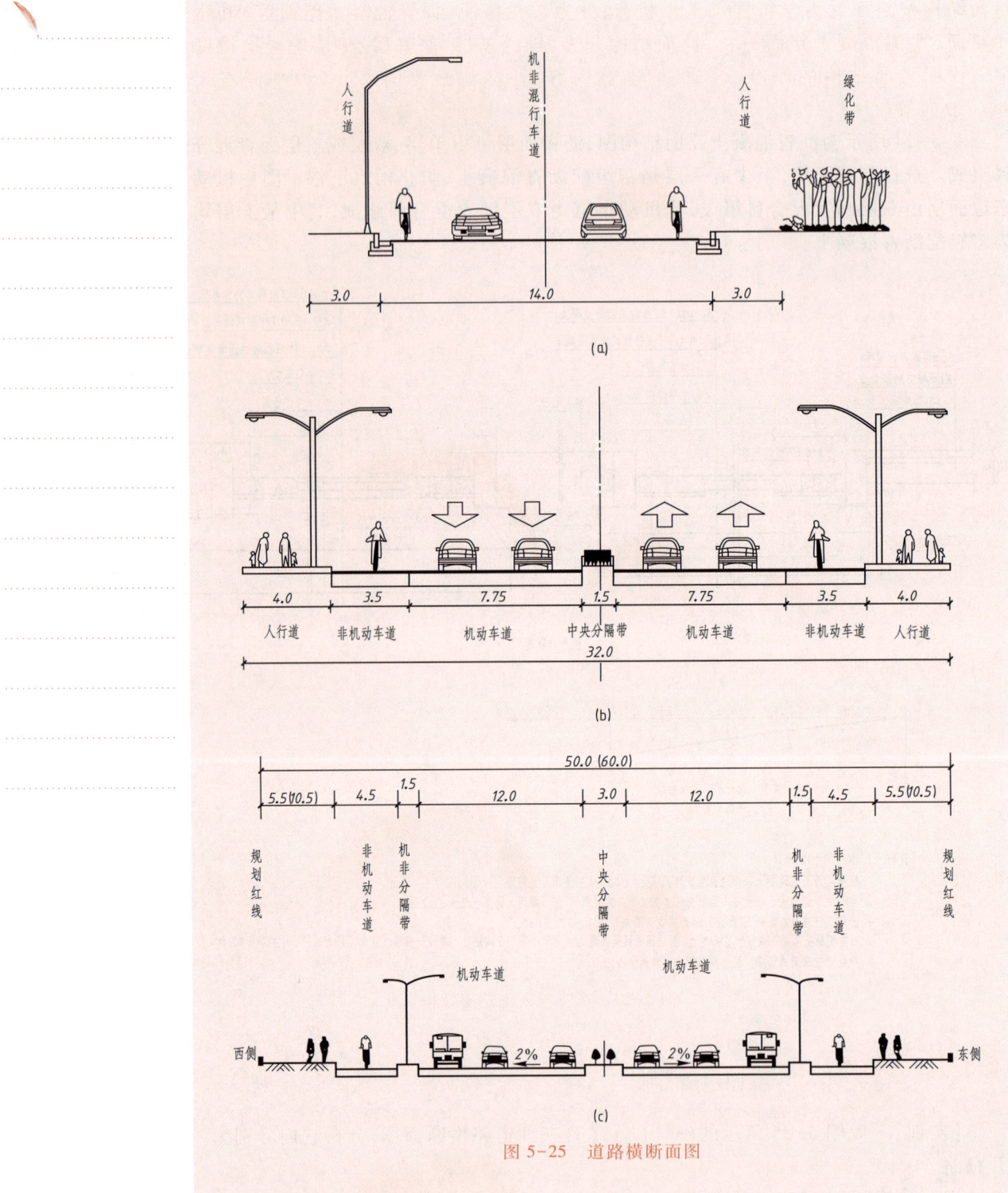

人行道   机非混行车道   人行道   绿化带

3.0   14.0   3.0

(a)

人行道   非机动车道   机动车道   中央分隔带   机动车道   非机动车道   人行道

4.0   3.5   7.75   1.5   7.75   3.5   4.0

32.0

(b)

50.0 (60.0)

5.5(7.0.5)   4.5   1.5   12.0   3.0   12.0   1.5   4.5   5.5(7.0.5)

规划红线   非机动车道   机非分隔带   中央分隔带   机非分隔带   非机动车道   规划红线

机动车道   机动车道

西侧   2%   2%   东侧

(c)

图 5-25 道路横断面图

5.4   任务 3：桥梁工程施工图

教学课件
桥梁工程施工图

5.4.1   任务资讯

一、 桥梁工程简介

桥梁是供铁路、公路、渠道、管线、行人等跨越河流、海湾、湖泊、山谷、低地或其他交通线的建筑结构物。桥梁通常由上部结构（承重梁板结构和桥面系）、下部结构（桥墩、桥台和基础）、支座及附属结构（栏杆、灯柱、锥形护坡、护岸、导流结构等）四部分组成，如图 5-26 所示。

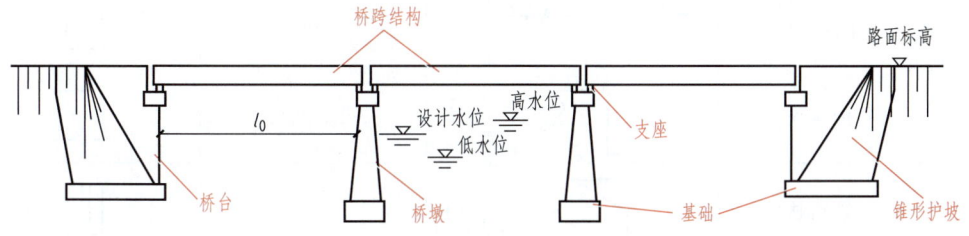

图 5-26   桥梁的基本组成

桥梁的种类繁多，其分类方式也很多。下面介绍几种主要分类方式。

（1）按受力方式分，有梁式、拱式、悬吊式三种基本形式以及它们之间的各种组合形式。

（2）按用途分，有公路桥、铁路桥、公路铁路两用桥及专用桥等。

（3）按桥长和跨度分，有特大桥、大桥、中桥、小桥等。

（4）按建桥的材料分，常见的有石桥、钢筋混凝土桥、木桥、钢桥等。

目前在我国公路上应用最广的是钢筋混凝土桥。

桥梁工程图主要由桥位平面图、桥位地质断面图、桥梁的总体布置图和构件结构图组成，其中桥梁的总体布置图又包括立面图、平面图和横断面图。

 想一想

我们生活中常见的有哪种类型的桥梁？

二、 桥梁工程施工图的一般规定

（一）图线

桥位平面图常用粗实线图示道路边线，用细实线图示道路中心线。细实线图示桥梁图例和钻探孔位及编号，当选用大比例尺时，常采用粗实线按比例绘制桥梁的长和宽。桥梁工程其他图样图线的绘制要符合建筑制图标准。

（二）比例

桥梁工程图常用的比例：桥位平面图为 $1 : 500 \sim 1 : 2\ 000$；桥位地质断面图，横向为 $1 : 500 \sim 1 : 2\ 000$，纵向为 $1 : 100 \sim 1 : 500$；总体布置图为 $1 : 50 \sim 1 : 500$；构件图为 $1 : 10 \sim 1 : 50$；大样图为 $1 : 2 \sim 1 : 10$。

（三）图例

常见城市桥梁工程图例见表 5-11。

表 5-11   常见城市桥梁工程图例

序号	名称	图例	序号	名称	图例
1	涵洞	 ≻－－－－≺	9	桥梁（大、中桥梁按实际绘制）	
2	通道	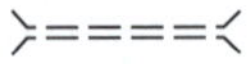 ≻＝＝＝＝≺	10	互通式立交（按采用形式绘制）	
3	分离式立交 a. 主线上跨 b. 主线下穿	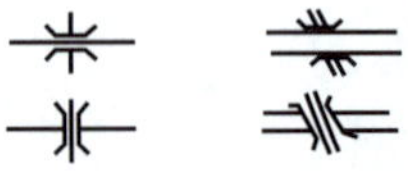	11	隧道	 →－－－←
			12	拱涵	
4	养护单位		13	箱形通道	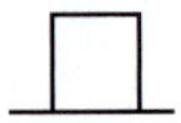
5	管理机构		14	桥梁	
6	箱涵		15	分离式立交 a. 主线上跨 b. 主线下穿	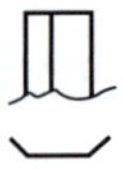
7	管涵				
8	盖板涵	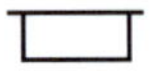	16	互通式立交 a. 主线上跨 b. 主线下穿	

5.4.2   任务实施

一、桥位平面图

桥位平面图是通过地形测量绘出桥位处的道路、河流、水准点、钻孔及附近的地形和地物，以便作为桥梁设计、施工定位的依据。其作用是表示桥梁与路线所连接的平面位置，以及桥位处的地形、地物等情况，其图示方法与路线平面图相同，只是所用的比例较大。图 5-27 所示为某桥的桥位平面图。

二、桥位地质断面图

桥位地质断面图是根据水文调查和地质钻探所得的资料，绘制的河床地质断面图，用以表示桥梁所在位置的地质水文情况，包括河床断面线、地质分界线、特殊水位线（最高水位、常水位和最低水位），如图 5-28 所示。

地质断面图为了显示地质和河床深度变化情况，特意把地形高度（标高）的比例较水平方向比例放大数倍画出。如图 5-28 所示，地形高度的比例采用 1∶200，水平方向的比例采用 1∶500。

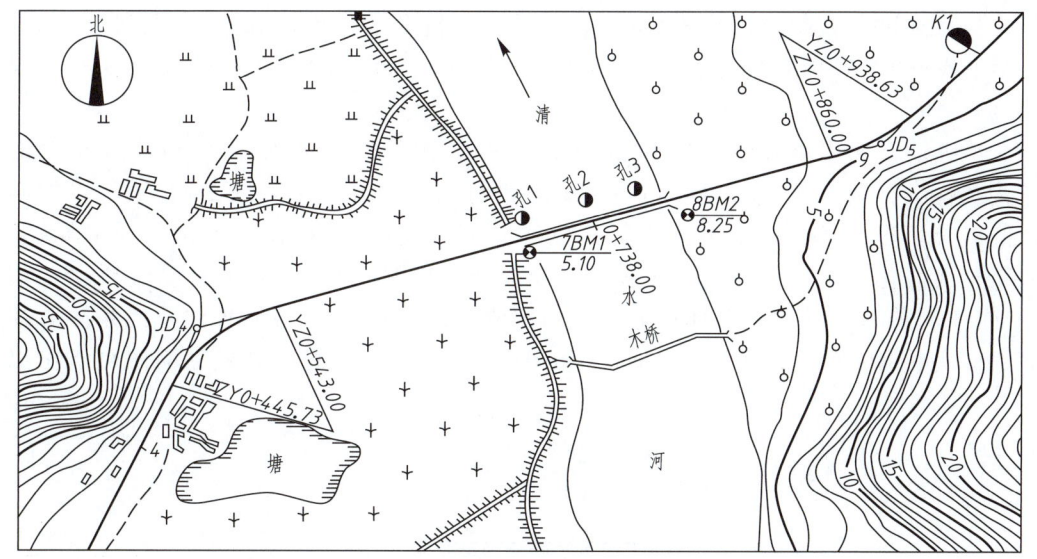

图 5-27 桥位平面图

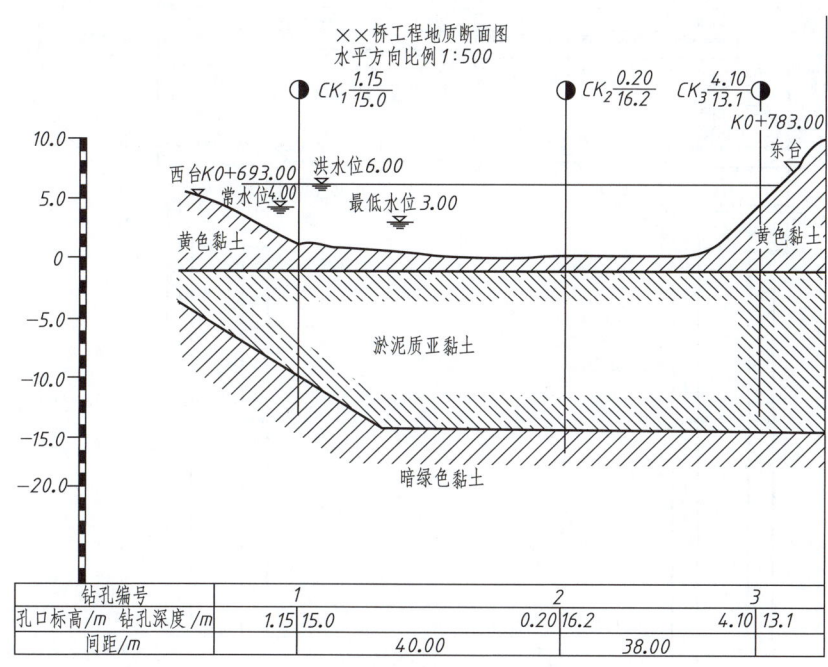

×× 桥工程地质断面图
水平方向比例 1:500

钻孔编号		1		2		3	
孔口标高/m 钻孔深度/m		1.15	15.0	0.20	16.2	4.10	13.1
间距/m			40.00		38.00		

图 5-28 桥位地质断面图

三、 桥梁总体布置图

桥梁总体布置图是指导桥梁施工的主要图样,它主要表明桥梁的形式、跨径、孔数、总体尺寸、桥面宽度、桥梁各部分的标高、各主要构件的相互位置关系及总的技术说明等,作为施工时确定墩台位置、安装构件和控制标高的依据。它一般由立面图(或半剖面图)、平面图和横剖面图组成。

(一)立面图

总体立面图一般采用半立面图和半纵剖面图来表示,半立面图表示其外部形

微课扫一扫
桥梁总体布置图识读

状,图示出桩的形状及桩顶、桩底的标高、桥墩与桥台的立面形式、标高及尺寸,标高主梁的形式、梁底标高的相关尺寸,各控制位置如桥台起、止点和桥墩中线的里程桩号。

半纵剖面图表示其内部构造,图示出桩的形式及桩底桩顶标高;桥墩与桥台的形式及帽梁、承台、桥台,剖面形式;主梁形式与梁底标高及梁的纵剖面形式,各控制点位置及里程桩号。图示出桥梁所在位置的河床断面,用图例示意出土质分属,并注明土质名称。用剖切符号注出横剖面位置,标注出桥梁中心桥面标高及桥梁两端标高,注明各部位尺寸及总体尺寸。图示出常年水位(洪水)最低水位及河床中心地面的标高,在图样左侧画出标高标尺,如图 5-29 所示。由总体布置立面图可看出以下几点。

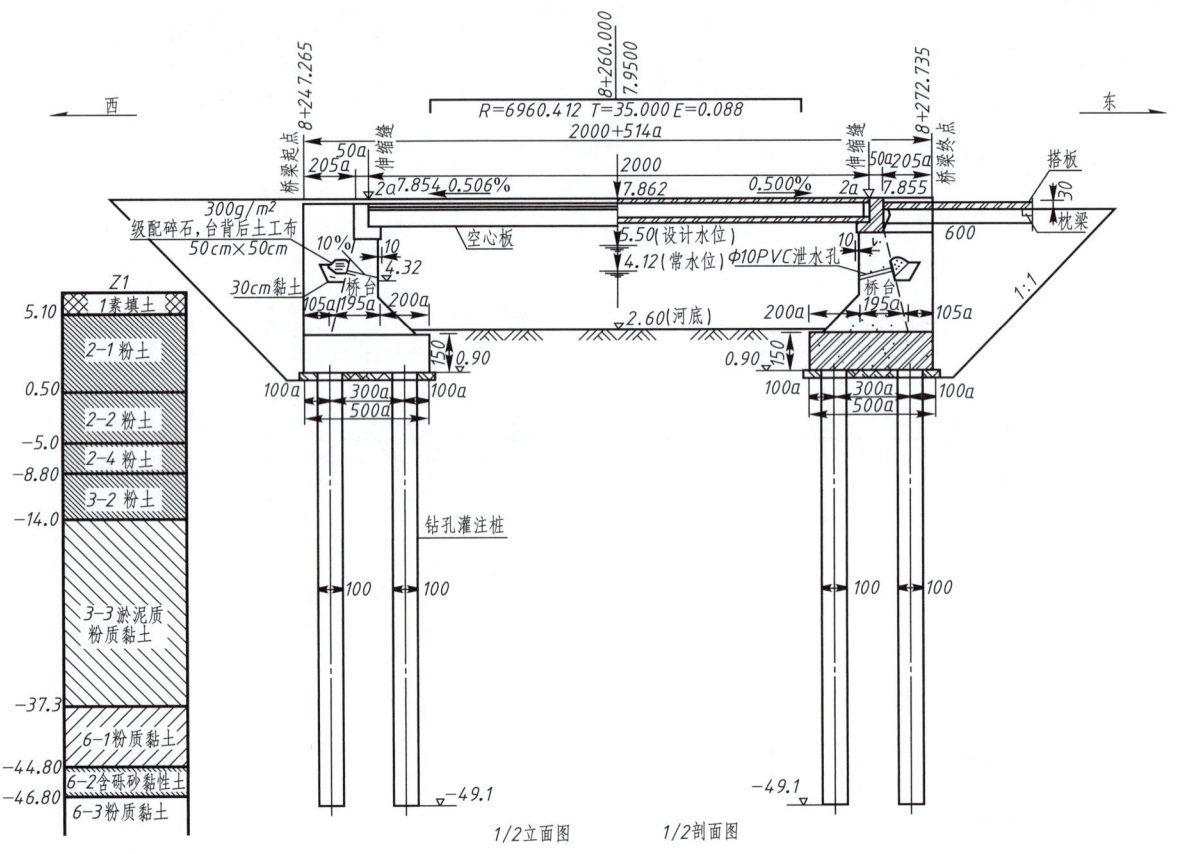

图 5-29　总体布置立面图

（1）跨径。全桥为一跨,跨径为 20 m。

（2）桥墩台形式。桥台为重力式桥台,由台帽、台身、承台组成。

（3）基础。桩基为钻孔灌注桩基础，每个桥台下布设两排。

（4）总体尺寸、标高。由图可了解桥梁起终点桩号、桥面标高、河底标高、水位标高、桩基底标高及桩径尺寸等。

（5）其他。由地质剖面图可了解到地质大致情况及一些附属构件，如桥台后搭板的长度等。

（二）平面图

表示桥梁的平面布置形式，可看出桥梁宽度、桥梁与河道的相交形式、桥台平面尺寸以及桩的平面布置方式，如图 5-30 所示。

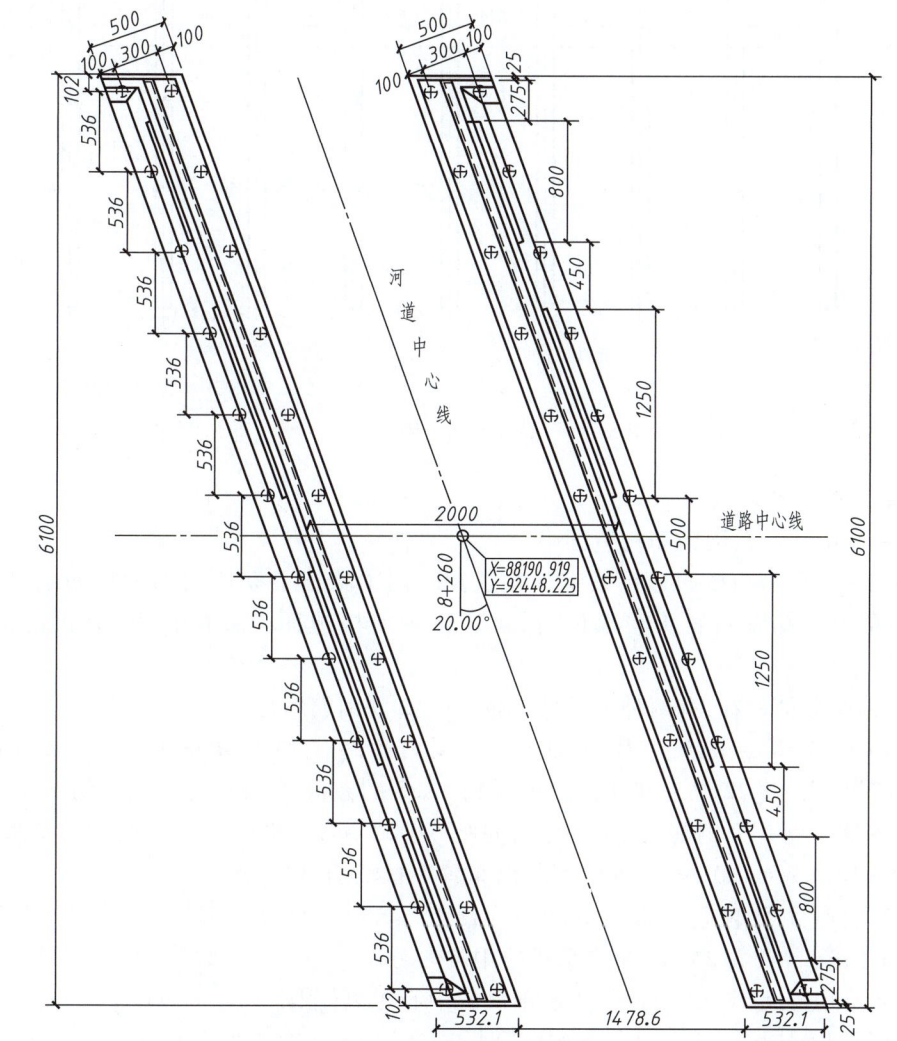

说明：图中桩号、坐标均以m计，尺寸以cm计。

图 5-30　总体平面布置图

（三）横剖面图

主要表示桥梁横向布置情况，从图中可看出桥梁宽度、桥上路幅布置、梁板布置及梁板形式，也可看出桩基的横向布置，如图 5-31 所示。

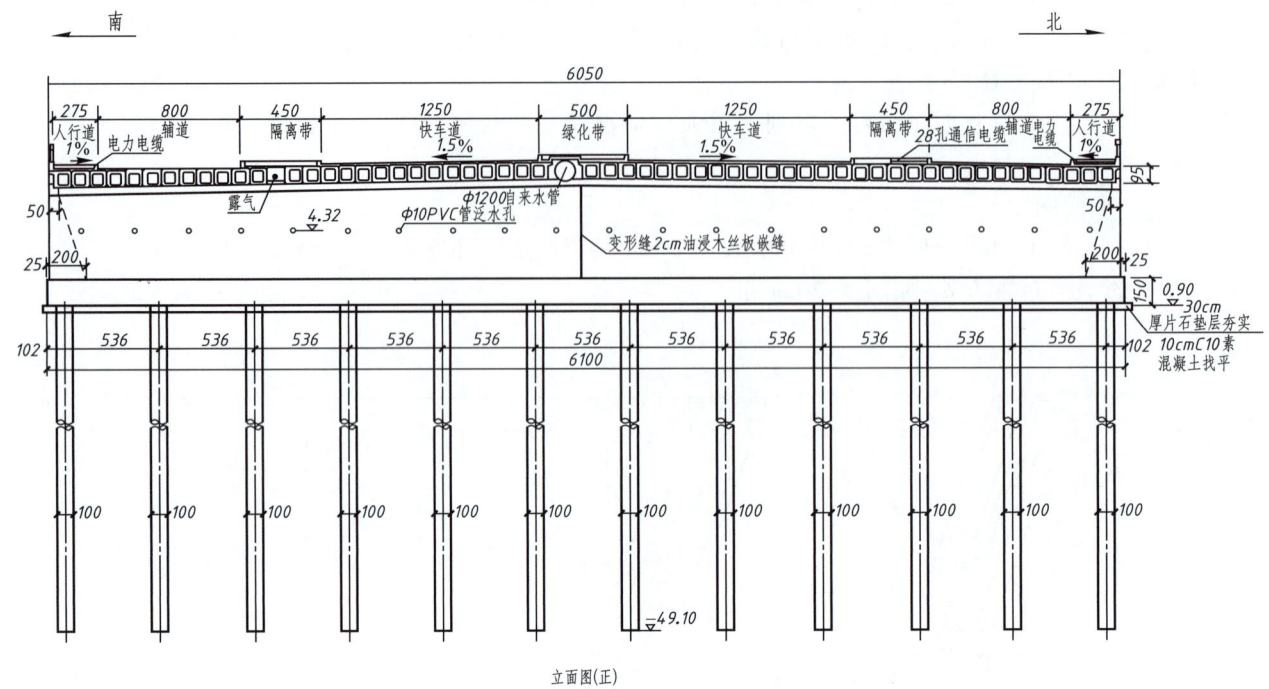

立面图(正)

说明:图中桩号、坐标均以m计,尺寸以cm计。

图 5-31　桥台横剖面图

四、构件结构图

(一)桥墩连系梁钢筋构造图

图 5-32 所示为桥墩连系梁钢筋构造图。图中给出了立体图和梁配筋图,钢筋进入桥墩桩中。看懂钢筋所在部位后,再识读钢筋构造图。看投影图,形状为正四棱柱形。

从钢筋数量表看,有两种型号的钢筋,①、②为钢筋编号。

(1) $\Phi 20$(Ⅱ级钢筋、直径为 20 mm)为受力筋,呈直线形,每根长 702 cm,两端分别进入到墩桩内,共 22 根。在立面图中看到 5×28 的数值,5 表示有 6 根钢筋间 5 个均等间距、28 表示每 2 根钢筋的中心距离(间距)为 28 cm;在平面图中看到均布 7 根,表示 120 cm−2×5 cm=110 cm 范围内等距离布置 7 根钢筋。

(2) $\Phi 8$(Ⅰ级钢筋、直径为 8 mm)为箍筋,呈方形,每根长 522 cm,边长为 113 cm ×143 cm(宽×高),共 25 根,在连系梁居中均匀分布。24×20 的数值,24 表示有 25 根钢筋间 24 个均等间距、20 表示每 2 根钢筋的中心距离(间距)为 20 cm。

每种钢筋按国标格式进行了图示和标注,混凝土强度等级为 C25。

(二)桩基构造及配筋图

因桩基外形简单无须另出构造图,由图中可知,桩基为桩径 1 m 的钻孔灌注桩基础。①、②号筋为主筋,主要承受桩所受的弯矩及部分剪力,由于本桥桩基采用摩擦桩,考虑桩顶以下一定深度弯矩及水平力均较小,主筋不需通长布置。①号筋从上到下约布置到桩长 2/3;②号筋约为桩长的 1/2;③号筋为加强钢筋,与主筋焊接,每 2 m

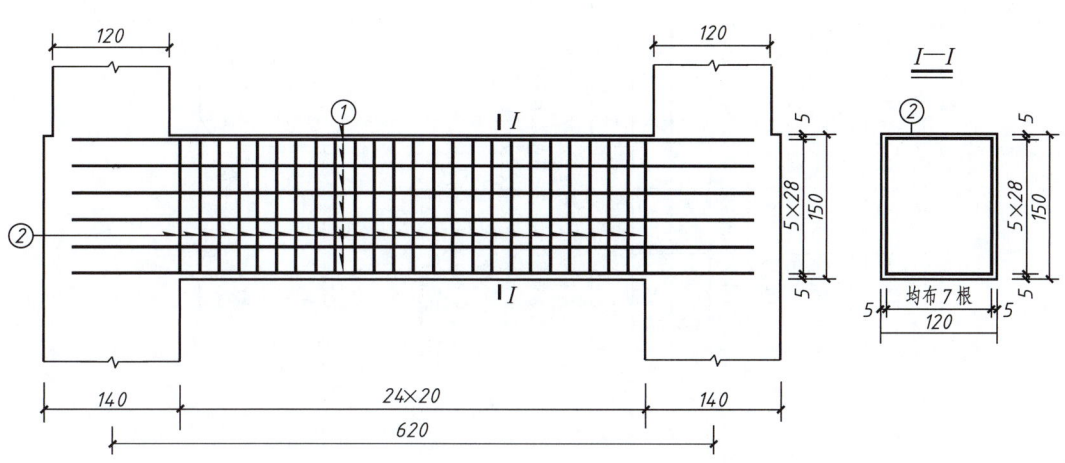

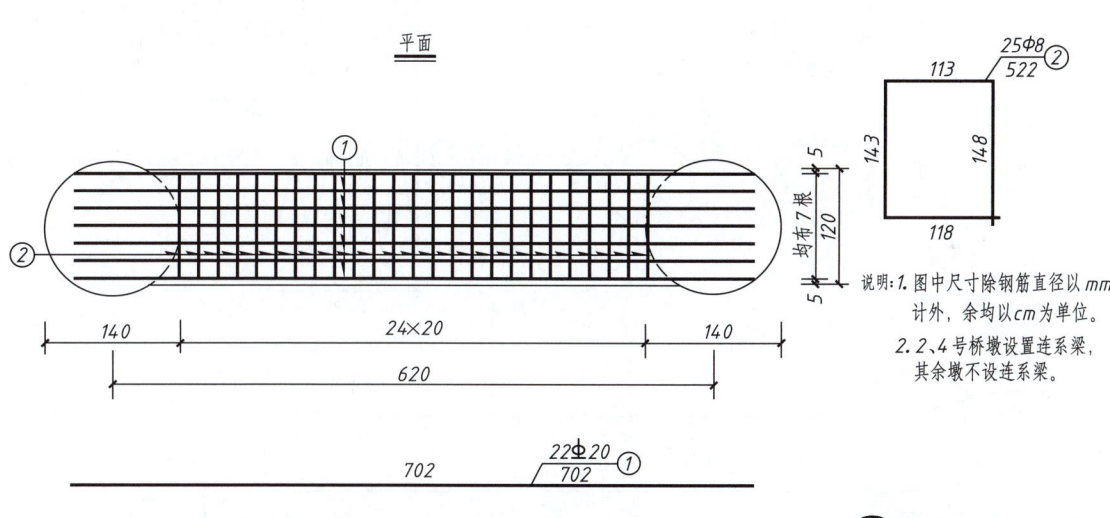

说明:1.图中尺寸除钢筋直径以mm
　　　计外,余均以cm为单位。
　　2.2、4号桥墩设置连系梁,
　　　其余墩不设连系梁。

一个桥墩连系梁材料数量表

编号	直径 /mm	长度 /cm	根数	共长 /m	共重 /kg	总重 /kg
1	Φ20	702	22	154.44	381.5	381.5
2	Φ8	522	25	130.50	51.5	51.5
C25混凝土/m³					9.00	

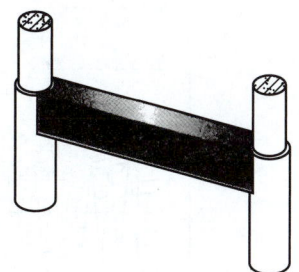

图 5-32　桥墩连系梁钢筋构造图

一根桩材料数量表

编号	直径 /mm	长度 /cm	根数	共长 /m	共重 /kg	总重 /kg
①	Φ20	3718	10	371.80	918.3	1712.1
②	Φ20	2717	10	271.70	671.1	
③	Φ20	276	15	49.65	122.7	
④	Φ8	52655	1	526.55	206.0	214.9
⑤	Φ6	1749	1	17.49	6.9	
⑥	Φ12	53	72	38.16	33.9	33.9
				C25混凝土 /m³		39.27

说明: 1. 图中尺寸除钢筋直径以mm计,余均以cm为单位。
2. 加强箍筋扎在主筋内侧,其焊接方式采用双面焊。
3. 定位钢筋N6每隔2m设一组,每组4根均匀设于该干加强筋
N3四周。
4. 沉淀物厚度不大于15cm。
5. 钻孔桩全桥48根。

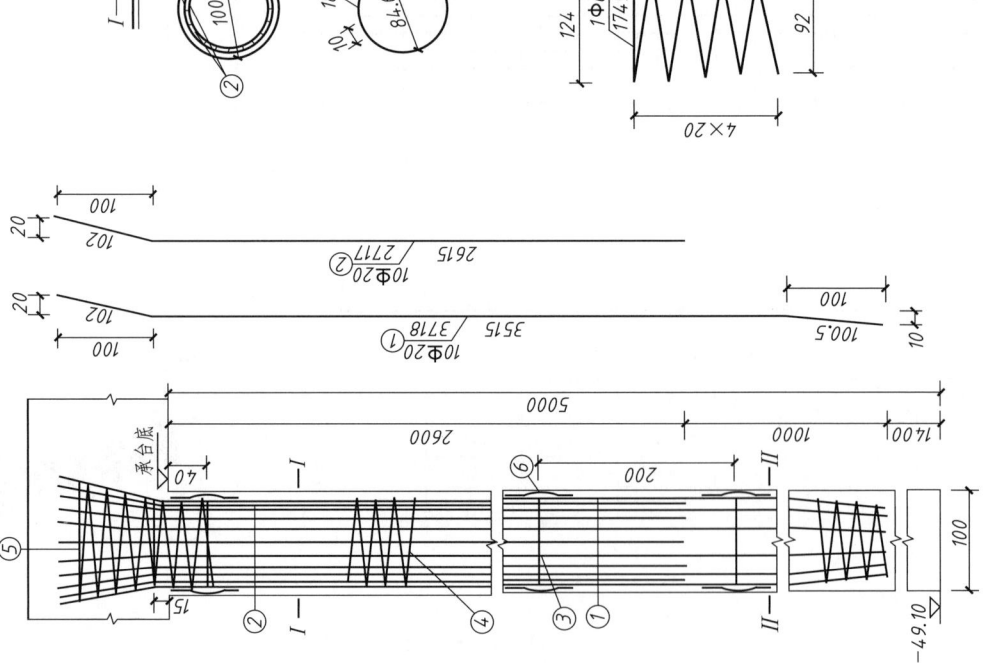

图 5-33　灌注桩配筋图

布设一道;④、⑤号筋为螺旋箍筋,与主筋绑扎形成钢筋笼,并受部分水平力,其中⑤号筋为桩顶处螺旋筋,主筋在桩顶处弯起,使其与承台连接更牢固;⑥号筋为定位钢筋,布置在加强筋四周,如图 5-33 所示。

5.4.3 任务拓展

[**实训**] 识读图 5-34 桥梁总体平面布置图。

识图分析:

由桥梁总体布置可以看出以下几点。

(1)跨径。全桥为三跨,跨径为 13 m;桥梁的纵坡为 0.34%,立面采用全立面图。

(2)桥墩台形式。桥台为重力式桥台,由台帽、台身、承台组成;桥墩为轻型钢筋混凝土薄壁桥墩,该桥墩由墩帽及挡块、支座垫石、墩身、承台、桩基等组成。

(3)总体尺寸、标高。由图可了解桥梁起终点桩号、桥面标高、河底标高、水位标高、桩基底标高及桩径尺寸等。

(4)平面图表示桥梁的平面布置形式,可看出桥梁宽度、桥梁与河道的相交形式、桥台平面尺寸以及桩的平面布置方式。

(5)桥梁的横剖面图由中跨Ⅰ—Ⅰ剖面图和边跨Ⅱ—Ⅱ剖面图各取一半合成,主要表示桥梁横向布置情况,从图中可看出桥梁宽度、桥上路幅布置、梁板布置及梁板形式,也可看出桩基的横向布置。

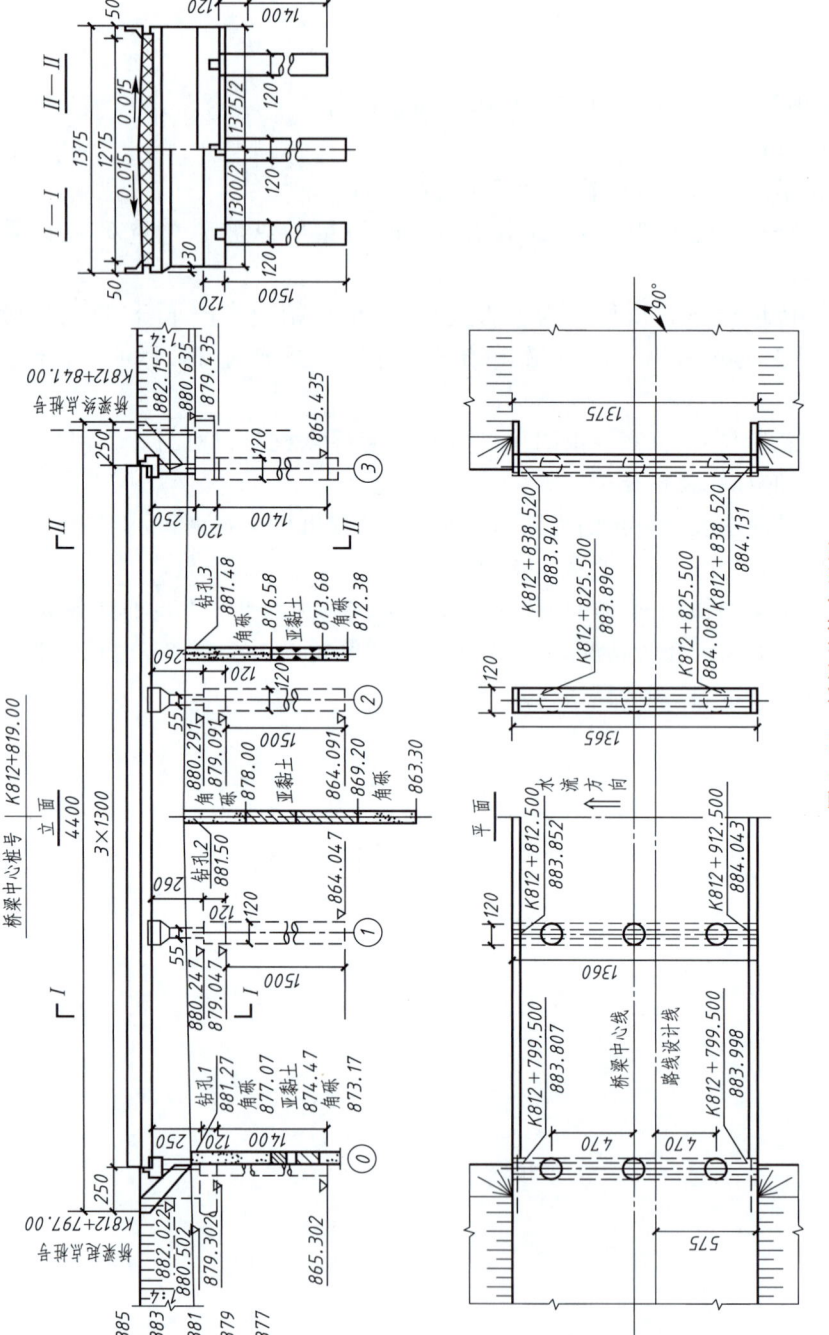

图 5-34 桥梁总体布置图

参考文献

[1] 何铭新,李怀健,郎宝敏.建筑工程制图[M].5版.北京:高等教育出版社,2013.

[2] 钟庆红.建筑工程制图[M].哈尔滨:哈尔滨工业大学出版社,2015.

[3] 张喆.建筑制图与识图[M].北京:北京邮电大学出版社,2016.

[4] 张洵.画法几何与土木工程制图[M].武汉:武汉大学出版社,2013.

[5] 高丽荣.建筑制图[M].北京:北京大学出版社,2010.

[6] 虎良燕.道路工程制图与识图[M].北京:高等教育出版社,2012.

[7] 尚久明.道桥工程制图与识图[M].北京:高等教育出版社,2012.

[8] 张奎.给水排水管道工程技术[M].北京:中国建筑工业出版社,2005.

[9] 冯义显.市政工程施工图识读[M].北京:中国建筑工业出版社,2015.

[10] 焦永达.市政施工员通用与基础知识[M].北京:中国建筑工业出版社,2014.

[11] 胡敏.建筑构造与识图[M].合肥:中国科学技术大学出版社,2016.

[12] 胡敏.建筑工程实训图册[M].2版.合肥:中国科学技术大学出版社,2014.

[13] 中国建筑标准设计院.混凝土结构施工图平面整体表示方法制图规则和构造详图(现浇混凝土框架、剪力墙、梁、板):16G101-1[S].北京:中国计划出版社,2016.

[14] 中华人民共和国住房和城乡建设部.房屋建筑制图统一标准:GB/T 50001—2010[S].北京:中国计划出版社,2010.

[15] 中华人民共和国住房和城乡建设部.总图制图标准:GB/T 50103—2010[S].北京:中国计划出版社,2010.

[16] 中华人民共和国住房和城乡建设部.建筑制图标准:GB/T 50104—2010[S].北京:中国计划出版社,2010.

[17] 中华人民共和国住房和城乡建设部.建筑结构制图标准:GB/T 50105—2010[S].北京:中国计划出版社,2010.

[18] 中华人民共和国住房和城乡建设部.建筑给水排水制图标准:GB/T 50106—2010[S].北京:中国计划出版社,2010.

[19] 中华人民共和国住房和城乡建设部.建筑设计防火规范:GB 50016—2014[S].北京:中国计划出版社,2015.

[20] 国家技术监督局,中华人民共和国建设部.道路工程制图标准:GB 50162—1992[S].北京:中国标准出版社,1992.

郑重声明

高等教育出版社依法对本书享有专有出版权。任何未经许可的复制、销售行为均违反《中华人民共和国著作权法》,其行为人将承担相应的民事责任和行政责任;构成犯罪的,将被依法追究刑事责任。为了维护市场秩序,保护读者的合法权益,避免读者误用盗版书造成不良后果,我社将配合行政执法部门和司法机关对违法犯罪的单位和个人进行严厉打击。社会各界人士如发现上述侵权行为,希望及时举报,我社将奖励举报有功人员。

反盗版举报电话　　(010)58581999　58582371

反盗版举报邮箱　　dd@ hep.com.cn

通信地址　北京市西城区德外大街 4 号　高等教育出版社法律事务部

邮政编码　　100120

读者意见反馈

为收集对教材的意见建议,进一步完善教材编写并做好服务工作,读者可将对本教材的意见建议通过如下渠道反馈至我社。

咨询电话　　400-810-0598

反馈邮箱　　gjdzfwb@ pub.hep.cn

通信地址　北京市朝阳区惠新东街 4 号富盛大厦 1 座

　　　　　高等教育出版社总编辑办公室

邮政编码　　100029